Rüdiger Krause
**Agile Arbeit und Betriebsverfassung**

HSI-Schriftenreihe
**Band 37**

# Vorwort

Digitalisierung und Transformation verändern die Betriebe in hohem Tempo. Hinzu kommen neue Konkurrenten am Markt, die den Wettbewerbsdruck deutlich erhöhen und disruptive Tendenzen verstärken. Als Reaktion erfolgt oft eine Neuorientierung in den Unternehmen, die auch die Arbeitsorganisation erfasst. Dabei wird zunehmend ein Modell aus der Software-Entwicklung, agiles Arbeiten, angewendet – auch in eher traditionellen Betrieben. Mit einem Abbau von Hierarchien, mehr Selbstorganisation und neuen Entscheidungsprozessen soll mit agilen Methoden die Flexibilität und die Innovationsfähigkeit und -geschwindigkeit, also die Wettbewerbsfähigkeit, gesteigert werden.

Agile Arbeitsmethoden bieten für die Beschäftigten durchaus die Chance, größere Freiräume zu erhalten und selbstbestimmter zu arbeiten. Dies setzt allerdings ausreichende Ressourcen, angemessene Strukturen und ein „Loslassen" von Vorgesetzten voraus. Und hierfür wiederum bedarf es einer aktiven Mitbestimmung. Anderenfalls kann agiles Arbeiten auch zu einer Entgrenzung der Arbeitszeit und unzumutbaren Belastungen für die Arbeitnehmerinnen und Arbeitnehmer führen.

Prof. Dr. Rüdiger Krause, Inhaber des Lehrstuhls für Bürgerliches Recht und Arbeitsrecht der Georg-August-Universität Göttingen, untersucht im vorliegenden Gutachten umfassend, wie sich diese neue Arbeitsform in die Betriebsverfassung einordnet und welche Möglichkeiten Betriebsräte haben, die Belange der Beschäftigten zur Geltung zu bringen. Dabei geht das Gutachten auch auf Gestaltungsbeispiele aus der Praxis ein.

Mit einer aktiven Wahrnehmung der verschiedenen Informations-, Beratungs- und Mitbestimmungsrechte, hier insbesondere nach § 87 und § 111 BetrVG, können die Chancen für ein selbstbestimmteres, hierarchiefreieres Arbeiten auch tatsächlich genutzt werden. Hinzukommen sollte eine Stärkung der individuellen Rechte der Beschäftigten durch den Gesetzgeber, wie z.B. durch die Einräumung von Beteiligungszeiten.

Wir sind sicher, dass diese erstmalig umfassende Untersuchung agiler Arbeitsformen die betriebsverfassungsrechtliche Diskussion wesentlich beeinflussen wird und wünschen eine anregende Lektüre.

Dr. Johanna Wenckebach

Wissenschaftliche Direktorin des HSI

# Inhaltsübersicht

Vorwort ........................................................................................................ 5
A. Einführung ............................................................................................ 11
    I. Allgemeines .................................................................................... 11
    II. Betriebsverfassungsrechtliche Perspektive ................................ 14
B. Rechtstatsächliche Ausformungen agiler Konzepte ........................ 18
    I. Entwicklung von Agilität als Leitbild .......................................... 18
    II. Scrum als agile Arbeitsmethode .................................................. 19
        1. Rollen im Prozess von Scrum ................................................ 20
            a) Product Owner ................................................................... 20
            b) Entwicklungsteam (Kernteam) ........................................ 21
            c) Scrum Master .................................................................... 22
            d) Sonstige Stakeholder ........................................................ 23
        2. Ablauf von Scrum .................................................................... 23
    III. Agile betriebliche Organisation .................................................. 24
    IV. Chancen und Risiken für die Beschäftigten ............................... 25
C. Betrieb und Betriebszugehörigkeit bei agiler Arbeit ....................... 27
    I. Bildung neuer betriebsratsfähiger Einheiten ............................. 27
        1. Begriffliche Grundlagen ......................................................... 27
            a) Allgemeines ....................................................................... 27
            b) Kategorie des Betriebs ...................................................... 28
            c) Kategorie des Betriebsteils ............................................... 29
        2. Anwendung auf agile Arbeits- und Organisationsformen ... 30
            a) (Keine) Einordnung einzelner Teams als Betrieb ......... 30
            b) (Keine) Einordnung einzelner Teams als Betriebsteil ... 32
            c) Einordnung von gemischten Teams .............................. 32
            d) Relevanz agiler Betriebsorganisation ............................. 33
    II. Betriebszugehörigkeit bei agilen Strukturen .............................. 35
        1. Rechtliche Grundlagen ........................................................... 35
        2. Betriebsverfassungsrechtliche Zuordnung der Mitglieder
           agiler Teams ............................................................................. 36

a) Einführung .................................................................. 36
b) Dauerhafte unternehmensinterne Entsendung in einen agilen Betrieb ............................................................... 36
c) Vorübergehende unternehmensinterne Entsendung in einen agilen Betrieb ................................................. 37
d) Konzerninterne Entsendung in einen agilen Betrieb ................ 40
e) (Keine) Disponibilität der Betriebszugehörigkeit ..................... 42
f) Einbeziehung externer Experten in ein agiles Team .............. 43

## D. Beteiligungsrechte bei der Einführung agiler Arbeit ................................ 44

I. Gestaltung von Arbeitsplatz, Arbeitsablauf und Arbeitsumgebung .... 44
   1. Unterrichtungsrecht gemäß § 90 Abs. 1 BetrVG ........................ 45
      a) Gegenstand des Informationsrechts .................................... 45
      b) Zeitpunkt der Unterrichtungspflicht .................................... 47
      c) Inhalt des Informationsrechts ............................................. 47
   2. Beratungsrecht gemäß § 90 Abs. 2 BetrVG ................................ 48
   3. Korrigierendes Mitbestimmungsrecht gemäß § 91 BetrVG ......... 49
II. Beteiligungsrechte des Wirtschaftsausschusses ................................ 50
   1. Gegenstände der Unterrichtungs- und Beratungspflicht ............. 51
      a) Einführung neuer Arbeitsmethoden .................................... 51
      b) Änderung der Betriebsorganisation ..................................... 53
   2. Inhalte der Unterrichtungs- und Beratungspflicht ...................... 54
   3. Sonstiges ..................................................................................... 54
III. Vorliegen einer Betriebsänderung ..................................................... 55
   1. Grundlegende Änderung der Betriebsorganisation ..................... 55
      a) Allgemeine Anforderungen an eine Änderung der Betriebsorganisation ............................................................ 55
      b) Anwendung auf die Einführung agiler Arbeits- und Organisationsformen ........................................................... 57
      c) Grundlegender Charakter der Änderung ............................. 60
   2. Einführung grundlegend neuer Arbeitsmethoden ....................... 61
      a) Agile Arbeitsformen als neue Arbeitsmethoden .................. 61
      b) Grundlegender Charakter der Veränderung ........................ 62
   3. Unterrichtungs- und Beratungsrecht ........................................... 64
   4. Mögliche Inhalte von Interessenausgleich und Sozialplan ......... 65
IV. Personelle Einzelmaßnahmen im Zusammenhang mit der Einführung agiler Arbeit ..................................................................... 67
   1. Versetzungen .............................................................................. 67
      a) Allgemeines ......................................................................... 67
      b) Erstmalige Bildung agiler Strukturen .................................. 68

c) Spätere Veränderungen im Rahmen agiler Strukturen ............... 69
2. Einstellungen ................................................................................ 70
   a) Einführung .............................................................................. 70
   b) Einbeziehung externer Experten in ein agiles Team ............... 71
   c) Zusammenwirken von Beschäftigten des Auftragnehmers
      und des Auftraggebers in einem agilen Team ....................... 72
3. Eingruppierungen und Umgruppierungen ................................. 74
4. Rechtliche Folgen ......................................................................... 74

E. **Beteiligungsrechte bei der Ausgestaltung agiler Arbeit** ............... 77
   I. Regulierung des Verhaltens von Arbeitnehmern .......................... 77
      1. Grundlagen ............................................................................... 77
      2. Einführung und Ausgestaltung von Scrum ............................. 78
      3. Moderne Bürokonzepte ............................................................ 81
   II. Arbeitszeitfragen ............................................................................ 82
      1. Allgemeines ............................................................................... 82
      2. Auswirkungen der Befugnis zur Selbstorganisation .............. 83
   III. Urlaubsregelungen ......................................................................... 86
   IV. Allgemeine Organisation von Gruppenarbeit ............................... 86
      1. Agile Arbeitsformen als Gruppenarbeit .................................. 87
         a) Grundlagen .......................................................................... 87
         b) Übertragung einer Gesamtaufgabe an Arbeitnehmergruppe .... 87
         c) Eigenverantwortlichkeit der Arbeitnehmergruppe ............. 88
         d) Einbindung der Arbeitsgruppe in den betrieblichen
            Arbeitsablauf ....................................................................... 90
      2. Reichweite der Mitbestimmung ............................................... 92
         a) (Keine) Erstreckung auf Einführung und Beendigung ........ 92
         b) Größe und Zusammensetzung der Arbeitsgruppen ........... 92
         c) Abläufe innerhalb der Arbeitsgruppen ............................... 94
   V. Arbeits- und Gesundheitsschutz .................................................... 95
      1. Grundlagen ............................................................................... 95
      2. Psychische Belastungen als Anknüpfungspunkt ..................... 96
      3. Erforderlichkeit einer vorherigen Gefährdungsbeurteilung ... 98
   VI. Schutz vor technischer Überwachung .......................................... 100
      1. Allgemeines .............................................................................. 101
      2. Zweck und Umfang des Mitbestimmungsrechts ..................... 102
      3. Sonderfall Arbeitszeiterfassung ............................................... 103

VII. Entgeltbezogene Fragen ..... 105
    1. Gruppenbezogene Entgeltregelungen ..... 105
        a) Qualifizierte Zielvereinbarungen als betriebliche Lohngestaltung ..... 105
        b) Qualifizierte Zielvereinbarungen als leistungsbezogene Entgelte ..... 110
    2. Verhältnis von gruppenbezogenen und individuellen Entgeltregelungen ..... 113

**F. Aufgabenübertragung auf agile Teams gemäß § 28a BetrVG** ..... 115
    I. Allgemeines ..... 115
    II. Verfahrensweise ..... 117
    III. Übertragbare Aufgaben ..... 117
    IV. Rechtsfolgen ..... 118

**G. Sonstige Angelegenheiten** ..... 120
    I. Personalplanung und Beschäftigungssicherung ..... 120
    II. Qualifizierung und Weiterbildung ..... 122
        1. Betriebsverfassungsrechtliche Individualrechte ..... 123
        2. Kollektive Beteiligungsrechte des Betriebsrats ..... 124
            a) Betriebliche Berufsbildung ..... 124
            b) Grundsätzliche Pflichten des Arbeitgebers ..... 125
            c) Mitbestimmung bei der Durchführung betrieblicher Bildungsmaßnahmen ..... 128
            d) Mitbestimmung bei der Einführung betrieblicher Bildungsmaßnahmen ..... 131

**H. Schulung der Betriebsratsmitglieder im Hinblick auf agile Arbeits- und Organisationsformen** ..... 134

**I. Gestaltungsbeispiele und Gestaltungsbedarfe** ..... 136
    I. Allgemeines ..... 136
    II. Einführung agiler Arbeit und tätigkeitsbezogene Fragen ..... 137
    III. Statusaspekte, Besitzstandsfragen und Entgeltprobleme ..... 138
    IV. Betriebsratsbeteiligung und Beschäftigungssicherung ..... 140

**J. Zusammenfassung der wesentlichen Ergebnisse** ..... 142

**Literaturverzeichnis** ..... 146

# A. Einführung

## I. Allgemeines

In jüngerer Zeit gewinnen agile Arbeitsmethoden und Organisationsformen in der betrieblichen Praxis zunehmend an Boden.* Dabei wird der Begriff der Agilität zuweilen in einer schon fast inflationären Weise verwendet, die manche vom „Mythos Agilität" sprechen lässt,[1] während andere mit einem eher kritischen Unterton „agiles Management" und „agile Führung" als neuen heiligen Gral konnotieren[2]. In welchem Umfang agile Konzepte tatsächlich bereits vorgedrungen sind, lässt sich schwer einschätzen. Neuere empirisch gestützte Untersuchungen erwecken den Eindruck, als stünde die Entwicklung derzeit eher noch am Anfang. So haben nach dem „Agilitätsbarometer 2017" vor drei Jahren 70 % der befragten Führungskräfte und sogar 90 % der befragten Mitarbeiter bislang keine Erfahrungen mit agilen Techniken gesammelt.[3] Gleichwohl sprechen alle Anzeichen dafür, dass agile Ansätze keine bloße Modeerscheinung sind und sich auch nicht nur auf den Bereich der Softwareentwicklung als einem Vorreiter der Entwicklung beschränken, sondern sich neben der New Economy auch in der Old Economy als neue Leitorientierung auf breiter Front auf dem Vormarsch befinden,[4] was vor allem an ihrem Versprechen liegen dürfte, auf drängende inner- und außerbetriebliche Herausforderungen nicht zuletzt in der digitalen Transformation weiterführende Lösungen zu bieten.[5]

Auch wenn in Betrieben und Unternehmen unterschiedliche soziale Praxen mit der Überschrift „agil"[6] versehen werden und bereits 2012 in einer Studie nicht

---

[*] Hinweis: Mit dem generischen Maskulinum sind in diesem Gutachten jeweils alle geschlechtlichen Zuordnungen und Identitäten gemeint.
[1] *Häusling*, in: ders. (Hrsg.), Agile Organisationen, 2018, S. 13.
[2] *Hexel*, AuR 2019, 255 (259).
[3] Haufe/Promerit (Hrsg.), Agilitätsbarometer 2017, S. 10; siehe dazu auch *Weckmüller*, Personalmagazin 9/2017, 10ff.
[4] Vgl. *Komus/Kuberg*, Status Quo Agile, 2017; ebenso *Baukrowitz/Hageni*, Agiles Arbeiten mitgestalten, 2020, S. 5: „alle Branchen erfassender Umbruch"; *Porschen-Hueck/Jungtäubl/Weihrich*, in: dies. (Hrsg.) Agilität? Herausforderungen neuer Konzepte der Selbstorganisation, 2020, S. 7: „Siegeszug" agiler Formate; siehe auch *Schwarzbach*, CuA 5/2019, 8ff.
[5] Vgl. *Boes et al.*, Berlin J Soziol 28 (2018), 181, 187ff.
[6] Laut Duden „von großer Beweglichkeit zeugend; regsam und wendig".

weniger als zwei Dutzend verschiedene Definitionen von Agilität zusammengetragen wurden,[7] lässt sich doch ein gewisser Kern der mit diesem Schlagwort bezeichneten Konzepte ausmachen. Danach geht es bei agilen Arbeits- und Organisationsformen zunächst um die konsequente Ausrichtung eines Projekts am Kundennutzen, indem interne betriebliche Strukturen geschaffen werden, durch die externe Marktimpulse sowie sonstige Veränderungen rasch auf die Arbeitsebene projiziert werden, um hierdurch dem übergeordneten betriebswirtschaftlichen Ziel der Steigerung der Wettbewerbsfähigkeit von Unternehmen zu dienen.[8] Im Hinblick auf die konkreten Arbeitsabläufe zielen agile Ansätze auf die Bildung von kleineren Mitarbeiterteams, die für ein Projekt bzw. – bei größeren Vorhaben – für ein Teilprojekt zuständig sind und deren Arbeitsweise in einer bestimmten Weise strukturiert ist, durch die gewährleistet werden soll, dass das Team im Innenverhältnis (interne Dimension) seine Tätigkeit weitgehend selbst organisiert, während es im Außenverhältnis (externe Dimension) auf sich verändernde Anforderungen an das Projekt sowie insbesondere auf geänderte Kundenwünsche flexibel und zeitnah reagiert.

Agiles Arbeiten stellt somit eine Abkehr von traditionellen Formen der Organisation von Arbeit dar, bei der das Management den Beschäftigten nicht nur das Ziel, sondern auch die zur Zielerreichung erforderlichen Arbeitsschritte möglichst präzise und vielfach langfristig vorgibt sowie anschließend deren Einhaltung kontrolliert. Demgegenüber zeichnet sich agiles Arbeiten durch ein hohes Maß an Selbststeuerung der Beschäftigten bei der Aufgabenerledigung aus. An die Stelle von heteronomen Weisungen durch Führungskräfte tritt die autonome Organisation der Arbeitsvorgänge durch das Arbeitsteam selbst, während sich das Management auf die Funktion zurückzieht, für die eigenständig agierenden agilen Teams einen effektiven Rahmen sowie insbesondere die erforderliche Infrastruktur bereitzustellen. Innerhalb des Kernteams entscheiden die Mitglieder eigenverantwortlich über ihre jeweiligen Arbeitspakete (Workload). Die Koordination der Tätigkeiten erfolgt mithin nicht auf hierarchische Weise, sondern im Wege der Bildung eines Netzwerks aus gleichberechtigten Akteuren. Die Interaktion zwischen den Teammitgliedern ist demnach ein integraler Bestandteil des Arbeitsprozesses.

Bei alledem soll das Arbeitsteam nicht nur ein zuvor abschließend definiertes Ziel erreichen und dabei auftretende Hindernisse gemeinsam aus dem Weg räumen.

---

[7] Vgl. *Förster/Wendler*, Dresdner Beiträge zur Wirtschaftsinformatik Nr. 63/12 (2012), Anhang A 1.
[8] Ähnlich *Förster/Wendler*, Dresdner Beiträge zur Wirtschaftsinformatik Nr. 63/12 (2012), S. 32; *Weber/Fischer/Eireiner*, in: Häusling (Hrsg.), Agile Organisationen, 2018, S. 27 (29f.).

Vielmehr sollen auch etwaige Veränderungen des Ziels bzw. Modifikationen einzelner Anforderungen an ein Produkt oder einen Prozess kontinuierlich in die Aufgabenerfüllung integriert werden. Damit lässt sich auch ein qualitativer Unterschied zu traditionellen Formen der Gruppenarbeit einschließlich der teilautonomen Arbeitsgruppen ausmachen, zu denen es nach ersten Vorläufern in den 1970er und 1980er Jahren vor allem seit den 1990er Jahren vornehmlich in den direkten Bereichen der Automobilindustrie gekommen ist[9] und die den rechtstatsächlichen Auslöser für denjenigen Teil der Reformen des BetrVG von 2001 bildeten, der sich auf Gruppenarbeit und Arbeitsgruppen bezogen hat.[10] Gerade in dieser Weiterentwicklung agiler Formate gegenüber herkömmlichen Ausprägungen der Selbstorganisation von Arbeit dürfte die allseitige Verwendbarkeit und Anschlussfähigkeit der neuen Konzepte liegen.[11]

Mit dieser Verlagerung von Managementaufgaben auf die einzelnen agilen Teams soll zunächst das allgemeine Problem gelöst werden, das abstrakte Arbeitsvermögen der abhängig Beschäftigten in konkret fassbare Arbeitsergebnisse umzuwandeln.[12] Vor allem aber sind agile Arbeits- und Organisationsformen eine Antwort auf die zunehmende Dysfunktionalität tradierter Formen der Organisation von Arbeit.[13] So erlaubt die zunehmende Komplexität vieler Projekte keine abschließende Vorwegplanung der einzelnen zur Zielerreichung erforderlichen Arbeitsphasen (etwa Konzeption, Design, technische Umsetzung), die von den Beschäftigten dann nur noch linear abgearbeitet werden müssen („Wasserfall-Modell"). Zudem zwingen die sich immer schneller wandelnder allgemeinen Rahmenbedingungen für die Entwicklung und Herstellung von Gütern und Dienstleistungen im Hinblick auf Technologien und Marktgegebenheiten die Unternehmen dazu, ihre Fähigkeit zur Anpassung an diese Dynamiken und Unwägbarkeiten zu steigern. So fordern Kunden vermehrt individuellere Lösungen und ändern zudem in immer kürzeren Abständen ihre Ansprüche und Präferenzen.[14] Die stetig ansteigende Zahl der auf der betrieblichen Ebene zu berück-

---

[9] Dazu näher *Kühl*, ZfSoz 2001, 199ff.; *Minssen*, ZfSoz 2001, 185ff.; ferner *Cox/Peter*, AiB 1997, 371ff.; *Kamp*, Gruppenarbeit. Analyse und Handlungsempfehlungen, 1998.
[10] Aus der umfänglichen Literatur statt vieler *Blanke*, RdA 2003, 140ff.
[11] Ähnlich *Porschen-Hueck/Jungtäubl/Weihrich*, in: dies. (Hrsg.) Agilität? Herausforderungen neuer Konzepte der Selbstorganisation, 2020, S. 7.
[12] Zum Transformationsproblem siehe statt vieler *Marrs*, in: Böhle/Voß/Wachtler (Hrsg.), Handbuch Arbeitssoziologie, Bd. 1, 2. Aufl., 2018, S. 473ff.
[13] Zum Folgenden *Baukrowitz/Hageni*, Agiles Arbeiten mitgestalten, 2020, S. 8 ff.; *Häusling*, in: ders. (Hrsg.), Agile Organisationen, 2018, S. 17ff.
[14] So ist davon die Rede, dass frühere „Begeisterungsmerkmale" von Produkten seitens der Kunden innerhalb vergleichsweise kurzer Zeiträume nur noch als selbstverständliche „Basismerkmale" wahrgenommen werden, vgl. *Schuh et al.*, in: Frenz (Hrsg.), Handbuch Industrie 4.0: Recht, Technik, Gesellschaft, 2020, S. 467 (472).

sichtigenden Faktoren, die zunehmenden Instabilitäten der projektrelevanten Ereignisse und Vorgänge sowie die sich dadurch vergrößernden Schwierigkeiten ihrer Antizipation führen mithin dazu, dass bürokratische Strukturen, hierarchische Entscheidungsabläufe, starre Planungen und detaillierte Vorgaben des Managements immer ineffektiver werden und Innovationen behindern, während spiegelbildlich das Bedürfnis wächst, erforderliche Adaptionen von Produkten und Prozessen durch die hierfür unmittelbar zuständigen Mitarbeiter flexibel und zeitnah identifizieren und bewältigen zu lassen. In einem weiteren Sinne sind agile Formate damit auch eine Antwort auf die digitale Transformation, die nicht nur die Digitalwirtschaft erfasst, sondern die auch in zahlreichen anderen Branchen zu einem beschleunigten Wandel der Verhältnisse führt und die Unternehmen dadurch zu einem Überdenken ihrer Organisationsstrukturen zwingt. Kurzum: Durch agile Arbeit sollen Unternehmen befähigt werden, auf die seit einiger Zeit mit dem Akronym „VUCA" (Volatility, Uncertainty, Complexity, Ambiguity)[15] bezeichneten Rahmenbedingungen und Wandlungsprozesse erfolgreicher zu reagieren.

Darüber hinaus lassen komplexe Projekte die Notwendigkeit wachsen, für adäquate Problemlösungen Experten aus unterschiedlichen Abteilungen zusammenzubringen. Die Einführung agiler Arbeitsmethoden zielt somit auch darauf ab, die Tendenz von Fachabteilungen zur Abschottung („Siloprinzip") aufzubrechen und die verschiedenen Qualifikationen sowie insbesondere das implizite Wissen („tacit knowledge") der Mitarbeiter stärker zu nutzen und hierdurch Innovationspotenziale besser zu erschließen. Zudem lässt sich ein gegebenenfalls erforderlicher externer Sachverstand leichter in bewegliche Teams als in starre betriebliche Hierarchien integrieren. Nicht übersehen werden sollte schließlich der Wunsch zumindest von Teilen der Arbeitnehmerschaft nach veränderten Führungsstilen, bei denen an die Stelle des althergebrachten Command-and-Control-Verhaltens des Managements mit seinen starren Machtstrukturen beweglichere Organisationsformen treten, die den Beschäftigten ein höheres Maß an Autonomie und Eigeninitiative verschaffen. Alles in allem lassen sich somit zahlreiche externe und interne Treiber ausmachen, die sich wechselseitig verstärken und in ihrer Summe zu einer zunehmenden Ausbreitung agiler Ansätze beitragen.

## II. Betriebsverfassungsrechtliche Perspektive

Wie jede Veränderung von Arbeitsmethoden und betrieblichen Organisationstrukturen wirft auch das neuartige Phänomen der agilen Arbeit die Frage auf, ob

---

[15] Vgl. *Bennett/Lemoine*, Business Horizons 57 (2014), 311ff.

und inwieweit Betriebsräte auf diesen Transformationsprozess im Interesse der Beschäftigten Einfluss nehmen können. Eine zentrale Rolle bei den insoweit stattfindenden betrieblichen Aushandlungsprozessen spielen die institutionellen Rahmenbedingungen in Gestalt der betrieblichen Beteiligungsrechte, weil die Reichweite dieser Rechte wesentlich darüber mitentscheidet, welche Machtressourcen den Betriebsräten im Rahmen dieser Aushandlungen zur Verfügung stehen. Zwar stellt die Existenz von entsprechenden Beteiligungsrechten für sich genommen selbstverständlich noch keine abschließende Gewähr für eine erfolgreiche Mitgestaltung der Umstellung auf agile Arbeits- und Organisationsformen sowie eine effektive Einflussnahme auf ihre Ausgestaltung dar, weil es insoweit zu einem erheblichen Teil auch darauf ankommt, welcher „Welt" der fragliche Betrieb im industriesoziologischen Sinne angehört.[16] Gleichwohl ist der institutionelle Rückhalt, auf den Betriebsräte gegebenenfalls setzen können, hierfür doch ein nicht zu unterschätzender Faktor.

Vor diesem Hintergrund soll sich die folgende Untersuchung mit den betriebsverfassungsrechtlichen Implikationen der Einführung und Anwendung agiler Arbeitsweisen und Strukturen auf der betrieblichen Ebene beschäftigen, die zunehmend diskutiert werden,[17] von einer abschließenden Klärung aber noch weit entfernt sind. Dazu sollen in einem ersten Schritt die Eigenheiten agiler Arbeit und dabei vor allem die Merkmale der offensichtlich am meisten verbreiteten Arbeitsmethode Scrum einschließlich der Chancen und Risiken für die Beschäftigten noch näher analysiert werden, um die rechtstatsächlichen Anknüpfungspunkte für das Eingreifen betrieblicher Beteiligungsrechte möglichst präzise herauszuarbeiten (B). In einem weiteren Schritt soll es darum gehen, wie das Phänomen agiler Arbeit in organisationsrechtlicher Hinsicht, konkret unter den Blickwinkeln der Funktionsbegriffe Betrieb (betriebsratsfähige Organisationseinheit) und Betriebszugehörigkeit, zu beurteilen ist (C). Die beiden nächsten Schritte gelten der Frage nach den einzelnen Beteiligungsrechten des Betriebsrats bei der Einführung (D) sowie bei der Ausgestaltung agiler Arbeit (E). Im Anschluss an Überlegungen zur Aufgabenübertragung auf agile Teams gemäß § 28a BetrVG (F) und

---

[16] Dazu instruktiv (im Zusammenhang mit der Stellung der Gewerkschaften) das „Drei-Welten-Modell" von *Schroeder*, in: Handbuch der Gewerkschaften in Deutschland, 2. Aufl., 2014, S. 13 (25); zur Bedeutung von Macht in betrieblichen Aushandlungsprozessen (am Beispiel der Arbeitszeit) siehe auch *Halgmann*, AuR 2017, 106ff.

[17] Siehe hierzu vor allem *Bachner*, FS 100 Jahre Betriebsverfassungsrecht, 2020, S. 17ff.; ferner *Eufinger/Burbach*, DB 2019, 1147 (1151f.); *Günther/Böglmüller*, NZA 2019, 417 (420ff.); *Hexel*, AuR 2019, 255 (257 ff.); *Hoffmann-Remy*, DB 2018, 2757 (2758f.); *Reinhard*, ArbRB 2019, 154 (156); *Schulze/Volk*, ArbR 2019, 404ff. u. 553ff.; *Sittard/Müller*, ArbRB 2018, 381 (383f.); *Steffan*, ArbRB 2020, 79 (82); dazu auch *Baukrowitz/Hageni*, Agiles Arbeiten mitgestalten, 2020.

zu einigen Sonderfragen wie insbesondere dem Bereich der Qualifizierung und Weiterbildung im Hinblick auf den Erwerb der für agile Methoden erforderlichen Fähigkeiten (G)[18] wie auch der Schulung der Betriebsratsmitglieder selbst (H) sollen im letzten Abschnitt bereits vorhandene Beispiele einer erfolgreichen Mitgestaltung agiler Arbeitsweisen systematisch analysiert werden (I), bevor die Studie mit einer Zusammenfassung der wesentlichen Ergebnisse (J) endet.

Bei alledem besteht die Herausforderung nicht nur darin, die Eigenheiten agiler Arbeitsformen im Allgemeinen und von Scrum als einer eigentümlichen Methode zur Erfüllung komplexer Aufgaben in einer volatilen Umwelt im Besonderen adäquat zu erfassen und in die Begrifflichkeiten und die Systemlogik des Betriebsverfassungsrechts als ein institutionelles Rahmenwerk zur Wahrnehmung von Schutz- und Teilhabeinteressen (Gestaltungsinteressen) der Beschäftigten[19] zu überführen. Vielmehr bringt agiles Arbeiten die institutionelle Mitbestimmung sowohl diskursiv als auch strukturell insgesamt in die Defensive. So geht es auf der mit rechtlichen Instrumenten allerdings nicht leicht fassbaren diskursiven Ebene darum, dass die tatsächliche Durchsetzungsmacht des Betriebsrats in einem erheblichen Maße davon abhängt, ob und in welchem Maße er mit einer durch das Leitbild der Agilität verbreiteten innerbetrieblichen Start-Up-Mentalität zu kämpfen hat, die suggeriert, dass die tradierten Weisen der durch betriebliche Beteiligungsrechte kanalisierten Interessenwahrnehmung hierdurch überholt seien. Darüber hinaus kann die Implementierung agiler Arbeitsmethoden zu verschiedenartigen Spannungen innerhalb der Belegschaft führen, die den Betriebsrat zwischen die Stühle geraten lassen können und die ihn jedenfalls zu einem sorgfältigen Austarieren der konfligierenden Interessen zwingen. So kann es zum einen dazu kommen, dass Teile der Arbeitnehmerschaft bereits in agile Strukturen überführt worden sind, die aufgrund der mit ihnen verbundenen Autonomieräume als Privilegierung wahrgenommen werden können, während andere Beschäftigte noch in traditionellen Arbeitsformen verharren müssen. Zum anderen ist es möglich, dass nicht nur das Management, sondern auch manche Arbeitnehmer auf die Einführung agiler Arbeitsformen drängen, während andere Beschäftigte die Entwicklung eher mit Skepsis betrachten und eine Überforderung auf sich zukommen sehen.[20] Auf einer strukturellen Ebene zeichnet sich

---

[18] Ob der Betriebsrat seine eigene Tätigkeit sowie die Zusammenarbeit mit dem Arbeitgeber nach agilen Grundsätzen gestalten sollte, ist dagegen nicht Gegenstand der nachfolgenden Ausführungen, zu diesen Fragen etwa *Günther/Böglmüller*, NZA 2020, 77 (80 f.); *Krug*, AiB 4/2019, S. 17ff.

[19] Zu Schutz und Teilhabe als hauptsächliche Zwecke des BetrVG siehe *Gamillscheg*, Kollektives Arbeitsrecht, Bd. II, 2008, § 32, 5, S. 22ff.; *Wiese*, FS Kissel, 1994, S. 1269 (1277ff.).

[20] Dazu plastisch *Baukrowitz/Hageni*, Agiles Arbeiten mitgestalten, 2020, S. 22.

ab, dass agile Arbeits- und Organisationsformen zumindest idealtypisch zu einer Erweiterung von Autonomieräumen der Beschäftigten sowie zu insgesamt flüchtigeren Strukturen führen, wodurch die Frage aufgeworfen wird, ob und in welchem Maße den existierenden Beteiligungsrechten, die traditionell an die Bestimmungsmacht des Arbeitgebers in linearen Entscheidungsprozessen innerhalb stabiler Rahmenbedingungen anknüpfen, die tatbestandlichen Anknüpfungspunkte und damit gleichsam das Substrat entzogen werden.

# B. Rechtstatsächliche Ausformungen agiler Konzepte

## I. Entwicklung von Agilität als Leitbild

Welche Entwicklungen und Konzepte als Wurzeln und Vorläufer der heutigen Ausprägungen agiler Arbeits- und Organisationsformen gelten können, wird unterschiedlich eingeschätzt. So werden die Traditionslinien teilweise bis in sozialwissenschaftliche Theorien der 1950er Jahre zurückverfolgt.[21] Konkretere Ansätze für agile Arbeits- und Organisationsstrukturen finden sich allerdings erst im Bereich der Organisationslehre in den 1980er Jahren. So stellten *Takeuchi* und *Nonaka* im Jahr 1986 soweit ersichtlich erstmals eine neue Methode für die Produktentwicklung vor, bei der Mitarbeiterteams nicht länger vorgegebene Aufgaben sequenziell abarbeiten, sondern sich in Betrieben vergleichbar einem Rugby-Team auf einem Spielfeld bewegen und sich die zwecks Zielerreichung zu erledigenden einzelnen Arbeitsaufgaben gleichsam wie Bälle iterativ zuspielen.[22] Größere Fahrt nahm das Thema dann seit Anfang der 1990er Jahre auf, als im Rahmen einer industriepolitischen Initiative zur Steigerung der Wettbewerbsfähigkeit der US-amerikanischen Wirtschaft das Konzept eines „Agile Manufacturing" als Produktionsstrategie für das 21. Jahrhundert aus der Taufe gehoben[23] und damit der Schlüsselbegriff der Agilität eingeführt wurde.[24] Den eigentlichen Durchbruch erlebten agile Arbeitsmethoden indes erst mit dem sog. „Agilen Manifest" von 2001.[25] Darin setzte eine Gruppe renommierter US-amerikanischer Softwareentwickler für diesen Sektor neue Maßstäbe, indem sie vor dem Hintergrund von immer schwerer zu beherrschenden Problemen bei der Entwicklung komplexer Software insbesondere eine fortlaufende Zusammenarbeit mit den Kunden anstelle einer abschließenden Festlegung der Produkteigenschaften in

---

21 *Förster/Wendler*, Dresdner Beiträge zur Wirtschaftsinformatik Nr. 63/12 (2012), S. 2ff.; *Weber/Fischer/Eireiner*, in: Häusling (Hrsg.), Agile Organisationen, 2018, S. 27 (30).
22 *Takeuchi/Nonaka*, 64 (1) Harvard Business Review 1986, 137ff.
23 *Nagel/Dove*, 21st Century Manufacturing Enterprise Strategy, Vol. 1 und 2, 1991.
24 Vgl. *Förster/Wendler*, Dresdner Beiträge zur Wirtschaftsinformatik Nr. 63/12 (2012), S. 32, die den Beginn der Verknüpfung von Agilität und Organisationslehre auf diesen Report datieren; dazu auch *Weber/Fischer/Eireiner*, in: Häusling (Hrsg.), Agile Organisationen, 2018, S. 27 (30).
25 Im Original „Manifesto for Agile Software Development", abrufbar unter: https://agilemanifesto.org/iso/de/manifesto.html.

vorgängigen Vertragsverhandlungen sowie eine jederzeitige Reaktion auf Veränderungen anstelle von bloßer Planbefolgung postulierten. Nachweisliche Effizienzsteigerungen durch agile Vorgehensweisen bei der als kompliziert geltenden und auf ständige Innovationen angewiesenen Softwareentwicklung[26] wie auch die wachsende Notwendigkeit der Integration von Softwarekomponenten und physischen Komponenten haben vor allem in jüngerer Zeit zu einer immer stärkeren Verbreitung agiler Arbeitsmethoden auch außerhalb des IT-Sektors in einer Reihe anderer Branchen in den Bereichen Produktentwicklung und Produktion beigetragen.[27]

## II. Scrum als agile Arbeitsmethode

Als zwar nicht einzige,[28] aber doch wichtigste Form zur Umsetzung der Leitgedanken agilen Arbeitens hat sich das vornehmlich auf die US-amerikanischen Softwareentwickler *Schwaber* und *Sutherland* zurückgehende und seit 2001 in verschiedenen Veröffentlichungen propagierte Framework „Scrum"[29] herauskristallisiert, das als „König unter den agilen Arbeitsmethoden" apostrophiert wird[30] und deshalb im Folgenden pars pro toto näher betrachtet werden soll. Während Scrum im Bereich der agilen Softwareentwicklung als de-facto-Standard gilt, wird zwar davon gesprochen, dass sich die in der Softwarebranche üblichen agilen Methoden nicht nahtlos auf die industrielle Produktentwicklung und Produktion übertragen lassen.[31] Auch wird Scrum in der betrieblichen Praxis häufig nicht in Reinform angewendet, sondern den individuellen Bedürfnissen des jeweiligen Unternehmens angepasst. Da Scrum aber lediglich ein Rahmenwerk für agiles Arbeiten darstellt, ohne spezifische Vorgaben gerade für die Softwareentwicklung zu enthalten, lassen sich an diesem Beispiel die Eigenheiten agiler Arbeitsmethoden als Basis für die weiteren Ausführungen prägnant demonstrieren. Zudem setzt der weitaus größte Teil der Unternehmen, die agile Methoden bereits

---

[26] Vgl. *Serrador/Pinto*, International Journal of Project Management 33 (2015), 1040ff.
[27] *Schuh et al.*, in: Frenz (Hrsg.), Handbuch Industrie 4.0: Recht, Technik, Gesellschaft, 2020, S. 467 (468ff.).
[28] Siehe die Auflistung bei *Komus/Kuberg*, Status Quo Agile, 2017, S. 8.
[29] Der Begriff „Scrum" („Gedränge") selbst entstammt dem Rugby-Sport und bezeichnet dort eine Freistoßsituation. Im vorliegenden Kontext eingeführt wurde er bereits durch den erwähnten Beitrag von *Takeuchi/Nonaka*, 64 (1) Harvard Business Review 1986, 137ff.
[30] So Bitkom Research, Pressemitteilung vom 21.9.2018, abrufbar unter https://www.bitkom-research.de.
[31] *Schuh et al.*, in: Frenz (Hrsg.), Handbuch Industrie 4.0: Recht, Technik, Gesellschaft, 2020, S. 467 (473ff.).

verwenden oder dies zumindest planen, auf Scrum (nach Schätzungen von Bitkom Research rund 80 %),[32] was vor allem daran liegen dürfte, dass es sich hierbei um ein universell einsetzbares und eben nicht auf die Besonderheiten der Softwareentwicklung ausgerichtetes Rahmenwerk handelt.

Der Grundansatz von Scrum[33] lässt sich dahingehend charakterisieren, dass sowohl das konkrete Produkt als auch die Planung selbst durch das unmittelbar mit der Aufgabenerfüllung betraute Team iterativ und inkrementell entwickelt werden. So erhält das Mitarbeiterteam zwar eine allgemeine Zielvorgabe, ist im Hinblick auf die Organisation der zur Zielerreichung erforderlichen konkreten Arbeitsvorgänge im Gegensatz zum klassischen Command-and-Control-Ansatz aber weitgehend frei. Um das jeweilige Ziel auf eine möglichst effiziente Art und Weise zu erreichen und gleichzeitig erforderliche Anpassungen möglichst ohne Zeitverzögerung in die Aufgabenerfüllung zu integrieren, wird durch Scrum ein bestimmter Rahmen aufgespannt, dessen Eigenheiten zum einen in besonderen Rollen für die Mitglieder eines Scrum-Teams sowie zum anderen in der Struktur der jeweiligen Arbeitsabschnitte („Sprints") bestehen.[34]

## 1. Rollen im Prozess von Scrum

Zu den wesentlichen Charakteristika der Scrum-Methode gehört zunächst das Vorhandensein verschiedener Rollen bzw. Akteure. Zum Scrum-Team im weiteren Sinne zählen der Product Owner, das Entwicklungsteam (Kernteam) und der Scrum Master. Sonstige Stakeholder, die indes nicht Bestandteil des Scrum-Teams sind, sondern nur dessen Umgebung bilden, sind der Manager, der Kunde (Customer) und der Anwender (User).

### a) Product Owner

Der Product Owner ist für die Eigenschaften und den wirtschaftlichen Erfolg des zu entwickelnden Produkts oder Prozesses gegenüber dem Management verantwortlich. Er gehört nicht zum Entwicklungsteam (Kernteam) und repräsentiert

---

[32] Vgl. Bitkom Research, Pressemitteilung vom 21.9.2018, abrufbar unter https://www.bitkom-research.de.

[33] Zum Folgenden siehe den von *Sutherland/Schwaber* herausgegebenen „Scrum Guide", abrufbar unter: https://www.scrumguides.org. Siehe auch *Baukrowitz/Hageni*, Agiles Arbeiten mitgestalten, 2020, S. 15ff.; *Gloger*, Informatik Spektrum 33 (2010), 195ff.; *Wolf/Roock*, Agile Softwareentwicklung, 4. Aufl., 2015, S. 6ff.

[34] Siehe dazu neben dem „Scrum Guide" etwa *Bachner*, FS 100 Jahre Betriebsverfassungsrecht, 2020, S. 17 (18 f.); *Günther/Böglmüller*, NZA 2019, 273 (274f.); *Heise/Friedl*, NZA 2015, 129 (130ff.).

innerhalb des Scrum-Teams die Kundenperspektive. Die Hauptaufgabe des Product Owner besteht darin, auf der Grundlage einer Produkt- oder Prozessvision bzw. einer „User Story", d.h. einer alltagssprachlichen Formulierung der gewünschten Produkteigenschaften, über die konkreten Anforderungen zu entscheiden, die das fertige Produkt bzw. der fertige Prozess haben sollen, wobei er sich mit dem Entwicklungsteam sowie mit den Stakeholdern abzustimmen und im Übrigen auch Kosten/Nutzen-Analysen anzustellen hat. Die Bestimmung und Priorisierung der relevanten Produkt- bzw. Prozessfunktionalitäten erfolgt letztlich durch den Product Owner und wird im sogenannten Product Backlog eingetragen. Sofern geänderte Wünsche von Kunden und/oder Anwendern, mit denen der Product Owner Kontakt zu halten bzw. die er im Blick zu behalten hat, oder sonstige Umstände eine Veränderung der Anforderungen an das Produkt erzwingen, hat er im Zusammenwirken mit dem Entwicklungsteam das Product Backlog im Wege eines Product Backlog Refinement entsprechend weiterzuentwickeln, was gegebenenfalls auch mehrfach zu geschehen hat.

### b) Entwicklungsteam (Kernteam)

Das Entwicklungsteam bzw. Kernteam („Squad") besteht aus einer kleineren, grundsätzlich interdisziplinär (cross-funktional) zusammengesetzten Gruppe von Mitarbeitern,[35] wobei zu diesem Team unter Umständen auch externe Experten herangezogen werden können. Aufgabe des Kernteams ist es, die Vision eines bestimmten Produkts oder Prozesses in eine gebrauchsfähige Lösung zu überführen, indem die vom Product Owner gewünschten Produktfunktionalitäten in der gewünschten Qualität realisiert werden. Für diese Zielerreichung sind die Teammitglieder (zumindest faktisch) gemeinsam verantwortlich.[36] Dabei werden die jeweiligen Arbeitsvorgänge zur Umsetzung der einzelnen Backlogeinträge vom Team selbstständig und eigenverantwortlich organisiert. Das Team wird im Hinblick auf die Reihenfolge und die konkrete Durchführung der einzelnen Arbeitsschritte also nicht durch einen Vorgesetzten von außen

---

[35] Insoweit werden im Schrifttum geringfügig voneinander abweichende Zahlen genannt, vgl. *Bachner*, FS 100 Jahre Betriebsverfassungsrecht, 2020, S. 17 (18): in der Regel sechs bis zwölf Personen; *Gloger*, Informatik Spektrum 33 (2010), 195 (196): Idealfall fünf Personen; *Günther/Böglmüller*, NZA 2019, 273 (275): regelmäßig drei bis neun Mitglieder. Der „Scrum Guide" nennt als Obergrenze neun Mitglieder (S. 6).

[36] Ob und unter welchen Voraussetzungen die innerbetriebliche faktische Verantwortlichkeit des Entwicklungsteams für die Zielerreichung zu einer (haftungs)rechtlichen Verantwortlichkeit führt, richtet sich nach den allgemeinen Grundsätzen des innerbetrieblichen Schadensausgleichs und dem besonderen Blickwinkel der Gruppenarbeit und ist hier nicht näher zu diskutieren; vgl. dazu *Otto/Schwarze/Krause*, Die Haftung des Arbeitnehmers, 4. Aufl., 2014, § 13 Rn. 62ff.

angeleitet. Darüber hinaus besteht auch innerhalb des Teams keine hierarchische Struktur. Insoweit kann man von einem vorübergehenden faktischen Verzicht des Arbeitgebers auf die Ausübung des (fachlichen) Weisungsrechts sprechen, damit der Scrum-Prozess effektiv funktionieren kann.[37] Ein rechtlich verbindlicher Verzicht auf die Ausübung des Direktionsrechts etwa auch für den Fall, dass die Teammitglieder ihren Arbeitsaufgaben ersichtlich nicht zielgerichtet nachkommen, ist dagegen nicht gewollt. Insoweit gilt nichts anderes als bei den herkömmlichen Formen teilautonomer Arbeitsgruppen, auch wenn in diesem Zusammenhang teilweise ebenfalls von einem Verzicht gesprochen wird.[38] Zudem würde sich dann die Frage stellen, ob im Rahmen eines Arbeitsverhältnisses das Weisungsrecht (§ 611a Abs. 1 S. 1 BGB, § 106 GewO) überhaupt rechtsverbindlich abbedungen werden kann, ohne den Charakter der Tätigkeitsbeziehung als Arbeitsverhältnis auszuhöhlen.[39] Erst recht will und kann der Arbeitgeber nicht die disziplinarische Führungsverantwortung abstreifen,[40] die etwa dann zum Tragen kommt, wenn Teammitglieder Compliance-Verstöße begehen. Dagegen ist es nicht unüblich, dass einzelne dem disziplinarischen Bereich zugeordnete Fragen wie etwa die Urlaubsplanung dem Kernteam überantwortet werden.[41]

c) **Scrum Master**

Der Scrum Master ist ebenfalls nicht Teil des Kernteams. Er hat die Aufgabe, die Regeln und Prinzipien von Scrum einzuführen und für deren Einhaltung innerhalb des Entwicklungsteams zu sorgen, insbesondere auf eine wirksame Selbstorganisation der Teammitglieder hinzuarbeiten. Bei etwaigen Störungen und Hindernissen, die sich nicht auf die technischen Schwierigkeiten der Produkt- bzw. Prozessentwicklung als solche beziehen, hat der Scrum Master einzuschreiten und auf deren Beseitigung hinzuwirken („Pace Maker"). Dies kann mangelnde Kommunikation oder sogar persönliche Konflikte zwischen den Mitgliedern des Entwicklungsteams, aber auch Spannungen zwischen dem Team und dem Product Owner betreffen, bei denen der Scrum Master moderierend einzugreifen hat. In Betracht kommen zudem Störungen von außen, wenn etwa erforderliche Ressourcen fehlen oder an die Teammitglieder aus den Fachabteilungen zusätzliche Arbeitsaufträge herangetragen werden. Bei alledem kommt dem Scrum Master eine Coachingfunktion zu. Dagegen verfügt er gegenüber den

---

[37] *Günther/Böglmüller*, NZA 2017, 546 (547); *dies.*, NZA 2019, 273 (275f.).
[38] Vgl. *Federlin*, FS Leinemann (2006), S. 505 (508); *Klein*, NZA 2001, Sonderbeilage zu Heft 24, S. 15 (18).
[39] Dazu *Günther/Böglmüller*, NZA 2017, 546 (547f.).
[40] Ebenso *Heise*, NZA Beilage 2/2019, S. 100 (105).
[41] Vgl. *Günther/Böglmüller*, NZA 2017, 546 (547); *dies.*, NZA 2019, 273 (276).

Mitgliedern des Entwicklungsteams weder über fachliche noch über disziplinarische Befugnisse. Der Scrum Master kann den Teammitgliedern also weder die Art und Weise der Aufgabenerfüllung vorschreiben noch kann er sie beurteilen oder bei Pflichtverletzungen belangen, etwa abmahnen oder gar kündigen. Der Scrum Master nimmt damit im Ergebnis eine dienende Funktion ein, wobei er in erster Linie dem Entwicklungsteam dient, daneben aber auch dem Product Owner sowie letztlich der (gesamten) Organisation.[42]

**d)    Sonstige Stakeholder**

Nicht zum Scrum-Team gehören der Manager bzw. das Management sowie der Kunde und der Anwender. Die Aufgabe des Managements bei der Durchführung von Scrum besteht darin, das Scrum-Team zusammenzustellen, die Rollen zu verteilen, die sächlichen Mittel bereitzustellen sowie externe Störungen in Gestalt insbesondere von Anforderungen durch Fachabteilungen von vornherein zu unterbinden. Kunden sind diejenigen, denen das Produkt bzw. der Prozess nach Fertigstellung zur Verfügung gestellt wird, wobei neben organisationsexternen Kunden auch organisationsinterne Kunden wie etwa andere Fachabteilungen in Betracht kommen. Als Anwender wird der konkrete Nutzer des Produkts bezeichnet, der mit dem Kunden identisch sein kann, es aber nicht sein muss.

## 2.    Ablauf von Scrum

Herzstück von Scrum ist eine bestimmte Strukturierung der einzelnen Arbeitsabschnitte, der sogenannten Sprints. Jeder Sprint, der einen fest fixierten Zeitraum zwischen einer Woche und vier Wochen umfasst, dient dazu, ein bestimmtes Teilergebnis (Product Increment) zu realisieren. Von erheblicher Bedeutung für die Effektivität von Scrum ist, dass während der Laufzeit eines Sprints seitens des Product Owner keine Veränderung der Anforderung an das Produkt oder den Prozess vorgenommen werden dürfen. Im Einzelnen beginnt jeder einzelne Sprint-Zyklus mit einem Sprint Planning, in dem sich das Entwicklungsteam mit dem Product Owner darüber verständigt, welche Backlog-Einträge innerhalb des Sprints verwirklicht werden sollen. Sodann trifft sich das Entwicklungsteam am Anfang eines jeden Arbeitstags zu einem kurzen Daily Scrum, um sich wechselseitig über den aktuellen Stand der Erfüllung der Teilaufgaben zu informieren. Am Ende eines Sprints steht dann jeweils ein Sprint Review, in dem das Entwicklungsteam seine Ergebnisse dem Product Owner präsentiert sowie gegebenenfalls auch ein Feedback der Kunden bzw. Anwender erfolgt und der Product

---

[42]    Vgl. Scrum Guide, S. 7.

Owner auf der Basis vorab vereinbarter Kriterien sodann darüber entscheidet, ob er das Zwischenergebnis abnimmt. In einer Sprint Retrospective, die ebenfalls am Ende eines jeden Sprint steht, beleuchtet das Scrum-Team schließlich die Effizienz und Effektivität seiner Arbeitsweise als solche und strebt insbesondere unter aktiver Beteiligung des Scrum Master kontinuierlich Verbesserungen an.

## III. Agile betriebliche Organisation

Während Scrum für sich genommen nur eine agile Arbeitsmethode für kleinere Teams ist, mit der nicht selten innerhalb einer traditionellen betrieblichen Aufbauorganisation eine Art Start-up-Mentalität erzeugt werden soll, bemühen sich zahlreiche Unternehmen – teilweise im Anschluss an das Organisationskonzept des Lean Management – mittlerweile darum, die betriebliche Struktur insgesamt stärker an agilen Prinzipien zu orientieren.[43] Dabei geht es der Sache nach letztlich um eine Skalierung agiler Arbeitsprozesse, um hierdurch die betriebliche Organisation als solche nach agilen Grundsätzen umzugestalten. Dies geschieht vornehmlich in der Weise, dass eine größere Anzahl von Kernteams („Squads") gebildet werden, die für den Fall der Arbeit an einem Projekt, dessen Umfang die Kapazitäten eines einzelnen Entwicklungsteams übersteigt, zu einem „Tribe" zusammengefasst werden, während mit dem zuweilen ebenfalls benutzten Begriff des „Chapters" diejenigen Mitarbeiter unterschiedlicher „Squads" bezeichnet werden, die jeweils vergleichbare Tätigkeiten ausüben.[44] Denkbar ist aber auch, dass Scrum in unterschiedlichen Bereichen eines Unternehmens parallel oder sukzessive eingeführt wird (neben der Produktentwicklung etwa Marketing, Sales und Human Resources),[45] so dass es gleichsam zu einer Vielzahl von sich zunehmend ausbreitenden Insellösungen kommt. Zuweilen ist auch von „Schwärmen" die Rede, die in Betrieb und Unternehmen breitflächig an die Stelle von Hierarchien treten sollen, um in der „VUCA-Welt" auch weiterhin bestehen zu können.

---

[43] Hierzu *Baukrowitz/Hageni*, Agiles Arbeiten mitgestalten, 2020, S. 12 ff.; ferner *Maximini*, Scrum – Einführung in die Unternehmenspraxis, 2. Aufl., 2018; *Redmann*, Agiles Arbeiten im Unternehmen, 2017. Zum Verhältnis der Leitbilder von Lean Management und agiler Organisation siehe *Boes et al.*, „Lean" und „agil" im Büro, 2018, S. 21ff.
[44] Hierzu *Bachner*, FS 100 Jahre Betriebsverfassungsrecht, 2020, S. 17 (19f.).
[45] Vgl. *Günther/Böglmüller*, NZA 2019, 273 (275).

## IV. Chancen und Risiken für die Beschäftigten

Während agile Arbeitsmethoden im Allgemeinen und Scrum im Besonderen vielfach aus der Entwicklerperspektive oder der Managementperspektive geschildert werden, geht es aus der Perspektive des Betriebsverfassungsrechts darum, welche Schutz- und Teilhabeinteressen hierdurch berührt werden. Um den rechtstatsächlichen Ausgangspunkt insoweit noch breiter aufzufächern, empfiehlt es sich, den Blick vorab zusätzlich auf die Chancen und Risiken agiler Arbeitsformen für die Beschäftigten zu lenken.[46]

Zu den Chancen für die Beschäftigten zählen zunächst die Autonomiegewinne, die durch die größeren Freiheitsräume bei der Organisation der Arbeit einschließlich der Arbeitsmengensteuerung erzielt werden. Gerade bei größeren und langwierigeren Projekten ist zudem das schnellere Feedback seitens des Teams wie auch der Kunden prinzipiell positiv zu bewerten, weil der einzelne Beschäftigte auf diese Weise entweder Bestätigung erfährt und dadurch Erfolgserlebnisse hat oder aber frühzeitig auf fehlerbehaftete Vorgehensweisen aufmerksam gemacht wird, die weitere nutzlose Tätigkeiten ersparen. Die durch Scrum im Rahmen der jeweiligen Sprints vorgeschriebenen Schleifen (Sprint Planning, Daily Scrum, Sprint Review, Sprint Retrospective) bieten zudem die Möglichkeit der Rückkoppelung mit anderen Teammitgliedern, wodurch wechselseitige Unterstützungs- und Lerneffekte herbeigeführt werden können.

Diesen Chancen stehen allerdings auch Risiken für die Beschäftigten gegenüber. So können die objektiv bestehenden Freiheitsgrade nur dann in einer persönlich nicht belastenden Weise genutzt werden, wenn der jeweilige Mitarbeiter subjektiv in der Lage ist, mit diesen Freiräumen zur Eigensteuerung der Arbeit angemessen umzugehen und nicht dem Risiko einer permanenten Selbstüberforderung als Folge fehlender oder jedenfalls geringerer Außengrenzen zu erliegen. Es bedarf daher hinreichender Fähigkeiten zur Nutzung agiler Arbeitsmethoden („Empowerment"), um mit ihnen angemessen umgehen zu können. Auch kann die Arbeit in kleinen Teams mit einer mindestens faktischen Gruppenverantwortung für konkrete Arbeitsergebnisse innerhalb definierter Zeiträume einen erheblichen Binnendruck innerhalb des Teams auslösen, um durch einen möglichst großen Arbeitseinsatz entsprechende Resultate zu erzielen („Peer Group Pressure"). Denkbar ist ferner, dass die in der Arbeitsstruktur eigentlich angelegte Gruppenverantwortung durch individuelle Zielvereinbarungen von Teammitgliedern, die zudem für die anderen Mitglieder des Scrum-Teams zumeist intransparent sein werden, gestört werden, weil der betroffene Arbeitnehmer in einen Konflikt zwischen Gruppenloyalität und eigenen monetären Interessen

---

[46] Dazu *Baukrowitz/Hageni*, Agiles Arbeiten mitgestalten, 2020, S. 17ff.

gerät. Weiter führen die periodischen Rückkoppelungsprozesse zu einer hohen Transparenz der einzelnen Arbeitsvorgänge der Gruppenmitglieder, die ein entsprechend hohes Leistungsmessungs- und Kontrollpotenzial mit sich bringt. Darüber hinaus kann es dadurch zu problematischen Mehrbelastungen kommen, dass Beschäftigte für ihre Tätigkeit in einem agilen Team nicht vollständig abgestellt werden, sondern weiterhin zugleich in hierarchische Linien- oder Matrixstrukturen eingebunden sind und infolgedessen simultan weitere Aufgaben zu erledigen haben. Umgekehrt kann vor allem das vollständige Herausziehen von Arbeitnehmern aus den Fachabteilungen dort eine Schere zwischen den weiterhin zu erledigenden Aufgaben und den zur Verfügung stehenden Kräften mit entsprechenden Belastungen für die verbleibenden Mitarbeiter entstehen lassen, wenn weder für einen personellen Ersatz gesorgt noch die Aufgabenfülle reduziert wird. Schließlich kann die flächendeckende Einführung agiler Arbeitsformen negative Auswirkungen auf vorgestellte Karrierewege und berufliche Perspektiven von Beschäftigten haben, auch wenn diese betriebsverfassungsrechtlich nicht leicht fassbar sind.

## C. Betrieb und Betriebszugehörigkeit bei agiler Arbeit

Bislang nur vereinzelt diskutiert wird das Thema, welche organisationsrechtlichen Aspekte durch agile Arbeit aufgeworfen werden. Dabei stellen sich in diesem Zusammenhang im Wesentlichen zwei Fragen: Zum einen geht es um das Verhältnis agiler Arbeits- und Organisationsformen zu den Basiskategorien Betrieb bzw. Betriebsteil, zum anderen um die Betriebszugehörigkeit der Mitglieder agiler Teams. Der ebenfalls zum Organisationsrecht gehörende Komplex der Übertragung von Aufgaben auf Arbeitsgruppen gemäß § 28a BetrVG soll hingegen erst im Anschluss an die Darlegung der einzelnen Beteiligungsrechte des Betriebsrats angesprochen werden.[47]

### I. Bildung neuer betriebsratsfähiger Einheiten

#### 1. Begriffliche Grundlagen

##### a) Allgemeines

Die institutionelle Repräsentation von Arbeitnehmerinteressen durch den Betriebsrat gegenüber dem Arbeitgeber baut auf der Zusammenfassung bestimmter Beschäftigter zu einer betriebsratsfähigen Organisationseinheit (so die Wortwahl in § 18 Abs. 2 BetrVG) auf. Für diese Zusammenfassung knüpft § 1 Abs. 1 S. 1 BetrVG in erster Linie an das Vorhandensein eines Betriebs an. Allerdings ist der Betriebsbegriff trotz seiner grundlegenden Bedeutung für die Konstituierung der „Wahlkreise" als Basis für die Etablierung von Betriebsräten nach wie vor gesetzlich nicht definiert. Immerhin liefern die organisationsrechtlichen Vorschriften des BetrVG gewisse Anhaltspunkte für die Frage, anhand welcher Kriterien der Betriebsbegriff zu bestimmen ist. So fingiert § 4 Abs. 1 S. 1 BetrVG das Vorliegen eines selbständigen Betriebs, wenn ein (für sich genommen freilich nicht definierter) Betriebsteil räumlich weit vom Hauptbetrieb entfernt oder durch Aufgabenbereich und Organisation eigenständig ist, woraus sich auf eine Relevanz dieser

---

[47] Siehe unten sub F.

Aspekte auch für den (übergeordneten) Betriebsbegriff schließen lässt. Zudem gibt § 3 Abs. 1 BetrVG an verschiedenen Stellen zu erkennen, dass sich die Schaffung abweichender organisatorischer Strukturen am Ziel einer sachgerechten und wirksamen Vertretung von Arbeitnehmerinteressen zu orientieren hat (vgl. Nr. 1, Nr. 2 und Nr. 3), was wiederum den Rückschluss erlaubt, dass auch der Betriebsbegriff als gesetzlicher Grundfall an dieser Zwecksetzung auszurichten ist.

Vor diesem normativen Hintergrund ist für den Betriebsbegriff somit weniger auf „ontologische" Aspekte im Sinne einer räumlich-gegenständlichen Einheit und damit eines konkreten „Ortes" abzustellen. Vielmehr handelt es sich um einen an den Zwecken des BetrVG orientierten Funktionsbegriff, mit dem diejenige Einheit im Sinne eines sozialen Raums identifiziert werden soll, in dem die tatsächlichen und rechtlichen Handlungs- und Einwirkungsmöglichkeiten des Arbeitgebers gegenüber den Beschäftigten dem schützenden und gestaltenden Einfluss eines durch Wahlen seitens eines bestimmten Beschäftigtenkreises legitimierten Betriebsrat unterworfen werden sollen. Im Einzelnen oszilliert die schon seit Jahrzehnten geführte Diskussion über den Betriebsbegriff zwischen den Polen „Arbeitgebernähe" („Entscheidungsnähe") und „Arbeitnehmernähe".[48] Während das Kriterium der „Arbeitgebernähe" die Allokation der arbeitgeberseitigen Entscheidungsbefugnisse in den Vordergrund stellt, betont das Kriterium der „Arbeitnehmernähe" die soziale Zusammengehörigkeit der Beschäftigten, von der man sich eine Homogenität der Interessen verspricht und die zumindest regelmäßig auf einer räumlichen Verbundenheit aufbaut.

### b) Kategorie des Betriebs

Vor diesem Hintergrund begreift das BAG[49] mit Zustimmung der überwiegenden Ansicht im Schrifttum[50] den Betrieb in ständiger Judikatur als diejenige organisatorische Einheit, innerhalb derer der Unternehmer allein oder zusammen mit seinen Mitarbeitern mit Hilfe sächlicher und immaterieller Mittel bestimmte arbeitstechnische Zwecke fortgesetzt verfolgt. Zur näheren Bestimmung der Einheitlichkeit der Organisation stellt die Rechtsprechung in erster Linie auf die Einheitlichkeit des

---

[48] Eingehend *Preis/Povedano Peramato*, FS 100 Jahre Betriebsverfassungsrecht, 2020, S. 571ff.

[49] Für die st. Rspr. aus jüngerer Zeit etwa BAG v. 23.11.2016 – 7 ABR 3/15, AP BetrVG 1972 § 19 Nr. 65 = NZA 2017, 1003 Rn. 31 m.w.N.

[50] MHdB ArbR/*Boemke*, § 284 Rn. 1; *Fitting*, BetrVG, § 1 Rn. 93f.; GK-BetrVG/*Franzen*, § 1 Rn. 35ff.; ErfK/*Koch*, § 1 BetrVG Rn. 7ff.; Richardi/Richardi/Maschmann, BetrVG, § 1 Rn. 27ff.

arbeitgeberseitigen Leitungsapparats ab.[51] Im Grundansatz folgt das BAG damit dem Kriterium der „Entscheidungsnähe", definiert den Betrieb und hierdurch die Existenz einer betriebsratsfähigen Organisationseinheit also in Abhängigkeit von den seitens des Arbeitgebers geschaffenen Entscheidungsstrukturen. Im Einzelnen liegt ein Betrieb dann vor, wenn die in einer Betriebsstätte vorhandenen materiellen und immateriellen Betriebsmittel zusammengefasst, geordnet und gezielt eingesetzt werden sowie die menschliche Arbeitskraft von einem einheitlichen Leitungsapparat gesteuert wird. Hinsichtlich des Gegenstands der Leitungsmacht präzisiert das BAG seinen Ansatz regelmäßig dadurch, dass es auf die einheitliche Wahrnehmung der wesentlichen Arbeitgeberfunktionen im Bereich der sozialen und personellen Angelegenheiten ankommen soll.[52] Bei genauerer Betrachtung stellt diese Konzeption somit weniger auf die Identifizierung einer einheitlichen Leitung im Hinblick auf die den unmittelbaren Arbeitsprozess steuernden Weisungen ab. Vielmehr geht es um das Vorhandensein einer einheitlichen Leitung im Hinblick auf diejenigen Angelegenheiten, bei denen das Gesetz dem Betriebsrat die stärksten Möglichkeiten der Einflussnahme auf die Entscheidungen des Arbeitgebers einräumt. Bei einer Divergenz von arbeitstechnischer Leitung und personalpolitischer Leitung kommt es demnach tendenziell stärker auf die Einheitlichkeit der Leitung in den auf die Personalpolitik bezogenen Fragen an. Alternative Sichtweisen, die sich zumindest tendenziell für eine Entkoppelung des Betriebsbegriffs von den (leicht veränderbaren) arbeitgeberseitigen Entscheidungsstrukturen aussprechen und anstelle dessen der (wesentlich stabileren) räumlichen bzw. arbeitsorganisatorischen Verbundenheit der Beschäftigten einen größeren Stellenwert bei der Bestimmung des Betriebsbegriffs einräumen wollen,[53] haben sich bislang nicht durchsetzen können.[54]

### c) Kategorie des Betriebsteils

Im Gegensatz zu einem Betrieb ist ein einfacher Betriebsteil im Sinne von § 4 Abs. 1 S. 1 BetrVG nach überwiegendem Verständnis eine Einheit, die

---

[51] Siehe etwa BAG v. 13.2.2013 – 7 ABR 36/11, AP BetrVG 1972 § 1 Gemeinsamer Betrieb Nr. 34 = NZA-RR 2013, 521 Rn. 27f.
[52] Grdl. BAG v. 23.9.1982 – 6 ABR 42/81, AP BetrVG 1972 § 4 Nr. 3 unter III 2.
[53] So insbesondere DKW/*Trümner*, BetrVG, § 1 Rn. 53ff. m.w.N.
[54] Ausdrücklich gegen eine Bestimmung des Betriebsbegriffs anhand des „Tätigkeitszusammenhangs von Arbeitnehmern, durch den die Handlungsorganisation der Arbeitnehmer ortsnah und effektiv verwirklicht werden kann" sowie gegen eine „Orientierung an der räumlich-arbeitstechnisch verbundenen Tätigkeit unter Berücksichtigung wirtschaftlich-sozialer Abhängigkeiten" BAG v. 9.2.2000 – 7 ABR 21/98, Juris Rn. 36. Für eine flexible (dynamische) Begriffsbildung *Preis/Povedano Peramato*, FS 100 Jahre Betriebsverfassungsrecht, 2020, S. 571 (580ff.).

grundsätzlich in die Organisation des Hauptbetriebs eingegliedert ist, aber gleichwohl über ein Mindestmaß an organisatorischer Verselbstständigung verfügt, wobei es hierfür genügt, dass überhaupt eine institutionalisierte Leitung vorhanden ist, die Weisungsrechte des Arbeitgebers ausübt.[55] Für eine betriebsratsfähige Einheit im Sinne eines qualifizierten Betriebsteils bedarf es allerdings neben einer hinreichenden Anzahl von Beschäftigten zusätzlich entweder einer hinreichenden räumlichen Entfernung vom Hauptbetrieb (§ 4 Abs. 1 S. 1 Nr. 1 BetrVG) oder einer hinreichenden Eigenständigkeit im Hinblick auf Aufgabenbereich und Organisation (§ 4 Abs. 1 S. 1 Nr. 2 BetrVG), wobei Letztere zwar keinen umfassenden Leitungsapparat erfordert, weil dann bereits ein eigener Betrieb vorläge, wohl aber eine relative Verselbstständigung in dem Sinne, dass die im Betriebsteil angesiedelte Leitung wesentliche, der betrieblichen Mitbestimmung unterliegende Bereiche eigenständig wahrzunehmen hat.[56]

Die von der Rechtsprechung und der herrschenden Lehre vertretene Konzeption von Betrieb und Betriebsteil setzt rechtstatsächlich somit das Vorhandensein arbeitgeberseitiger Leitungsstrukturen und Entscheidungsbefugnisse vor allem im Hinblick auf die mitbestimmungspflichtigen Angelegenheiten voraus, die entweder an einer Stelle zentral zusammenlaufen oder abgestuft verteilt sind und die sich zudem hinreichend deutlich identifizieren lassen.

## 2. Anwendung auf agile Arbeits- und Organisationsformen

### a) (Keine) Einordnung einzelner Teams als Betrieb

Legt man diese die Praxis beherrschenden Maßstäbe zugrunde, können einzelne agile Teams ersichtlich nicht als eigenständige Betriebe angesehen werden. Zwar verfügen sie über eine gewisse Autonomie und sollen die Arbeitsvorgänge zur Erreichung bestimmter arbeitstechnischer Zwecke in Gestalt der Abarbeitung der Backlog-Einträge eigenständig organisieren. Auch werden einem Scrum-Team vom Arbeitgeber vielfach verschiedene Fragen zur eigenverantwortlichen Steuerung überlassen, die thematisch dem Katalog des § 87 BetrVG zugeordnet werden können wie etwa die Festlegung bestimmter dienstlicher Verhaltensweisen (Nr. 1), die Regelung der Arbeitszeit (Nr. 2 und Nr. 3) sowie die Absprache von Urlaub (Nr. 5). Zum einen fehlt es innerhalb des agilen Arbeitsteams aber an einer institutionell verfestigten Leitungsstruktur. Vielmehr soll die Gruppe die konkreten Arbeitsvorgänge wie auch die sonstigen in ihre Zuständigkeit fallenden

---

[55] BAG v. 17.1.2007 – 7 ABR 63/05, AP BetrVG 1972 § 4 Nr. 18 = NZA 2007, 703 Rn. 15; BAG v. 9.12.2009 – 7 ABR 38/08, AP BetrVG § 4 Nr. 19 = NZA 2010, 906 Rn. 23.
[56] BAG v. 9.12.2009 – 7 ABR 38/08, AP BetrVG § 4 Nr. 19 = NZA 2010, 906 Rn. 24.

Fragen hierarchiefrei organisieren. Zum anderen gehören diejenigen Angelegenheiten, die mit der Aufgabenerfüllung nicht unmittelbar zusammenhängen, von vornherein nicht zum Kompetenzbereich des agilen Teams. So liegt die disziplinarische Führung nicht bei der Gruppe selbst, sondern wird gegebenenfalls von Vorgesetzten ausgeübt, wenn es etwa darum geht, Arbeitsversäumnisse oder andere arbeitsvertragliche Unregelmäßigkeiten mit einer Abmahnung zu ahnden. Auch im Übrigen wird über die meisten Angelegenheiten, in denen betriebsverfassungsrechtliche Beteiligungsrechte bestehen, von vornherein jenseits des Teams entschieden. Dies gilt etwa für Versetzungen und Kündigungen, regelmäßig aber auch für die verschiedenen Bestandteile betrieblicher Vergütungssysteme, selbst wenn die Ermittlung bestimmter Zielerreichungsparameter als Grundlage für die Auszahlung einer Zielvereinbarungsvergütung der Gruppe übertragen wird.[57] Darüber hinaus behält sich der Arbeitgeber zentrale Aspekte der betrieblichen Leitungsmacht wie insbesondere den gesamten Bereich der wirtschaftlichen Angelegenheiten vor und überträgt diese Fragen nicht auf die für bestimmte Projekte eingerichteten agilen Teams.

An diesem Ergebnis ändert sich auch nichts, wenn man für die Festlegung der betriebsratsfähigen Einheit nicht nur auf die Arbeitgebernähe, sondern zusätzlich oder sogar vorrangig auf die Arbeitnehmernähe abstellt und es als Ziel des Betriebsbegriffs ansieht, homogene Wählerschaft ortsnah zu einer Handlungsorganisation zusammenzufassen, weil nur auf diese Weise sowohl die primär auf den Arbeitgeber bezogenen betriebsverfassungsrechtlichen Beteiligungsrechte als auch die auf die Belegschaft bezogenen Aufgaben möglichst effektiv wahrgenommen werden könnten.[58] Auf der Grundlage dieses Ansatzes lässt sich ein Scrum-Team selbst dann, wenn dessen Mitglieder für einen längeren Zeitraum aus den Fachabteilungen herausgenommen und möglicherweise sogar räumlich in einem eigenen Gebäudeteil zusammengefasst werden, noch nicht als eine vom Rest der Belegschaft hinreichend getrennte organisatorische Einheit ansehen, die das Prädikat „Betrieb" verdient. Gerade insoweit spielt nicht zuletzt eine Rolle, dass die agile Gruppe regelmäßig nur für ein zeitlich begrenztes Projekt zusammengestellt wird und die Verbindung zu den bisherigen Kollegen in den Fachabteilungen dadurch nicht in einer Weise erodiert, die zu einer neuen Festlegung der betriebsratsfähigen Einheit Anlass geben würde.[59]

---

[57] Dazu *Günther/Böglmüller*, NZA 2017, 546 (547).
[58] So DKW/*Trümner*, BetrVG, § 1 Rn. 53 ff.
[59] Im Ergebnis auch *Bachner*, FS 100 Jahre Betriebsverfassungsrecht, 2020, S. 17 (21).

### b) (Keine) Einordnung einzelner Teams als Betriebsteil

Darüber hinaus werden im Allgemeinen aber auch die Voraussetzungen eines Betriebsteils im Sinne von § 4 Abs. 1 S. 1 BetrVG nicht erfüllt sein, weil weder eine räumliche Entfernung vom Hauptbetrieb (Nr. 1) noch eine hinreichende Verselbstständigung im Hinblick auf Aufgabenbereich und Organisation (Nr. 2) vorliegen werden. Soweit es um das einzelne Scrum-Team geht, kann man zwar noch von einem verselbstständigten Aufgabenbereich sprechen. Dagegen fehlt es an der Übertragung eines wesentlichen Teils derjenigen Angelegenheiten, bei denen Beteiligungsrechte bestehen, auf die agile Gruppe. Etwas anderes kann gelten, wenn der Arbeitgeber eine eigenständige Abteilung schafft, in der er eine Reihe agil arbeitender Teams für die Bewältigung eines größeren Projekts zusammenfasst. Wenn es in dieser Einheit dann nicht nur um die effiziente Entwicklung eines Produkts oder Prozesses geht, sondern dort auch eine Leitung installiert wird, die zumindest über einige beteiligungspflichtige Angelegenheiten zu entscheiden hat, liegt die Annahme eines Betriebsteils im Sinne von § 4 Abs. 1 S. 1 BetrVG nahe. Dies ist erst recht der Fall, wenn der Arbeitgeber zusätzlich für eine erhebliche räumliche Trennung von den übrigen Mitarbeitern sorgt, um durch ein neues und dann regelmäßig modern gestaltetes Umfeld bei den in dieser Einheit zusammengefassten Beschäftigten eine Start-Up-Mentalität zu erzeugen. Allerdings steht es den Beschäftigten einer solchen Einheit gemäß § 4 Abs. 1 S. 2 BetrVG frei, sich trotz der in einer solchen Gestaltung bestehenden Möglichkeit der Wahl eines eigenen Betriebsrats für die Teilnahme an der Wahl des Betriebsrats im Hauptbetrieb zu entscheiden.

### c) Einordnung von gemischten Teams

Eine gesonderte Erwähnung verdient die Konstellation der Zusammensetzung eines gemischten agilen Teams mit Mitgliedern aus unterschiedlichen Unternehmen, wobei diese zum einen aus demselben Konzern stammen können, was zum anderen aber auch in der Weise vorkommen kann, dass ein Auftraggeber und ein Auftragnehmer für die erfolgreiche Entwicklung eines komplexen Projekts zusammenwirken. Im allgemeinen zivilrechtlichen Schrifttum zu agilen Entwicklungsmethoden sowie insbesondere zur Implementierung von Scrum wird in diesem Zusammenhang teilweise davon gesprochen, dass hierdurch eine Gesellschaft bürgerlichen Rechts im Sinne der §§ 705 ff. BGB entstehen könne.[60] Dies wirft vor dem Hintergrund des Umstands, dass das BAG in ständiger

---

[60] Siehe etwa *Frank*, CR 2011, 138 ff.; *B. Koch*, BB 2017, 387 (387); siehe auch *Heise/Friedl*, NZA 2015, 129 (136f.); abl. aber *Fuchs et al.*, MMR 2012, 427 (430f.); *Kühn/Ehlenz*, CR 2018, 139 (143).

Rechtsprechung für einen gemeinsamen Betrieb an das Vorhandensein einer Führungsvereinbarung anknüpft und dabei die Rechtsfigur einer BGB-Gesellschaft ins Spiel bringt,[61] zu der Frage, ob zumindest in diesen Fällen eine eigenständige betriebsratsfähige Einheit in Gestalt eines gemeinsamen Betriebs mehrerer Unternehmen im Sinne von § 1 Abs. 1 S. 2 BetrVG entsteht.

Insoweit ist freilich zu berücksichtigen, dass der Inhalt der etwaigen rechtsgeschäftlichen Vereinbarung zwischen dem Auftraggeber und dem Auftragnehmer nur auf die Projektverwirklichung gerichtet ist. Dagegen zielen die Beteiligten im Allgemeinen nicht darauf ab, die betriebsverfassungsrechtlich relevanten Fragen im Hinblick auf die an das agile Team oder gegebenenfalls an eine Mehrheit agiler Teams abgeordneten Mitarbeiter zu koordinieren. Vielmehr wird man regelmäßig davon auszugehen haben, dass sich sowohl der Auftraggeber als auch der Auftragnehmer die Personalhoheit im Hinblick auf diese Beschäftigten umfassend vorbehalten. Für einen gemeinsamen Betrieb im betriebsverfassungsrechtlichen Sinne ist daher in diesen Konstellationen grundsätzlich kein Raum. Eine andere, an dieser Stelle noch nicht näher anzusprechende Frage ist es, ob es bei einem engen Zusammenwirken von Auftraggeber und Auftragnehmer hinsichtlich der in ein agiles Team entsandten Beschäftigten möglicherweise zu einer Arbeitnehmerüberlassung kommt, die dann ihrerseits Beteiligungsrechte des Betriebsrats im aufnehmenden Betrieb auslöst.[62]

### d) Relevanz agiler Betriebsorganisation

Schließlich zwingt auch eine umfassende Agilisierung ganzer Betriebe nicht dazu, die bisherigen betrieblichen Grenzen neu zu definieren. Zunächst erscheint es rechtstatsächlich so gut wie ausgeschlossen, dass ein Arbeitgeber keine eigenen Entscheidungen mehr trifft und seine betriebliche Leitungsmacht faktisch vollständig in die Hände einer hierarchiefrei arbeitenden Belegschaft legt, indem er sich darauf beschränkt, den Beschäftigten lediglich ein allgemeines betriebliches Ziel vorzugeben und ihnen die für die Zielerreichung erforderlichen materiellen und immateriellen Ressourcen zur (nahezu) freien Verfügung zu stellen. Vielmehr wird in der Arbeitssoziologie mit Blick auf die Vorgaben des Managements nicht ohne Grund von „heteronomer Selbstorganisation" gesprochen.[63] Solange sich der Arbeitgeber aber überhaupt die Entscheidungsbefugnis über beteiligungspflichtige Angelegenheiten vorbehält, mag dies auch nicht das ganze

---

[61] Vgl. BAG v. 24.1.1996 – 7 ABR 10/95, AP BetrVG 1972 § 1 Gemeinsamer Betrieb Nr. 8 = NZA 1996, 1110 unter B 5.
[62] Dazu noch unten sub D IV 2.
[63] *Nicklich/Sauer*, AIS 1/2019, S. 73 (75f.).

Spektrum des BetrVG ausfüllen, existiert ein Leitungsapparat, der eine betriebsratsfähige Organisationseinheit konstituiert. Darüber hinaus stehen der Umwandlung eines ganzen Betriebs in eine hierarchiefreie „agile Zone" gesetzliche Regelungen entgegen, weil der Arbeitgeber die Verantwortung für verschiedene mit der Beschäftigung von Arbeitnehmern verbundene gesetzliche Pflichten wie etwa die Einhaltung des technischen und sozialen Arbeitsschutzes[64] nicht einfach abstreifen bzw. auf die Beschäftigten verlagern kann.

Der mit agilen Strukturen verbundene Trend zum Abbau von fachlichen Weisungsbefugnissen hat aus einer rechtlichen Perspektive somit nicht zur Folge, dass die bisherigen Kriterien zur Bildung betriebsratsfähiger Organisationseinheiten von vornherein ihre Bedeutung einbüßen, weil im Hintergrund agiler Arbeits- und Organisationsformen nach wie vor arbeitgeberseitige Leitungs- und Steuerungsmechanismen existieren, deren Beeinflussung im Interesse der Arbeitnehmer unverändert die Aufgabe von Betriebsräten ist. Der Abbau fachlicher Hierarchien im Zuge agilen Arbeitens darf nicht zu dem Fehlschluss verleiten, dass hierdurch gleichzeitig disziplinarische Hierarchien sowie sonstige arbeitgeberseitige Leitungsbefugnisse zum Verschwinden gebracht werden. Insoweit ist noch einmal daran zu erinnern, dass der Betriebsbegriff ein an den Zwecken des BetrVG orientierter Funktionsbegriff ist, der letztlich an arbeitgeberseitige Entscheidungsstrukturen in beteiligungspflichtigen Angelegenheiten anknüpft und durch moderne hierarchiefreie Arbeitsmethoden seine Bedeutung keineswegs verliert. Eine noch so agile Gestaltung betriebliche Arbeitsvorgänge ändert nichts daran, dass der Arbeitgeber die Dispositionsbefugnis über personelle und erst recht wirtschaftliche Angelegenheiten nicht aus der Hand gibt, so dass es keinen Grund gibt, die Leistungsfähigkeit der herkömmlichen Begriffsbildung für die Bestimmung betriebsratsfähiger Organisationseinheiten prinzipiell in Frage zu stellen. Richtig ist dagegen, dass agile Strukturen die institutionalisierte Wahrnehmung von Arbeitnehmerinteressen durch Betriebsräte auf einer faktischen Ebene erschweren können, indem die Interessen der Beschäftigten durch die Beschleunigung betrieblicher Abläufe und die Flüchtigkeit von Arbeitszusammenhängen immer individueller und heterogener werden.

---

[64] Vgl. BAG v. 11.12.2001 – 9 AZR 464/00, AP BGB § 611 Nebentätigkeit Nr. 8 = NZA 2002, 965 unter II 2 b dd; BAG v. 6.5.2003 – 1 ABR 13/02, AP BetrVG 1972 § 80 Nr. 61 = NZA 2003, 1348 unter B II 3 d cc (2).

## II. Betriebszugehörigkeit bei agilen Strukturen

### 1. Rechtliche Grundlagen

Die Betriebszugehörigkeit eines Arbeitnehmers im Sinne von § 5 Abs. 1 BetrVG entscheidet im Ausgangspunkt über das aktive und passive Wahlrecht, die Mitberücksichtigung bei den diversen Schwellenwerten des BetrVG sowie den Schutz vor bzw. bei Maßnahmen des Betriebsinhabers durch die Beteiligungsrechte des Betriebsrats, wobei gegebenenfalls zusätzlich die Frage zu klären ist, welcher von mehreren in Betracht kommenden Betriebsräten für die Ausübung eines bestimmten Mitwirkungsrechts zuständig ist. Zwar fehlt es im Hinblick auf die Betriebszugehörigkeit trotz ihrer Bedeutung für die Reichweite des BetrVG ebenfalls an einer gesetzlichen Definition. Gleichwohl kann als rechtlicher Ausgangspunkt festgehalten werden, dass die von der Rechtsprechung früher durchgängig vertretene sog. „Zwei-Komponenten-Lehre", nach der es kumulativ auf das Bestehen eines Arbeitsvertrags mit dem Betriebsinhaber sowie auf die tatsächliche Eingliederung des Beschäftigten in dessen Betriebsorganisation ankam,[65] für den „Normalfall" zwar nach wie vor brauchbare Ergebnisse liefert. Für Sonderkonstellationen hat das BAG diese Konzeption indes aufgegeben und eine einzelnormbezogene Betrachtungsweise entwickelt, die für den jeweiligen Regelungskontext die Frage stellt, welche Beschäftigtengruppen nach dem Telos der fraglichen Norm als betriebszugehörig zu qualifizieren sind.[66] Auch wenn diese Sichtweise im Ansatz somit auf die Interpretation der einzelnen betriebsverfassungsrechtlichen Vorschrift abstellt und es daher etwa für die Fragen der Wählbarkeit, der Größe des Betriebsrats, der Anzahl der Freistellungen sowie der Erfüllung der Schwellenwerte für das Eingreifen materieller Beteiligungsrechte letztlich auf die jeweilige Norm ankommt, lassen sich doch typisierende und übergreifende Aussagen treffen.[67]

---

[65] Vgl. etwa BAG v. 17.2.2010 – 7 ABR 51/08, AP BetrVG 1972 § 8 Nr. 14 = NZA 2010, 832 Rn. 16.

[66] Siehe dazu grdl. BAG v. 5.12.2012 – 7 ABR 48/11, AP BetrVG 1972 § 5 Nr. 81 = NZA 2013, 793; BAG v. 13.3.2013 – 7 ABR 69/11, AP BetrVG 1972 § 9 Nr. 15 = NZA 2013, 789.

[67] Eingehend (im Hinblick auf Leiharbeit) *Linsenmaier/Kiel*, RdA 2014, 135 ff.

## 2. Betriebsverfassungsrechtliche Zuordnung der Mitglieder agiler Teams

### a) Einführung

Vor diesem Hintergrund ist die Betriebszugehörigkeit einschließlich der Zuständigkeit des Betriebsrats von vornherein unproblematisch, wenn ein Scrum-Team nur aus Beschäftigten zusammengestellt wird, die verschiedenen Fachabteilungen desselben Betriebs entstammen, weil sich an der betriebsverfassungsrechtlichen Zuordnung der einzelnen Teammitglieder hierdurch nichts ändert. Insoweit gelangt man schon auf der Grundlage der „Zwei-Komponenten-Lehre" zu klaren Ergebnissen, weil in diesen Konstellationen sowohl ein Arbeitsvertrag zum Betriebsinhaber als auch eine Eingliederung in einen bestimmten Betrieb vorliegt.

Schwieriger ist die Rechtslage dagegen, wenn in ein agiles Team Beschäftigte aus verschiedenen Betrieben desselben Unternehmens entsandt werden, um für ein bestimmtes Projekt unterschiedliche Perspektiven und Expertisen zusammenzuführen. Da in einem solchen Fall beide Betriebe vom selben Unternehmensträger geführt werden, besteht der Arbeitsvertrag zwar unverändert nach wie vor mit dem Betriebsinhaber. Dennoch muss geklärt werden, ob der unternehmensintern entsandte Mitarbeiter nunmehr auch bzw. nur noch dem aufnehmenden Betrieb angehört, weil hiervon nicht nur das Wahlrecht und etwaige Schwellenwerte, sondern vor allem auch die Frage abhängt, welcher Betriebsrat gegebenenfalls für die Wahrnehmung von Beteiligungsrechten umfassend zuständig ist.[68]

### b) Dauerhafte unternehmensinterne Entsendung in einen agilen Betrieb

Denkbar ist zunächst die Situation, dass ein Beschäftigter auf Dauer innerhalb desselben Unternehmens von einem (noch traditionell arbeitenden) Betrieb in einen anderen (bereits agil arbeitenden) Betrieb versetzt wird, um dort in agile Arbeitsstrukturen integriert zu werden. In einer solchen Konstellation ist entsprechend den allgemeinen Grundsätzen[69] davon auszugehen, dass mit der Aufnahme der Tätigkeit im neuen Betrieb die Zugehörigkeit zum bisherigen Betrieb vollständig endet und eine umfassende Zugehörigkeit zum Aufnahmebetrieb begründet wird. Folgerichtig ist ab diesem Zeitpunkt nur noch der im aufnehmenden Betrieb bestehende Betriebsrat für diesen Arbeitnehmer zuständig, wobei

---

[68] Zur Notwendigkeit einer Zuordnung beim Führen mehrerer Betriebe durch den Vertragsarbeitgeber siehe BAG v. 22.3.2000 – 7 ABR 34/98, AP AÜG § 14 Nr. 8 = NZA 2000, 1119 unter B II 2 a bb; BAG v. 10.3.2004 – 7 ABR 36/03, Juris Rn. 11.
[69] Vgl. LAG Köln v. 10.2.2010 – 8 TaBV 65/09, Juris Rn. 58; GK-BetrVG/*Raab*, § 7 Rn. 45.

sich die Zuständigkeit auf sämtliche beteiligungsrelevanten Angelegenheiten erstreckt, unabhängig davon, ob diese an die (veränderte) tatsächliche Eingliederung oder an das (unveränderte) rechtliche Bestehen eines Arbeitsvertrags mit dem Betriebsinhaber anknüpfen.

Insbesondere scheitert eine Eingliederung des aus einem anderen Betrieb stammenden Mitglieds eines agilen Teams im Sinne einer Integration in die betriebliche Organisation des aufnehmenden Betriebs nicht daran, dass der betreffende Mitarbeiter „agil" arbeitet, also nicht zugleich in die betriebliche Hierarchie des aufnehmenden Betriebs integriert ist. Insoweit muss der Begriff der Eingliederung an die veränderten Arbeits- und Organisationsmethoden angepasst und weiterentwickelt werden. Konkret muss es für eine Eingliederung deshalb genügen, dass der betreffende Arbeitnehmer dem in einem anderen Betrieb angesiedelten agilen Team zugeordnet wird, auch wenn er dort keinen fachlichen Weisungen eines Vorgesetzten unterliegt. Die denkbare Alternative, einen solchen Beschäftigten gleichsam als aus dem bisherigen betrieblichen Zusammenhang „ausgegliedert", nicht aber in einen neuen betrieblichen Zusammenhang „eingegliedert" zu qualifizieren und dann nur noch diejenigen betrieblichen Beteiligungsrechte greifen zu lassen, die an die fortbestehende arbeitsvertragliche Bindung an den Betriebsinhaber anknüpfen, verbietet sich von selbst. So können agile Arbeitsformen, auch wenn diese mit einem „Verzicht" auf das Weisungsrecht oder doch zumindest mit einem sehr verdünnten fachlichen Direktionsrecht einhergehen, nicht dazu führen, dass sich die Eingliederung als Anknüpfungspunkt für die Reichweite des BetrVG sowie für bestimmte Beteiligungsrechte des Betriebsrats von vornherein verflüchtigt. Hiervon zunächst unberührt bleibt die Anschlussfrage, welche Bedeutung die Befugnis der Beschäftigten zur Selbstorganisation für einzelne betriebliche Mitwirkungsrechte hat.[70]

c) **Vorübergehende unternehmensinterne Entsendung in einen agilen Betrieb**

Wird ein Arbeitnehmer nur vorübergehend abgeordnet, um etwa bei einem zeitlich begrenzten agilen Projekt als Mitglied des Kernteams oder auch als Scrum Master mitzuwirken, bleibt die Zugehörigkeit zum bisherigen Betrieb entsprechend den allgemeinen Grundsätzen[71] aufrechterhalten, so dass der ursprüngliche Betriebsrat (zumindest) für die arbeitsvertragsbezogenen Beteiligungsrechte weiterhin zuständig ist. Hierbei kann allenfalls fraglich sein, ob diese Rechtsfolge schon dann eintritt, wenn keine dauerhafte Versetzung erfolgen soll, mag die

---

[70] Siehe dazu noch unten sub E II.
[71] GK-BetrVG/*Raab*, § 7 Rn. 45.

Abordnung auch langfristig angelegt oder eine Rückkehr in den entsendenden Betrieb sogar ungewiss sein, oder ob insoweit eine zeitliche Höchstgrenze für die Aufrechterhaltung der ursprünglichen Betriebszugehörigkeit anzunehmen ist. Da es sich bei der Zugehörigkeit zu einem bestimmten Betrieb in den Fällen, in denen der Arbeitsvertrag zum Betriebsinhaber ohnehin unverändert fortbesteht, um ein rein tatsächliches Phänomen handelt und sich die tatsächlichen Bindungen im Laufe der Zeit verflüchtigen, spricht mehr für eine zeitliche Höchstgrenze, die freilich nicht zu gering anzusetzen und nicht mit den Fristen für den Erwerb des aktiven oder passiven Wahlrechts im aufnehmenden Betrieb gemäß § 7 BetrVG bzw. § 8 BetrVG zu synchronisieren ist. Vielmehr erscheint in Anlehnung an § 1 Abs. 1b S. 1 AÜG eine Höchstfrist von 18 Monaten für die Aufrechterhaltung der bisherigen Betriebszugehörigkeit regelmäßig angemessen. Einer Parallele zu § 14 Abs. 1 AÜG, der Leiharbeitnehmer betriebsverfassungsrechtlich unbegrenzt dem entsendenden Betrieb des Verleihers zuordnet, bedarf es nicht, weil es vorliegend nur um die Frage geht, welcher konkrete Betriebsrat im Verhältnis zu ein- und demselben Vertragsarbeitgeber für die arbeitsvertragsbezogenen Beteiligungsrechte künftig zuständig sein soll, wenn ein Beschäftigter in einem anderen Betrieb für einen längeren Zeitraum eingesetzt wird.

Im Übrigen bleibt die Zugehörigkeit zum ursprünglichen Betrieb selbstverständlich umfassend aufrechterhalten, sofern der für ein agiles Projekt abgeordnete Beschäftigte (entgegen dem Leitbild von Scrum) dort weiterhin kontinuierlich in einem wenn auch geringem Umfang tätig ist oder von seiner bisherigen Fachabteilung immer wieder zu einzelnen Aufgaben herangezogen wird, weil die Betriebszugehörigkeit bei Arbeitnehmern im Gegensatz zur Personengruppe der in Heimarbeit Beschäftigten gemäß § 5 Abs. 1 S. 2 BetrVG nicht vom Ausmaß der Tätigkeit für den Betrieb abhängt[72].

Hiervon zu unterscheiden ist die weitere Frage der Zugehörigkeit zum aufnehmenden Betrieb. Insoweit ist zunächst festzuhalten, dass ein Arbeitnehmer nach allgemeinen Grundsätzen auch mehreren Betrieben desselben Arbeitgebers angehören kann.[73] Vor diesem Hintergrund kommt es im Ausgangspunkt nur auf die tatsächliche Eingliederung in die betrieblichen Arbeitsprozesse an, wofür es wie dargelegt genügt, dass der betreffende Mitarbeiter in ein in diesem Betrieb arbeitendes agiles Team integriert wird. Allerdings spricht vieles für eine

---

[72] Vgl. nur *Fitting*, BetrVG, § 7 Rn. 23, 83.
[73] So bereits BAG v. 11.4.1958 – 1 ABR 2/57, AP BetrVG § 6 Nr. 1; ebenso LAG Köln v. 3.9.2007 – 14 TaBV 20/07, Juris Rn. 28; LAG Thüringen v. 20.10.2011 – 6 TaBV 8/10, Juris Rn. 36; LAG Rheinland-Pfalz 24.8.2012 – 9 Sa 176/12, NZA-RR 2012, 636 (638); *Christiansen*, Betriebszugehörigkeit, S. 105ff., *Fitting*, BetrVG, § 7 Rn. 25, 81; GK-BetrVG/*Raab*, § 7 Rn. 40.

Bagatellgrenze. Lediglich kurzzeitige Einsätze in einem anderen Betrieb führen daher noch nicht zu einer vollumfänglichen Betriebszugehörigkeit. Dabei lässt sich als kurzfristig in Anlehnung an § 95 Abs. 3 S. 1 BetrVG grundsätzlich ein Zeitraum von bis zu einem Monat ansehen.[74] Wenn also beispielsweise ein Arbeitnehmer für die Dauer eines Sprints als Scrum Master betriebsübergreifend in ein agiles Team abgeordnet wird, um einen erkrankten Scrum Master zu vertreten, begründet diese Entsendung noch keine umfassende Betriebszugehörigkeit. Vielmehr führt erst eine den Zeitraum von einem Monat überschreitende Abordnung zu einem aktiven und passiven Wahlrecht des Betroffenen[75] und wirkt sich gegebenenfalls auf die Schwellenwerte aus, wobei aber zusätzlich zu berücksichtigen ist, dass für die Schwellenwertberechnung die regelmäßige Arbeitnehmerzahl maßgeblich ist, so dass die bloße Vertretung eines vorübergehend ausfallenden Teammitglieds oder die einmalige Verstärkung eines agilen Teams die Zahl der Arbeitnehmer, die für den Betrieb im Allgemeinen kennzeichnend ist, nicht erhöht.[76] Allerdings kann der Betriebsrat des aufnehmenden Betriebs entsprechend den allgemeinen Grundsätzen[77] auch unterhalb der Schwelle der vollen Betriebszugehörigkeit für bestimmte betriebsverfassungsrechtliche Belange auch eines nur kurzfristig in ein agiles Team entsandten Mitarbeiters zuständig sein, wobei es darauf ankommt, ob das Beteiligungsrecht an die Eingliederung im Aufnahmebetrieb oder aber an die arbeitsvertragliche Rechtsbeziehung anknüpft, für die der Betriebsrat im ursprünglichen Betrieb in diesen Fällen von vornherein alleinzuständig bleibt.[78] Sofern aufgrund längerer Einsatzzeit eines Arbeitnehmers im agilen Betrieb bereits eine vollumfängliche Betriebszugehörigkeit im Grundsatz zu bejahen ist, ist lediglich umgekehrt zu fragen, wie sich die fortbestehende

---

[74] Im Grundansatz im Zusammenhang mit Matrixstrukturen auch *C. Schubert*, Matrixorganisation, S. 93, die allerdings die Grenze erst bei einer Einsatzdauer von über drei Monaten ziehen will.

[75] Von praktischer Bedeutung dürfte bei die Monatsfrist nur geringfügig überschreitenden Abordnungen lediglich das aktive Wahlrecht sein, zumal die Wählerliste beim nachträglichen Eintritt eines wahlberechtigten Arbeitnehmers in den Betrieb gemäß § 4 Abs. 3 S. 2 WO bis zum Tag vor dem Beginn der Stimmabgabe vom Wahlvorstand (über den Wortlaut der Regelung hinaus) von Amts wegen zu ergänzen ist, während im Hinblick auf das passive Wahlrecht schon die Bindung der Stimmabgabe an die Benennung in einem zuvor eingereichten Wahlvorschlag (§§ 11 Abs. 1 S. 1, 20 Abs. 1, 34 Abs 1 S. 1, 36 Abs. 4 WO) der Wahl eines nur kurzfristig entsandten Arbeitnehmers regelmäßig entgegensteht.

[76] Zu den für die Bestimmung der regelmäßigen Arbeitnehmerzahl geltenden Grundsätzen siehe nur BAG 18.1.2017 – 7 ABR 60/15, AP BetrVG 1972 § 38 Nr. 35 = NZA 2017, 865.

[77] Vgl. BAG v. 24.8.2016 – 7 ABR 2/15, NZA 2017, 269; Schüren/Hamann/*Hamann*, AÜG, § 14 Rn. 293 ff.; Lambrich/*Schwab*, NZA-RR 2013, 169 (172 ff.).

[78] In diesem Sinne im Zusammenhang mit Matrixstrukturen auch *C. Schubert*, Matrixorganisation, S. 93.

Zuständigkeit des Betriebsrats im abgebenden Betrieb auf die arbeitsvertragsbezogenen Beteiligungsrechte auswirkt. Um widersprüchliche Entscheidungen zu vermeiden, erscheint es am überzeugendsten, die Kompetenz für die Ausübung dieser Rechte vorbehaltlich der skizzierten Höchstgrenze von 18 Monaten beim ursprünglichen Betriebsrat zu bündeln, während eine Zuständigkeit des Gesamtbetriebsrats für Fälle dieser Art abzulehnen ist.

### d) Konzerninterne Entsendung in einen agilen Betrieb

Sofern der in ein agiles Team entsandte Arbeitnehmer nicht nur aus einem anderen Betrieb, sondern auch aus einem anderen Unternehmen desselben Konzerns stammt und der Arbeitsvertrag im Zuge der Eingliederung nicht ebenfalls „umgehängt" wird, also kein Austausch des Vertragsarbeitgebers erfolgt, kommt es zu einer konzerninternen Aufspaltung der Arbeitgeberstellung. Da es sich in diesen Gestaltungen der Sache nach um eine konzerninterne Arbeitnehmerüberlassung handelt, darf gemäß § 1 Abs. 3 Nr. 2 i.V.m. § 1 Abs. 1b S. 1 AÜG grundsätzlich keine Dauerüberlassung, sondern nur eine Überlassung von bis zu 18 Monaten erfolgen, wobei durch einen Tarifvertrag von Tarifvertragsparteien der Einsatzbranche nach § 1 Abs. 1b S. 3 AÜG allerdings eine hiervon abweichende Überlassungshöchstdauer festgelegt werden kann. Solange der Arbeitsvertrag mit dem Träger des abgebenden Betriebs rechtlich fortbesteht, wird man den betroffenen Arbeitnehmer betriebsverfassungsrechtlich einerseits in Anlehnung an den nicht unmittelbar anwendbaren § 14 Abs. 1 AÜG weiterhin dem bisherigen Betrieb zuzuordnen haben. Insoweit haben die vom BAG zur früheren Fassung des AÜG entwickelten Grundsätze zur analogen Anwendbarkeit von § 14 Abs. 1 AÜG auf die Fälle der konzerninternen Arbeitnehmerüberlassung[79] weiterhin Gültigkeit.[80] Eine Beendigung der Betriebszugehörigkeit zum abgebenden Betrieb würde zu dem wenig überzeugenden Ergebnis führen, dass der Beschäftigte zwar einen Arbeitsvertrag mit einem Unternehmensträger hat, aber keinem von diesem selbst geleiteten Betrieb angehört und daher an sich auch aller auf den Arbeitsvertrag bezogenen betrieblichen Beteiligungsrechte wie etwa die Anhörung vor einer Kündigung verlustig gehen würde, sofern man nicht den Betriebsrat des aufnehmenden Betriebs trotz der bloß tatsächlichen Eingliederung in den

---

[79] BAG v. 20.4.2005 – 7 ABR 20/04, NZA 2005, 1006 (1007 ff.).
[80] Lambrich/Schwab, NZA-RR 2013, 169 (170).

Einsatzbetrieb – systemwidrig – als auch für die vertragsbezogenen Mitwirkungsrechte zuständig ansieht.[81]

Daneben ist der betroffene Arbeitnehmer in den Gestaltungen, in denen die Eingliederung in den aufnehmenden Betrieb nicht nur kurzfristig erfolgt, kumulativ dem Einsatzbetrieb zuzuordnen.[82] Das Alternativmodell einer Zuordnung allein zum verleihenden Konzernunternehmen, einer entsprechenden Heranziehung von § 14 Abs. 2 AÜG auch in den Fällen einer privilegierten Konzernleihe sowie einer lediglich einzelfallbezogenen Anwendung der Beteiligungsrechte des Betriebsrats der entleihenden Konzerngesellschaft[83] mag zwar vielfach zu ähnlichen Ergebnissen führen, schafft aber unnötige Rechtsunsicherheit und wird dem durch die tatsächliche Eingliederung in den Betriebsablauf begründeten Schutzbedürfnis des Beschäftigten nicht gerecht. Lediglich Bagatellfälle sind erneut auszuklammern, worunter auch in diesen Konstellationen in Anlehnung an § 95 Abs. 3 S. 1 BetrVG ein Einsatzzeitraum von bis zu einem Monat anzusehen ist.[84] Unterhalb der Schwelle der vollen Betriebszugehörigkeit bleibt es daher von vornherein bei einer einzelfallbezogenen Betrachtung, während oberhalb der Schwelle im Hinblick auf die Abgrenzung der Zuständigkeit der Betriebsräte im entsendenden Betrieb einerseits und im aufnehmenden Betrieb andererseits wiederum generell darauf abzustellen ist, ob das Beteiligungsrecht an die Eingliederung im Aufnahmebetrieb oder aber an die beim entsendenden Unternehmen verbleibende arbeitsvertragliche Rechtsbeziehung anknüpft.

Soweit es um das aktive und passive Wahlrecht geht, wird in diesen Konstellationen im Ausgangspunkt zutreffend auf die §§ 7 und 8 BetrVG verwiesen, wobei der daraus gezogene Schluss einer für das aktive Wahlrecht erforderlichen Einsatzdauer von mehr als drei Monaten beim entleihenden Konzernunternehmen[85] allerdings die Anrechnungsregel des § 8 Abs. 1 S. 2 BetrVG ausblendet und

---

[81] Insoweit im Hinblick auf die Folgen der Zuordnung nur zum aufnehmenden Konzernbetrieb unklar LAG Hessen v. 12.2.1998 – 12 TaBV 21/97, NZA-RR 1998, 505; *Richardi*, NZA 1987, 145 (146); Richardi/*Thüsing*, BetrVG, § 7 Rn. 15.

[82] Im Grundsatz ebenso *Braun/Schreiner*, in: Braun/Wisskirchen (Hrsg.), Konzernarbeitsrecht, Teil I Abschnitt 2 Rn. 42; *Fitting*, BetrVG, § 5 Rn. 224; Schüren/Hamann/*Hamann*, AÜG, § 14 Rn. 578f.; im Erg. auch Ulber/*J. Ulber*, AÜG, § 1 Rn. 491.

[83] *Lambrich/Schwab*, NZA-RR 2013, 169 ff.; *Windbichler*, Arbeitsrecht im Konzern, S. 279ff.; im Grundansatz seinerzeit auch BAG v. 20.4.2005 – 7 ABR 20/04, NZA 2005, 1006 (1009).

[84] Gegen jeden Mindestzeitraum offenbar *Braun/Schreiner*, in: Braun/Wisskirchen (Hrsg.), Konzernarbeitsrecht, Teil I Abschnitt 2 Rn. 42; Schüren/Hamann/*Hamann*, AÜG, § 14 Rn. 578 f.; für eine Orientierung an § 7 S. 2 BetrVG und damit für eine Mindesteinsatzdauer von über drei Monaten *Fitting*, BetrVG, § 5 Rn. 224.

[85] Ulber/*J. Ulber*, AÜG, § 1 Rn. 491; ebenso wohl Schüren/Hamann/*Hamann*, AÜG, § 14 Rn. 589.

deshalb im Ergebnis nicht überzeugen kann. Wenn schon für das passive Wahlrecht die an sich erforderliche sechsmonatige Betriebsangehörigkeit durch eine sechsmonatige Konzernangehörigkeit substituiert werden kann, kann für das aktive Wahlrecht nichts anderes gelten. Vielmehr muss die gesetzgeberische Entscheidung, den Konzern im Sinne des § 18 Abs. 1 AktG für das passive Wahlrecht als Einheit zu betrachten,[86] auf das aktive Wahlrecht durchschlagen. Auf die nach der Wertung des § 7 S. 2 BetrVG eigentlich notwendige mehr als dreimonatige Einsatzzeit kann die in einem anderen Konzernunternehmen bereits absolvierte Zugehörigkeitszeit somit angerechnet werden. Dagegen gelten für die Schwellenwertberechnung von vornherein die allgemeinen Grundsätze. Wenn es bei der erlaubten gewerbsmäßigen Arbeitnehmerüberlassung insoweit keiner bestimmten Mindesteinsatzdauer bedarf, wie sich im Umkehrschluss aus § 14 Abs. 2 S. 6 AÜG ergibt,[87] der dies nur für die Schwellenwerte im Bereich der Unternehmensmitbestimmung anordnet, kann dies bei der konzerninternen Arbeitnehmerüberlassung nicht anders sein. Auch insoweit gilt freilich wiederum, dass es für die betriebsverfassungsrechtlichen Schwellenwerte nicht auf die zufällige Anzahl der betriebszugehörigen Arbeitnehmer zu einem bestimmten Stichtag, sondern auf die regelmäßige Anzahl der Beschäftigten ankommt.

### e) (Keine) Disponibilität der Betriebszugehörigkeit

Eine Zusatzfrage geht dahin, ob die gesetzlichen bzw. aus dem Gesetz ableitbaren Grundsätze über die Betriebszugehörigkeit disponibel sind, also insbesondere durch Betriebsvereinbarung abgeändert werden können. So stößt man in manchen Betriebsvereinbarungen zu agiler Arbeit auf Regelungen, nach denen die Zugehörigkeit eines Mitarbeiters, der in ein agil arbeitendes Team entsandt wird, zum Ursprungsbetrieb offenbar dauerhaft unberührt bleiben soll. Nun ist insoweit im Grundsatz davon auszugehen, dass die gesetzlichen Vorgaben für die Betriebszugehörigkeit von Beschäftigten nicht abänderbar sind, weil hiervon die Bildung und die Kompetenzen von Betriebsräten abhängen. Zudem enthält das BetrVG zwar eine Reihe von Öffnungsklauseln für organisationsrechtliche Regelungen, allen voran die Möglichkeit zur Vereinbarung abweichender Arbeitnehmervertretungsstruktur nach Maßgabe von § 3 BetrVG, während das Gesetz an keiner Stelle erkennen lässt, dass auch die Frage der Betriebszugehörigkeit von Beschäftigten durch Tarifvertrag oder Betriebsvereinbarung abänderbar sein soll. Für Grenzfälle wird man dagegen eine gewisse Konkretisierungskompetenz

---

[86] Vgl. BT-Drs. VI/1786, S. 37. Dazu krit. GK-BetrVG/*Raab*, § 8 Rn. 43; skeptisch auch *Gamillscheg*, Kollektives Arbeitsrecht, Bd. II, 2008, § 34, 4 d (1), S. 391 („sonderbarerweise").
[87] Schüren/Hamann/*Hamann*, AÜG, § 14 Rn. 130.

annehmen können, die sich etwa darauf bezieht, ob eine Abordnung in ein agiles Team aus der Perspektive des aufnehmenden Betriebs noch als kurzfristig oder umgekehrt aus der Perspektive des abgebenden Betriebs bereits als langfristig zu qualifizieren ist.

### f) Einbeziehung externer Experten in ein agiles Team

Ein Sonderfall ist schließlich die Einbeziehung von externen Experten aus nicht konzernangehörigen Unternehmen in agil arbeitende Teams, wobei es sich insbesondere um einen Vertreter des Auftraggebers handeln kann. Insoweit geht es in der Sache um die Abgrenzung zwischen einem regelmäßig gewollten Werkvertrag und einer Arbeitnehmerüberlassung, wobei insoweit die allgemein anerkannten Grundsätze zur Anwendung kommen, die im Kern darauf hinauslaufen, ob der fragliche Beschäftigte so in die Arbeitsprozesse des Einsatzbetriebs integriert ist, dass die Personalhoheit übergegangen ist.[88] Eine entsprechende Feststellung ist zwar nicht leicht zu treffen, weil sich agile Arbeit zumindest idealtypisch dadurch auszeichnet, dass den Teammitgliedern im Hinblick auf ihre Aufgabenerfüllung gerade keine fachlichen Weisungen erteilt werden, während das disziplinarische Weisungsrecht im Hinblick auf vertragsfremde Dritte von vornherein praktisch keine Rolle spielen dürfte. Dennoch ist es nicht ausgeschlossen, dass der externe Experte in einer Weise in die agilen Strukturen eingebunden wird, die den Schluss auf einen Übergang der Personalhoheit rechtfertigen.[89] Die Konsequenz bestünde dann in erster Linie in der Anwendbarkeit der §§ 9 Abs. 1 Nr. 1, 10 Abs. 1 AÜG, also in der grundsätzlichen Begründung eines Arbeitsverhältnisses zwischen dem Experten und dem Inhaber des Einsatzbetriebs. Sofern es sich bei dem fraglichen Beschäftigten um einen Arbeitnehmer des Auftragnehmers handelt, dürfte es dieser aber nicht selten vorziehen, gemäß § 9 Abs. 1 Nr. 1 AÜG an seinem Arbeitsvertrag mit dem Verleiher und damit seinem bisherigen Arbeitgeber festzuhalten.

---

[88] Siehe nur ErfK/*Wank*, § 1 AÜG Rn. 18 ff.
[89] Zu den Einzelheiten im Kontext von Scrum *Heise/Friedl*, NZA 2015, 129 (133 ff.); *Litschen/Yacoubi*, NZA 2017, 484 (487 ff.).

# D. Beteiligungsrechte bei der Einführung agiler Arbeit

Die erstmalige Einführung agiler Arbeits- und Organisationsformen auf der betrieblichen Ebene kann je nach den konkreten Umständen unterschiedliche Beteiligungsrechte auslösen, die von schlichten Informationsrechten über Beratungsrechte bis hin zu einem echten Mitbestimmungsrecht jedenfalls im Hinblick auf etwaige wirtschaftliche Nachteile reichen können. Im Einzelnen lassen sich folgende Abschichtungen treffen.

## I. Gestaltung von Arbeitsplatz, Arbeitsablauf und Arbeitsumgebung

Mit den Beteiligungsrechten gemäß §§ 90, 91 BetrVG soll der Betriebsrat frühzeitig in diejenigen Angelegenheiten eingebunden werden, die Einfluss auf die Gestaltung des Arbeitsplatzes und des Arbeitsablaufs haben. Dabei gehen diese Regelungen über die traditionellen Zwecke des gesetzlichen Arbeitsschutzes, nämlich die Gewährleistung von Sicherheit und Gesundheit der Beschäftigten bei der Arbeit, hinaus und zielen darauf ab, dass sich die betrieblichen Akteure bei der Gestaltung der konkreten Umstände, unter denen die Arbeit zu erbringen ist, am Leitbild einer menschengerechten Gestaltung der Arbeit orientieren, sog. autonomer Arbeitsschutz[90]. Aufgrund der Ausdehnung des gesetzlichen Arbeitsschutzes auf Maßnahmen der menschengerechten Gestaltung der Arbeit haben diese Vorschriften neben dem schlagkräftigeren Beteiligungsrecht beim Gesundheitsschutz nach § 87 Abs. 1 Nr. 7 BetrVG zwar an Bedeutung verloren.[91] Gleichwohl spielt jedenfalls § 90 BetrVG nach wie vor eine nicht unerhebliche Rolle, weil die in dieser Norm niedergelegten Mitwirkungsrechte bereits im Planungsstadium greifen und dadurch die Mitbestimmung effektivieren können.[92] Denn hierdurch wird dem Betriebsrat vor dem Hintergrund der Erfahrungstatsache, dass eine

---

[90] So *Fitting*, BetrVG, § 90 Rn. 2; MHdB ArbR/*Oberthür*, § 332 Rn. 1; in diesem Sinne auch ErfK/*Kania*, § 90 BetrVG Rn. 1; zum Begriff des autonomen Arbeitsschutzes krit. aber GK-BetrVG/*Weber*, § 90 Rn. 4.

[91] *Fitting*, BetrVG, § 90 Rn. 4; MHdB ArbR/*Oberthür*, § 332 Rn. 1; GK-BetrVG/*Weber*, § 90 Rn. 4.

[92] *Fitting*, BetrVG, § 90 Rn. 4.

schon vollzogene Gestaltung der innerbetrieblichen Verhältnisse aufgrund der bereits investierten Ressourcen, aber auch aufgrund psychologischer Mechanismen bei Entscheidungsprozessen,[93] nur noch unter erschwerten Voraussetzungen revidiert werden kann, die Möglichkeit einer frühzeitigen Einflussnahme verschafft.

## 1. Unterrichtungsrecht gemäß § 90 Abs. 1 BetrVG

### a) Gegenstand des Informationsrechts

Die Vorschrift des § 90 Abs. 1 BetrVG knüpft das Unterrichtungsrecht des Betriebsrats an die Planung bestimmter Maßnahmen. Hierzu zählen nach § 90 Abs. 1 Nr. 3 BetrVG u.a. Arbeitsverfahren und Arbeitsabläufe. Während unter den Arbeitsverfahren im Allgemeinen die Frage der eingesetzten Technologien verstanden wird, mit denen die jeweiligen Arbeitsgegenstände zur Erfüllung der Arbeitsaufgabe bearbeitet werden,[94] betreffen die Arbeitsabläufe die räumliche und zeitliche Abfolge des Zusammenwirkens der verschiedenen Produktionsfaktoren[95] und damit deren organisatorische Verknüpfung. Die im Betrieb verwendeten Arbeitsmethoden lassen sich regelmäßig beiden tatbestandlichen Varianten zuordnen, wobei eine genaue Abgrenzung entbehrlich ist, zumal die Vorschrift ersichtlich darauf abzielt, die Planung der Arbeitsvorgänge sowohl in technischer als auch in organisatorischer Hinsicht lückenlos zu erfassen. Dementsprechend fallen unter diese Bestimmung anerkanntermaßen die Planung von Gruppenarbeit,[96] aber etwa auch von Lean Management-Systemen[97] oder von Kaizen[98] im Sinne einer kontinuierlichen Verbesserung aller einzelnen Arbeitsschritte.

Vor diesem Hintergrund steht außer Zweifel, dass auch die Einführung agiler Arbeitsmethoden den Begriffen des Arbeitsverfahrens bzw. der Arbeitsabläufe

---

[93] Zur Struktur von Entscheidungsprozessen umfassend *Rentsch*, Unterrichtung, S. 65 ff.
[94] *Fitting*, BetrVG, § 90 Rn. 23.
[95] LAG Hamm v. 3.12.1976 – 3 TaBV 68/76, EzA § 90 Nr. 1; *Fitting*, BetrVG, § 90 Rn. 24.
[96] *Fitting*, BetrVG, § 90 Rn. 25; GK-BetrVG/*Weber*, § 90 Rn. 18. Siehe auch BT-Drs. 14/5741, S. 47: Eingeschränktes Mitbestimmungsrecht nach § 87 Abs. 1 Nr. 13 BetrVG lässt Beteiligungsrecht gemäß § 90 BetrVG unberührt.
[97] *Fitting*, BetrVG, § 90 Rn. 27; GK-BetrVG/*Weber*, § 90 Rn. 18.
[98] DKW/*Klebe/Wankel*, BetrVG, § 90 Rn. 13. Zu Kaizen (Kai = Wandel, Annäherung; Zen = das Gute) als einem aus der buddhistischen Philosophie erwachsenden Unternehmenskonzept näher *Kuhn*, WSI Mitteilungen 1996, 105 (107); *Simon*, Angewandte Arbeitswissenschaft 142 (1994), 54ff.

unterfällt. So führt insbesondere Scrum zu einer erheblichen Umgestaltung der Art und Weise des Zusammenwirkens der Beschäftigten bei der Entwicklung bestimmter Produkte oder Prozesse, indem an die Stelle fachlicher Weisungen im Rahmen einer hierarchisch strukturierten Linienorganisation, die sich auf das konkrete Vorgehen bei der Aufgabenerledigung beziehen, eine hierarchiefreie Selbstorganisation eines agilen Teams treten soll.[99] Gegenstand des Beteiligungsrechts ist damit nicht etwa das Projekt selbst, sondern die Art und Weise der Aufgabenerledigung.

Hierbei kennt § 90 Abs. 1 Nr. 3 BetrVG keinen Vorbehalt in dem Sinne, dass nur grundlegende und dabei vor allem quantitativ bedeutsame Veränderungen das Beratungsrecht auslösen. Deshalb spielt es keine Rolle, ob es in einem Betrieb zunächst nur um ein Pilotprojekt geht und der Arbeitgeber erst aufgrund der hierbei gewonnenen Erfahrungswerte darüber entscheiden will, ob agile Arbeitsmethoden im ganzen Betrieb ausgerollt werden sollen. Hierfür spricht neben dem Wortlaut der Vorschrift, in dem anders als in § 111 S. 3 Nr. 5 BetrVG nicht von der Einführung grundlegend neuer Arbeitsmethoden die Rede ist, der Umstand, dass durch (erfolgreiche) Pilotprojekte erfahrungsgemäß Strukturen festgeklopft werden, die sich zu einem späteren Zeitpunkt kaum noch bzw. nur unter großen Schwierigkeiten abändern lassen.

Betroffen sein wird weiter regelmäßig auch § 90 Abs. 1 Nr. 4 BetrVG, der sich auf die Arbeitsplätze und damit auf den räumlich-funktionalen Tätigkeitsbereich bezieht,[100] weil die Herausnahme von Arbeitnehmern aus den Fachabteilungen sowie ihrer (räumlichen) Zusammenführung zu einem agilen Team typischerweise mit der Einrichtung neuer Arbeitsplätze verbunden ist. Auch insoweit enthält die Norm keinen Vorbehalt in dem Sinne, dass nur grundlegende Veränderungen erfasst werden. Weiter spricht auch wenig dafür, aus dem Wortlaut („Arbeitsplätze") abzuleiten, dass immer eine Mehrheit von Arbeitsplätzen (mindestens zwei) betroffen sein muss, wobei diese Frage aber letztlich bedeutungslos ist, weil agile Arbeit stets eine Gruppe von Beschäftigten betrifft.

Im Einzelfall kann sogar zusätzlich § 90 Abs. 1 Nr. 1 BetrVG erfüllt sein, der sich auf alle Bauvorhaben im Hinblick auf betriebliche Räume bezieht. So würde diese Vorschrift dann zum Tragen kommen, wenn der Arbeitgeber Baumaßnahmen plant, um auf diese Weise moderne Bürokonzepte (Desk Sharing, Open Space) zu ermöglichen und hierdurch wiederum agile Arbeits- und Organisationsformen zu fördern.

---

[99] Im Erg. ebenso DKW/*Klebe*/*Wankel*, BetrVG, § 90 Rn. 13.
[100] Vgl. Richardi/*Annuß*, BetrVG, § 90 Rn. 15; DKW/*Klebe*/*Wankel*, BetrVG, § 90 Rn. 16; GK-BetrVG/*Weber*, § 90 Rn. 21.

## b) Zeitpunkt der Unterrichtungspflicht

In zeitlicher Hinsicht setzt die Unterrichtungspflicht nach § 90 Abs. 1 BetrVG schon bei der Planung ein, also bereits im Vorfeld von konkret in Aussicht genommenen Maßnahmen zur Verwirklichung bestimmter Ziele,[101] und umfasst sowohl den Bereich der Makroplanung auf der betrieblichen Ebene als auch den Bereich der Mikroplanung auf der Ebene der einzelnen Arbeitsplätze.[102] In zeitlicher Hinsicht hat die Unterrichtung „rechtzeitig" zu erfolgen, wobei sich die Bestimmung der Rechtzeitigkeit am Normzweck auszurichten hat, es dem Betriebsrat zu ermöglichen, auf die Willensbildung des Arbeitgebers effektiv Einfluss zu nehmen und die eigenen Erfahrungen und Einschätzungen in den weiteren Planungs- und Entscheidungsprozess einzubringen.[103] Die Unterrichtung des Betriebsrats darf also nicht erst dann erfolgen, wenn der Arbeitgeber bereits einen fertigen Plan ausgearbeitet hat, wie er agile Arbeits- und Organisationsformen im Betrieb implementieren will.[104] Da sich bei der Planung regelmäßig um einen laufenden Prozess handelt,[105] muss die Information des Betriebsrats gegebenenfalls wiederholt werden bzw. kontinuierlich erfolgen. Dies gilt vor allem dann, wenn agile Strukturen sukzessive im Betrieb eingeführt werden, im Anschluss an eine Pilotierung also weitere Bereiche auf agiles Arbeiten umgestellt werden sollen.

## c) Inhalt des Informationsrechts

In inhaltlicher Hinsicht bedarf es einer vollständigen und umfassenden Unterrichtung, die sich auch auf mögliche negative Auswirkungen auf die Arbeitnehmer erstrecken muss. So sind agile Arbeitsmethoden zwar auf der einen Seite für die Beschäftigten mit Autonomiegewinnen verbunden. Die wegfallenden Arbeitsstrukturen können sie auf der anderen Seite aber gegebenenfalls auch verunsichern und überfordern. Bei alledem hat der Arbeitgeber dem Betriebsrat die erforderlichen Planungsunterlagen unaufgefordert zukommen zu lassen.[106] Dies kann sich etwa auf schriftliche Aufzeichnungen darüber beziehen, bei welchen künftigen Projekten möglicherweise agile Arbeitsmethoden eingesetzt werden sollen, um schneller zu konkret verwertbaren Arbeitsergebnissen gelangen bzw. rascher auf veränderte Anforderungen reagieren zu können. Obgleich der Arbeitgeber dem Betriebsrat von sich aus alle notwendigen Informationen zu

---

[101] Richardi/*Annuß*, BetrVG, § 90 Rn. 17f.; *Fitting*, BetrVG, § 90 Rn. 8.
[102] *Fitting*, BetrVG, § 90 Rn. 9.
[103] Vgl. BAG v. 11.12.1991 – 7 ABR 16/91, AP BetrVG 1972 § 90 Nr. 2 = NZA 1992, 850 unter B II 3 c.
[104] Generell ebenso MHdB ArbR/*Oberthür*, § 332 Rn. 7.
[105] *Fitting*, BetrVG, § 90 Rn. 10.
[106] DKW/*Klebe/Wankel*, BetrVG, § 90 Rn. 23; GK-BetrVG/*Weber*, § 90 Rn. 26.

übermitteln hat, schließt dies eine aktive Informationspolitik des Betriebsrats durch Nachfragen, aber auch durch ein Vorgehen nach Maßgabe von § 80 Abs. 2 S. 4 BetrVG (betriebsinterne Auskunftsperson) bzw. § 80 Abs. 3 BetrVG (Sachverständiger) nicht aus.[107]

## 2. Beratungsrecht gemäß § 90 Abs. 2 BetrVG

Aufbauend auf der Unterrichtung nach § 90 Abs. 1 BetrVG hat der Arbeitgeber mit dem Betriebsrat gemäß § 90 Abs. 2 S. 1 BetrVG über die vorgesehenen Maßnahmen sowie die Auswirkungen auf die Arbeitnehmer zu beraten. In zeitlicher Hinsicht hat diese Beratung so rechtzeitig einzusetzen, dass Vorschläge und Bedenken des Betriebsrats bei der weiteren Planung noch berücksichtigt werden können. Soweit es um agile Arbeits- und Organisationsformen geht, dürften inhaltlich vor allem die neuartigen Anforderungen an die Beschäftigten im Vordergrund stehen. Dies betrifft vor allem die Frage, ob die Arbeitnehmer den besonderen Erwartungen, die bei agiler Arbeit und insbesondere beim Einsatz von Scrum einschließlich der verschiedenen damit verbundenen Rollen (Product Owner, Scrum Master, Kernteam) an sie gestellt werden, hinreichend gewachsen sind. So kann der Betriebsrat etwa Vorschläge einbringen, wie die objektiven Leistungsanforderungen und die vorhandenen Fähigkeiten der Beschäftigten zur Deckung gebracht werden können.

Nach § 90 Abs. 2 S. 2 BetrVG sollen die Betriebsparteien bei ihren Beratungen die gesicherten arbeitswissenschaftlichen Erkenntnisse über die menschengerechte Gestaltung der Arbeit zu berücksichtigen haben. Diese ohnehin schwach ausgeprägte Direktive läuft bei agiler Arbeit allerdings offenkundig leer, weil zu dieser Arbeitsmethode, soweit ersichtlich, keine einschlägigen Erkenntnisse der Arbeitswissenschaft existieren. Im Übrigen erwächst aus dem Beratungsrecht kein Recht des Betriebsrats darauf, dass der Arbeitgeber seine Erwägungen in der weiteren Planung auch tatsächlich berücksichtigt.[108] Vielmehr lässt diese Vorschrift das Letztentscheidungsrecht des Arbeitgebers im Hinblick auf die Umstellung der Arbeitsvorgänge unberührt. Insbesondere steht dem Betriebsrat nach § 90 BetrVG hinsichtlich der Gestaltung der Arbeitsplätze kein allgemeines Initiativrecht zu.[109]

---

[107] GK-BetrVG/*Weber*, § 90 Rn. 26.
[108] BAG v. 11.12.1991 – 7 ABR 16/91, AP BetrVG 1972 § 90 Nr. 2 = NZA 1992, 850 unter B II 3 c.
[109] Richardi/*Annuß*, BetrVG, § 90 Rn. 17f.; GK-BetrVG/*Weber* § 90 Rn. 23.

## 3. Korrigierendes Mitbestimmungsrecht gemäß § 91 BetrVG

Im Grundsatz ist es weiter denkbar, dass auch das Beteiligungsrecht nach § 91 BetrVG eingreift. Im Hinblick auf die Rechtsfolge reicht dieses Recht im Rahmen des autonomen Arbeitsschutzes am weitesten, weil es dem Betriebsrat die Befugnis verschafft, angemessene Maßnahmen zur Abwendung, Milderung oder zum Ausgleich von Belastungen der Arbeitnehmer zu verlangen, wobei für den Fall, dass sich der Arbeitgeber und der Betriebsrat hierüber nicht einigen können, die Einigungsstelle entscheidet. In diesem Zusammenhang werden im Schrifttum als angemessene Abhilfemaßnahmen etwa die Herabsenkung der Arbeitsgeschwindigkeit oder die Durchführung von Weiterbildungsmaßnahmen zum Schutz vor Überforderungen genannt.[110]

Allerdings sind die Hürden an die Anwendbarkeit des sog. korrigierenden Mitbestimmungsrechts nach geltender Rechtslage so hoch, dass es schon grundsätzlich weitgehend bedeutungslos ist und in den Fällen der Einführung agiler Arbeits- und Organisationsformen vollständig leerlaufen dürfte. Zwar liegt die Grundvoraussetzung, nämlich eine Änderung der Arbeitsplätze, des Arbeitsablaufs oder der Arbeitsumgebung, in diesen Fällen entsprechend den obigen Darlegungen unproblematisch vor. Sodann bedürfte es allerdings eines offenen Widerspruchs dieser Änderungen zu gesicherten arbeitswissenschaftlichen Erkenntnissen über die menschengerechte Gestaltung der Arbeit, die zumindest nach herrschender Ansicht[111] die Arbeitnehmer auch noch in besonderer Weise belasten müssen. Obwohl der Kreis der Arbeitswissenschaften weit zu ziehen ist und Erkenntnisse aus der Arbeitsmedizin, der Arbeitspsychologie und der Arbeitssoziologie herangezogen werden können,[112] fehlt es soweit ersichtlich aber bislang an belastbaren Aussagen über spezifische Risiken des agilen Arbeitens bzw. über klare arbeitswissenschaftliche Vorgaben über die Konzeptionierung solcher Arbeitsmethoden. Auch in den insoweit noch am ehesten heranzuziehenden Untersuchungen zu den Auswirkungen bestimmter Führungsstile auf die psychische Gesundheit der Arbeitnehmer finden sich keinerlei Hinweise auf die Eigenheiten agiler Arbeitsmethoden.[113]

---

[110] Vgl. DKW/*Klebe/Wankel*, BetrVG, § 91 Rn. 19f.
[111] BAG v. 6.12.1983 – 1 ABR 43/81, AP BetrVG 1972 § 87 Überwachung Nr. 7 unter C II 4 b; LAG Nürnberg v. 9.12.2015 – 4 TaBV 13/14, Juris Rn. 49; Richardi/*Annuß*, BetrVG, § 91 Rn. 10; *Fitting*, BetrVG, § 91 Rn. 5; MHdB ArbR/*Oberthür*, § 332 Rn. 24; ebenso wohl BAG v. 28.7.1981 – 1 ABR 65/79, AP BetrVG 1972 § 87 Arbeitssicherheit Nr. 3 unter B II 2; a.A. DKW/*Klebe/Wankel*, BetrVG, § 91 Rn. 16.
[112] Dazu näher *Ridder*, AuR 1984, 353ff.
[113] Vgl. *Montano/Reeske-Behrens/Franke*, Psychische Gesundheit in der Arbeitswelt. Führung, 2016.

Nun begünstigen Arbeitsstrukturen, die auf die Selbstorganisation der Tätigkeit durch die Beschäftigten setzen, Verstöße gegen arbeitszeitrechtliche Grenzen wie überlange Arbeitszeiten sowie die Missachtung von Pausenzeiten und Ruhezeiten, wobei dieser Trend dann noch verstärkt wird, wenn die möglichst rasche Erfüllung bestimmter Arbeitsziele durch monetäre Anreize gefördert wird. Zwar laufen solche Verstöße – ganz abgesehen von ihrer Gesetzeswidrigkeit – arbeitswissenschaftlichen Erkenntnissen zur langfristigen Erhaltung der Gesundheit der Arbeitnehmer zuwider.[114] Darüber hinaus gelten auch offene Büroumgebungen (Open Space) in der Arbeitswissenschaft als Kandidat für psychische Belastungen.[115] Diese Risiken lassen sich aufgrund der hohen Anforderungen des § 91 BetrVG im Rahmen dieses Beteiligungstatbestands aber schwer greifen und sind deshalb eher im Rahmen der konkreten Ausgestaltung agiler Arbeitsmethoden zu thematisieren.[116]

## II. Beteiligungsrechte des Wirtschaftsausschusses

Die Einführung von agilen Arbeits- und Organisationsformen kann weiter zu Beteiligungsrechten des Wirtschaftsausschusses führen. So zählen zu den wirtschaftlichen Angelegenheiten, über die der Unternehmer den Wirtschaftsausschuss nach § 106 Abs. 2 S. 1 BetrVG zu unterrichten hat und über die er mit dem Wirtschaftsausschuss gemäß § 106 Abs. 1 S. 2 BetrVG zu beraten hat, u.a. die Einführung neuer Arbeitsmethoden (§ 106 Abs. 3 Nr. 5 BetrVG) sowie die Änderung der Betriebsorganisation (§ 106 Abs. 3 Nr. 9 BetrVG). Dabei zeichnen sich beide Tatbestände dadurch aus, dass die Veränderungen im Gegensatz zu § 111 S. 3 Nr. 4 bzw. Nr. 5 BetrVG keinen „grundlegenden" Charakter haben müssen, um das Informations- und Konsultationsrecht des Wirtschaftsausschusses auszulösen.[117] Allerdings lässt sich aus § 106 Abs. 3 Nr. 10 BetrVG, der als beschränkte Generalklausel[118] sonstige Vorgänge und Vorhaben umfasst, welche die Interessen der Arbeitnehmer des Unternehmens wesentlich berühren können, der

---

[114] Vgl. *Backhaus/Brauner/Tisch*, ZArbWiss 73 (2019), 394ff.; *Wirtz et al.*, Lange Arbeitszeiten und Gesundheit, 2009.

[115] Vgl. *Kratzer/Lütke Lanfer*, ZArbWiss 71 (2017), 279ff.; *Lütke Lanfer/Becker*, ZArbWiss 74 (2020), 206ff.

[116] Dazu noch unten sub E V.

[117] Vgl. (zu § 106 Abs. 3 Nr. 5 BetrVG) GK-BetrVG/*Oetker*, § 106 Rn. 76; zu (§ 106 Abs. 3 Nr. 9 BetrVG) *Fitting*, BetrVG, § 106 Rn. 79; ErfK/*Kania*, § 106 BetrVG Rn. 16; GK-BetrVG/*Oetker*, § 106 Rn. 89; DKW/*Däubler*, BetrVG, § 106 Rn. 85; enger Richardi/*Annuß*, BetrVG, § 106 Rn. 55.

[118] So BAG v. 11.7.2000 – 1 ABR 43/99, AP BetrVG 1972 § 109 Nr. 2 = NZA 2001, 402 unter B I 1 c.

Schluss ziehen, dass die Angelegenheit eine hinreichende Bedeutung haben muss, während laufende Geschäfte ausgeklammert bleiben.[119]

## 1. Gegenstände der Unterrichtungs- und Beratungspflicht

### a) Einführung neuer Arbeitsmethoden

Arbeitsmethoden im Sinne von § 106 Abs. 3 Nr. 5 BetrVG beziehen sich – im Wesentlichen mit den Begriffen Arbeitsverfahren und Arbeitsabläufe in § 90 Abs. 1 Nr. 3 BetrVG vergleichbar – auf die Gestaltung der menschlichen Arbeit.[120] Die Vorschrift betrifft die Strukturierung der Arbeitsabläufe und damit die Festlegung der Bearbeitungswege.[121] Es geht um die der konkret zu erledigenden Arbeitsaufgabe vorgelagerte Festlegung der konzeptionellen Regeln über die Art und Weise, wie die einzelnen Beschäftigten die jeweiligen Arbeitsvorgänge auszuführen haben, wie die Arbeitnehmer zusammenzuwirken haben und in welcher Weise hierbei technische Hilfsmittel zu verwenden sind.[122]

Auf dieser Grundlage unterfallen agile Arbeitsformen als eine bestimmte Methode der Interaktion zwischen verschiedenen Beschäftigten problemlos dem Begriff der Arbeitsmethode.[123] Dies gilt insbesondere für Scrum, das ausgefeilte Vorgaben darüber enthält, aus welchen unterschiedlichen Rollen ein Team besteht, in welchen zeitlichen Abständen Teilprojekte zu bearbeiten sind, wann sich das Team jeweils zu treffen hat und welche Art von Themen bei diesen Treffen als Teil des Wegs zur erfolgreichen Aufgabenerledigung dort zu erörtern sind.[124] Dabei spielt es für den Begriff der Arbeitsmethode keine Rolle, dass es nicht um ein Modell für konkrete Handgriffe und Bewegungsabläufe von Arbeitnehmern, sondern um die Festlegung einer Struktur für teilautonomes Handeln geht. Auch wenn bei der Schaffung der gesetzlichen Vorschriften vor rund fünf Jahrzehnten noch völlig andere Arbeitsmethoden vorherrschten, ist der Normtext doch so offen gestaltet, dass er solche Veränderungen der Modellierung von menschlicher Arbeit ohne weiteres umfasst. Die erstmalige Einführung einer Arbeitsmethode, die unter Abkehr von traditionellen hierarchischen Formen der Gestaltung von

---

[119] *Gamillscheg*, Kollektives Arbeitsrecht, Bd. II, 2008, § 52, 2 d (2) (b), S. 1090.
[120] *Richardi/Annuß*, BetrVG, § 106 Rn. 47.
[121] *Bachner*, NZA 2019, 134 (140).
[122] Vgl. BAG v. 22.3.2016 – 1 ABR 12/14, AP BetrVG 1972 § 111 Nr. 71 = NZA 2016, 894 Rn. 19 (zum Begriff der Arbeitsmethode in § 111 S. 3 Nr. 5 BetrVG); BVerwG v. 15.12.1978 – 6 P 13/78, PersV 1980, 145, 150 (zum Begriff der Arbeitsmethode in § 76 Abs. 2 Nr. 7 BPersVG).
[123] *Fitting*, BetrVG, § 106 Rn. 62.
[124] Siehe dazu den Scrum Guide.

Arbeit auf fachliche Weisungen bei der unmittelbaren Aufgabenerledigung verzichtet und einen spezifischen Rahmen für die Selbstorganisation der Arbeitnehmer etabliert, zählt damit ohne weiteres zu den unterrichtungs- und beratungspflichtigen Angelegenheiten.

Hierbei hängt die Informations- und Konsultationspflicht nicht davon ab, ob von vornherein ein unternehmensweites Ausrollen dieser Art und Weise der Entwicklung von Produkten oder Prozessen angestrebt wird. § 106 Abs. 3 Nr. 5 BetrVG kennt keinen quantitativen Vorbehalt in dem Sinne, dass dem Wirtschaftsausschuss nur die Planung einer von Anfang an auf das ganze Unternehmen bezogenen Umstellung der Arbeitsmethoden mitzuteilen ist. Obwohl die einzelnen Tatbestände des § 106 Abs. 3 BetrVG eine hinreichende Bedeutung der Angelegenheit für die Belegschaft voraussetzen, ist dieses Erfordernis bei der Einführung agiler Arbeit auch dann zu bejahen, wenn es zunächst nur um ein Pilotprojekt geht. So werden agile Arbeitsmethoden allenthalben als Arbeitsform der Zukunft gehandelt, so dass es ausgesprochen nahe liegt, wenn im Anschluss an eine positive Evaluation des Pilotprojekts eine Entscheidung über die Ausdehnung getroffen wird. In diesem Sinne hat das BAG ein Pilotprojekt bei der privatisierten Post über eine Zustellung mittels unternehmensfremder „Service-Partner" zum Kreis der wirtschaftlichen Angelegenheiten nach § 106 Abs. 3 Nr. 10 BetrVG gezählt, obwohl sich das Vorhaben zunächst nur auf 0,037 % des gesamten Zustellaufkommens bezogen hatte.[125] Zur Begründung stellte das BAG darauf ab, dass sich die Bedeutung des Vorhabens aus seinem Zweck ergebe, der weit über das zunächst betroffene Volumen hinausreiche. Es liege ohne weiteres auf der Hand, dass ein solches Pilotprojekt geeignet sei, erhebliche Auswirkungen auf die zukünftigen Planungen des Arbeitgebers zu entfalten. Eine Einbeziehung solcher Vorhaben entspricht auch dem Sinn und Zweck von § 106 BetrVG, der in erster Linie in der gleichgewichtigen und gleichberechtigten Beratung des Wirtschaftsausschusses mit dem Unternehmer über die wirtschaftlichen Angelegenheiten des Unternehmens besteht.[126] Da eine Beratung nur dann sinnvoll ist, wenn der Wirtschaftsausschuss auf die Planungen des Unternehmens noch Einfluss nehmen kann, müssen folgerichtig auch solche Projekte einbezogen werden, die zunächst nur wenige Mitarbeiter unmittelbar berühren, die aber einen Pilotcharakter haben, weil bei der späteren Planung der flächendeckenden Umsetzung des Projekts wichtige Vorentscheidungen bereits getroffen worden sind. Anders ist nur für den aber wohl nur theoretischen Ausnahmefall zu entscheiden, dass

---

[125]  Vgl. BAG 11.7.2000 – 1 ABR 43/99, AP BetrVG 1972 § 109 Nr. 2 = NZA 2001, 402 unter B I 1 c.
[126]  BAG 11.7.2000 – 1 ABR 43/99, AP BetrVG 1972 § 109 Nr. 2 = NZA 2001, 402 unter B I 1 c.

ein kleines Mitarbeiterteam mittels Scrum ein isoliertes Projekt bearbeiten soll, während die sonstigen betrieblichen Organisationsstrukturen auch im Erfolgsfall voraussichtlich dauerhaft unverändert bleiben sollen.

Die Informations- und Beratungspflicht setzt nicht nur bei der erstmaligen Einführung agiler Arbeitsformen ein, sondern betrifft auch substantielle Ausdehnungen dieser Arbeitsmethode auf weitere Unternehmensbereiche. Zum einen gibt der Wortlaut von § 106 Abs. 3 Nr. 5 BetrVG nicht zu erkennen, dass bei einer schrittweise geplanten Einführung neuer Arbeitsmethoden nur der Beginn dieses Prozesses ein Thema für den Wirtschaftsausschuss sein soll. Zum anderen ist es auch in der Sache sinnvoll, wenn die geplante Erstreckung einer im Unternehmen bereits existierenden Arbeitsform auf andere Unternehmensbereiche im Wirtschaftsausschuss behandelt wird, weil sich die Sachlage vor dem Hintergrund der zwischenzeitlich mit dem Pilotprojekt gemachten Erfahrungen noch einmal anders darstellen kann als vor der erstmaligen Implementierung agiler Arbeitsweisen. Zu den unterrichtungs- und beratungspflichtigen Angelegenheiten wird man schließlich auch einschneidende Veränderungen und Weiterentwicklungen agiler Arbeitsformen wie insbesondere die geplante Hereinnahme von Mitarbeitern des Auftraggebers sowie sonstiger externer Experten in das Kernteam zu rechnen haben, weil die Zusammenarbeit mit Betriebsfremden in einem kleinen Team, von dem in einer vorgegebenen Struktur konkret verwertbare Arbeitsergebnisse erwartet werden, die Belegschaftsmitglieder vor besondere Herausforderungen stellt und damit ihre Interessen wesentlich berührt.

### b) Änderung der Betriebsorganisation

Die Betriebsorganisation im Sinne von § 106 Abs. 3 Nr. 9 BetrVG betrifft die Art und Weise, wie die verschiedenen Produktionsfaktoren, also die Beschäftigten und die sonstigen materiellen und immateriellen Betriebsmittel, koordiniert werden, um den gewünschten arbeitstechnischen Zweck zu erreichen.[127] Insbesondere geht es bei der Betriebsorganisation um die Ausgestaltung des Leitungsapparats sowie die Verantwortlichkeiten und die Unterstellungsverhältnisse.[128] Zur Betriebsorganisation zählen somit auch die Schichtung der Arbeitnehmerschaft sowie die personelle Zusammengehörigkeit.[129] Werden diese Faktoren geändert, liegt darin eine Änderung der Betriebsorganisation. Sofern die betriebliche Organisation insgesamt oder zu wesentlichen Teilen auf agile Strukturen umgestellt werden soll, ist mithin auch der Tatbestand des § 106 Abs. 3 Nr. 9 BetrVG erfüllt.

---

[127] Vgl. *Fitting*, BetrVG, § 106 Rn. 78.
[128] BAG 22.5.1979 – 1 AZR 848/76, AP BetrVG 1972 § 111 Nr. 3 unter I 1 b aa.
[129] BAG 22.5.1979 – 1 AZR 848/76, AP BetrVG 1972 § 111 Nr. 3 unter I 1 b aa.

Dasselbe muss aus den genannten Gründen für den Fall gelten, dass agile Arbeitsformen zwar zunächst nur im Rahmen eines Pilotprojekts vorangetrieben werden sollen, bei einem Erfolg der Pilotierung aber eine Übertragung zumindest auf erhebliche Teile der betrieblichen Organisation im Raum steht. Anders wäre wiederum nur für den wohl eher theoretischen Ausnahmefall zu entscheiden, dass eine einzelne isolierte Aufgabe durch ein kleines Team mittels Scrum bearbeitet werden soll, die sonstigen betrieblichen Organisationsstrukturen aber voraussichtlich dauerhaft unverändert bleiben sollen.

## 2. Inhalte der Unterrichtungs- und Beratungspflicht

Inhaltlich bezieht sich die Unterrichtungspflicht nach § 106 Abs. 2 S. 1 BetrVG auf die genannten wirtschaftlichen Angelegenheiten. Dabei fordert das Gesetz in zeitlicher Hinsicht eine rechtzeitige Information des Wirtschaftsausschusses. Die Rechtzeitigkeit hat sich an der bereits erwähnten grundsätzlichen Zielsetzung von § 106 BetrVG zu orientieren. Danach soll der Wirtschaftsausschuss die Gelegenheit erhalten, gemäß § 106 Abs. 1 S. 2 BetrVG gleichgewichtig und gleichberechtigt über die wirtschaftlichen Angelegenheiten des Unternehmens mit dem Unternehmer zu beraten, um auf diese Weise Einfluss auf dessen Planungen nehmen zu können.[130] Die Unterrichtung wie auch die anschließende Beratung müssen deshalb so frühzeitig erfolgen, dass eine solche Einflussnahme grundsätzlich möglich ist, auch wenn § 106 BetrVG dem Wirtschaftsausschuss keinen rechtlich gesicherten Einfluss darauf verschafft, dass der Unternehmer auf die Überlegungen und etwaigen Vorschläge des Wirtschaftsausschusses inhaltlich eingeht. Die Unterrichtung selbst hat umfassend und unter Vorlage der erforderlichen Unterlagen zu erfolgen, in welche die Mitglieder des Wirtschaftsausschusses nach § 108 Abs. 3 BetrVG Einblick zu nehmen berechtigt sind.

## 3. Sonstiges

Der Wirtschaftsausschuss wiederum hat dem Betriebsrat nach § 108 Abs. 4 BetrVG über jede Sitzung mit dem Unternehmer unverzüglich und vollständig zu berichten, damit auch dem Betriebsrat die Möglichkeit eröffnet wird, auf die in Aussicht stehenden Veränderungen bereits im Vorfeld Einfluss zu nehmen.[131] Dieser Bericht mag in den hier behandelten Konstellationen gegenüber der unmittelbaren Unterrichtung des Betriebsrats durch den Arbeitgeber gemäß § 90

---

[130] BAG 11.7.2000 – 1 ABR 43/99, AP BetrVG 1972 § 109 Nr. 2 = NZA 2001, 402 unter B I 1 c.
[131] Zu dieser Zielsetzung der Einrichtung des Wirtschaftsausschusses als Hilfsorgan des Betriebsrats *Gamillscheg*, Kollektives Arbeitsrecht, Bd. II, 2008, § 52, 2 a (1), S. 1086.

Abs. 1 BetrVG auf den ersten Blick nur eine untergeordnete Rolle spielen, kann diesem aber doch helfen, ein umfassenderes Bild über die in Aussicht stehenden Änderungen in der Frage agiler Arbeits- und Organisationsformen zu gewinnen, um auf dieser Grundlage eine eigene Strategie zu entwickeln.

## III. Vorliegen einer Betriebsänderung

Im Vergleich zu den bisher erörterten Beteiligungsrechten deutlich weitergehende Mitwirkungsrechte bieten die Vorschriften über Betriebsänderungen gemäß §§ 111 ff. BetrVG. Die bisherige Diskussion hält das Eingreifen dieser Regelungen für möglich, wobei insoweit allerdings auf die jeweiligen Umstände abgestellt wird.[132]

Grundvoraussetzung für das Bestehen von Beteiligungsrechten nach den §§ 111 ff. BetrVG ist das Vorliegen einer Betriebsänderung. Auch wenn die Frage nach dem abschließenden Charakter des Katalogs des § 111 S. 3 BetrVG theoretisch immer noch offen ist,[133] geht es praktisch letztlich allein darum, ob einer der Katalogtatbestände erfüllt ist. Dabei kommen im Zusammenhang mit der Einführung agiler Arbeits- und Organisationsformen nach Lage der Dinge § 111 S. 3 Nr. 4 und Nr. 5 BetrVG in Betracht.

### 1. Grundlegende Änderung der Betriebsorganisation

#### a) Allgemeine Anforderungen an eine Änderung der Betriebsorganisation

Die Regelung des § 111 S. 3 Nr. 4 BetrVG betrifft u.a. grundlegende Änderungen der Betriebsorganisation. Dieser Tatbestand setzt sich mithin aus zwei Komponenten zusammen, nämlich – erstens – einer Änderung der Betriebsorganisation, die – zweitens – grundlegend sein muss.[134] Für die Konkretisierung der ersten Komponente gelten im Ausgangspunkt dieselben Grundsätze wie für § 106 Abs. 3 Nr. 9 BetrVG. Danach bezieht sich die Betriebsorganisation auf die Art und Weise der Koordination der verschiedenen Produktionsfaktoren und dabei

---

[132] *Bachner*, FS 100 Jahre Betriebsverfassungsrecht, 2020, S. 17 (37ff.). Siehe auch BT-Drs. 14/5741, S. 47: Eingeschränktes Mitbestimmungsrecht nach § 87 Abs. 1 Nr. 13 BetrVG lässt Beteiligungsrecht gemäß § 111 BetrVG unberührt.
[133] Siehe dazu nur GK-BetrVG/*Oetker*, § 111 Rn. 55ff. m.w.N.
[134] Für eine klare Trennung beider Aspekte etwa LAG Hamm v. 26.2.2007 – 10 TaBV 3/07, NZA-RR 2007, 469 (471).

insbesondere um die Frage, wie die Arbeitnehmer zur Erreichung des angestrebten arbeitstechnischen Erfolgs zusammenwirken sollen.[135] Es geht um das „Ordnungsgefüge von Betriebszweck, im Betrieb arbeitenden Menschen und Betriebsanlagen mit dem Ziel der optimalen Erfüllung der Betriebsaufgaben".[136] Nicht unter diese Vorschrift fällt dagegen die Ausgestaltung der einzelnen Arbeitsplätze,[137] die indes von § 111 S. 3 Nr. 5 BetrVG unter dem Gesichtspunkt der Einführung grundlegend neuer Arbeitsmethoden erfasst sein kann.[138] Eine Änderung der Betriebsorganisation liegt nach einer vom BAG wiederholt verwendeten Formulierung dann vor, wenn der Betriebsaufbau, insbesondere hinsichtlich Zuständigkeiten und Verantwortung, umgewandelt wird.[139]

Diese Umschreibung wird von Teilen des Schrifttums offenbar in dem Sinne verstanden, dass von einer Änderung der Betriebsorganisation nur dann die Rede sein könne, wenn der Leitungsapparat des Betriebs insgesamt eine andere Struktur erhalten soll,[140] etwa durch eine generelle Umstellung von einer zentralen zu einer dezentralen Steuerung oder durch eine vollständige Neugliederung der Betriebsabteilungen. Hierfür scheint auf den ersten Blick der Wortlaut von § 111 S. 3 Nr. 4 BetrVG zu streiten, der von einer Änderung „der" Betriebsorganisation spricht. In diesem Sinne hat das BAG im Zusammenhang mit der in § 111 S. 3 Nr. 4 BetrVG ebenfalls genannten Änderung der Betriebsanlagen ausdrücklich hervorgehoben, dass die Vorschrift eine Änderung „der" Betriebsanlagen und nicht nur eine Änderung „von" – irgendwelchen – Betriebsanlagen verlange.[141]

Eine derart enge Konzeption erscheint indes nicht zwingend. So liegt zum einen rein sprachlich eine Änderung „der" Betriebsorganisation schon dann vor, wenn es unterhalb der Schwelle einer Neuordnung der gesamten betrieblichen Leitungsstrukturen zu einer Veränderung von Kompetenzen und Verantwortungsbereichen kommt. Zum anderen würde ein enges Verständnis bereits des Begriffs der Änderung der Betriebsorganisation dem Wortlaut des Gesetzes insofern zuwiderlaufen, als die Vorschrift offenkundig zwischen grundlegenden und nicht

---

[135] Siehe nur LAG Hamm v. 26.2.2007 – 10 TaBV 3/07, NZA-RR 2007, 469 (470); DKW/*Däubler*, BetrVG, § 111 Rn. 105.
[136] Vgl. BAG 22.5.1979 – 1 AZR 848/76, AP BetrVG 1972 § 111 Nr. 3 unter I 1 b aa.
[137] Richardi/*Annuß*, BetrVG, § 111 Rn. 108; DKW/*Däubler*, BetrVG, § 111 Rn. 105.
[138] GK-BetrVG/*Oetker*, § 111 Rn. 155.
[139] BAG v. 18.11.2003 – 1 AZR 637/02, AP BetrVG 1972 § 112 Nr. 76 = NZA 2004, 741 unter I 1 b; BAG v. 18.3.2008 – 1 ABR 77/06, AP BetrVG 1972 § 111 Nr. 66 = NZA 2008, 957 Rn. 22; BAG v. 26.3.2009 – 2 AZR 879/09, AP KSchG 1969 § 9 Nr. 57 = NZA 2009, 679 Rn. 36; BAG v. 22.3.2016 – 1 ABR 12/14, AP BetrVG 1972 § 111 Nr. 71 = NZA 2016, 894 Rn. 17.
[140] MHdB ArbR/*Leder*, § 345 Rn. 29.
[141] BAG v. 26.10.1982 – 1 ABR 11/81, AP BetrVG 1972 § 111 Nr. 10 unter B II 2 b.

grundlegenden Änderungen unterscheidet. Das Tatbestandselement der Änderung der Betriebsorganisation sollte daher nicht in einer Weise ausgelegt werden, die von vornherein lediglich grundlegende Veränderungen umfasst. Insoweit kann für die Interpretation nichts anderes gelten als im Hinblick auf die in § 111 S. 3 Nr. 4 BetrVG genannte Alternative der grundlegenden Änderung der Betriebsanlagen, bei der das BAG ebenfalls ausdrücklich zwischen der Änderung der Betriebsanlagen als solche und dem grundlegenden Charakter dieser Änderung unterschieden hat.[142] Eine vergleichbare Sichtweise liegt den Entscheidungen des BAG zugrunde, die sich unmittelbar mit einer Änderung der Betriebsorganisation befassen, auch wenn diese Differenzierung hierbei weniger deutlich akzentuiert wird.[143] Dieser Eindruck wird bestätigt, wenn man die einschlägigen Entscheidungen näher betrachtet. So ging es in einem Fall um die Aufgabe eines mit eigenen Angestellten durchgeführten Anzeigendienstes zugunsten des Aufbaus eines Netzes selbstständiger Handelsvertreter, wobei von dieser Maßnahme 38 Mitarbeiter von etwa 450 Arbeitnehmern betroffen waren, was vom BAG ohne weiteres als Änderung der Betriebsorganisation qualifiziert wurde, obgleich Veränderungen im Hinblick auf die übrige Belegschaft nicht ersichtlich waren.[144] Ebenso entschieden wurde für die Beseitigung einer hierarchischen Ebene (konkret acht Regionalleiter), also einer Maßnahme des Lean Management, die letztlich rund 100 im Außendienst tätige Mitarbeiter von insgesamt ca. 250 Beschäftigten betraf.[145]

### b) Anwendung auf die Einführung agiler Arbeits- und Organisationsformen

An diesen Maßstäben gemessen lässt sich bei der geplanten Einführung agiler Arbeits- und Organisationsformen zunächst konstatieren, dass die Arbeitnehmer des Kernteams die zur Erledigung der ihnen gestellten Arbeitsaufgabe erforderlichen Arbeitsvorgänge in einem erheblichen Maße künftig selbst organisieren sollen. Umgekehrt verändert sich die Stellung der unmittelbaren Vorgesetzten in dem Sinne, dass fachliche Detailweisungen während der Laufzeit eines agilen Projekts nicht mehr erteilt werden dürfen oder zumindest faktisch entfallen.

---

[142] BAG v. 26.10.1982 – 1 ABR 11/81, AP BetrVG 1972 § 111 Nr. 10 unter B II 2 c u. e.
[143] Vgl. BAG v. 18.11.2003 – 1 AZR 637/02, AP BetrVG 1972 § 112 Nr. 76 = NZA 2004, 741 unter I 1 b; BAG v. 26.10.2004 – 1 AZR 493/03, AP BetrVG 1972 § 113 Nr. 49 = NZA 2005, 237 unter A I 1; BAG v. 26.3.2009 – 2 AZR 879/09, AP KSchG 169 § 9 Nr. 57 = NZA 2009, 679 Rn. 36.
[144] BAG v. 18.11.2003 – 1 AZR 637/02, AP BetrVG 1972 § 112 Nr. 76 = NZA 2004, 741 unter I 1 b.
[145] BAG v. 26.10.2004 – 1 AZR 493/03, AP BetrVG 1972 § 113 Nr. 49 = NZA 2005, 237 unter A I 2.

Auch werden bei Scrum mit den Rollen des Product Owner sowie des Scrum Master spezifische Verantwortlichkeiten für Projekte bzw. Teilprojekte geschaffen. Bei dieser Ausgangslage kann daher zunächst dann von einer Änderung der betrieblichen Organisation gesprochen werden, wenn die Planungen von vornherein dahin gehen, agile Strukturen betriebsweit oder zumindest in großen Teilen des Betriebs einzuführen. Wenn schon die Umstellung auf Gruppenarbeit[146] sowie die Einführung von Lean Production[147] gemeinhin als eine Änderung der Betriebsorganisation qualifiziert wird, muss dies erst recht gelten, wenn agile Arbeitsformen flächendeckend eingeführt werden, die in einem noch intensiveren Maße die herkömmlichen Leitungsverhältnisse verändern.[148]

Darüber hinaus sind aber wiederum auch diejenigen Fälle einzubeziehen, in denen in einem ersten Schritt ein Pilotprojekt in Rede steht und dieses Projekt nach einer Zwischenevaluation in einem zweiten Schritt im gesamten Betrieb bzw. großen Teilen des Betriebs ausgerollt werden soll. Dies entspricht dem vom BAG in einer älteren Entscheidung gewählten Ansatz, gegebenenfalls auf die Gesamtplanung abzustellen, wenn die erste Phase der Umstellung für sich allein noch nicht genügt, um eine Betriebsänderung bejahen zu können.[149] Demgegenüber hat das BAG in einer neueren Entscheidung, in er es um ein in mehreren Phasen aufgeteiltes System zur Strukturierung, Standardisierung und Optimierung von Arbeitsabläufen ging, eine Betriebsänderung im Sinne von § 111 S. 3 Nr. 4 BetrVG verneint, solange auf der betrieblichen Ebene noch keine konkreten Umsetzungsmaßnahmen ergriffen oder zumindest aufgezeigt worden sind.[150] Nun kann man sich zwar fragen, ob das BAG insoweit nicht zu restriktiv verfahren ist. So spricht erfahrungsgemäß vieles dafür, dass die Implementierung eines umfassenden Systems zur Strukturierung, Standardisierung und Optimierung von Arbeitsabläufen ihrem ganzen Charakter nach darauf abzielt, zahlreiche betriebliche Abläufe erheblich zu verändern.[151] In derartigen Fällen geht es daher nicht um eine nur spekulativ in Aussicht stehende Betriebsänderung, was für die §§ 111, 112 BetrVG nicht genügen würde, sondern um die zutreffende Ermittlung des Beginns einer sich abzeichnenden Betriebsänderung. Letztlich spielt das in jener Entscheidung an den Tag gelegte enge Verständnis des BAG aber keine Rolle,

---

[146] LAG Nürnberg v. 1.8.2000 – 7 TaBV 38/99, AiB 2004, 438; Richardi/*Annuß*, BetrVG, § 111 Rn. 109; DKW/*Däubler*, BetrVG, § 111 Rn. 105; *Fitting*, BetrVG, § 111 Rn. 92.
[147] DKW/*Däubler*, BetrVG, § 111 Rn. 108; *Schaub*, BB 1993, Beilage 15, S. 1 (2f.); *Wisskirchen/Bissels/Domke*, BB 2008, 890 (895).
[148] Im Erg. ebenso ErfK/*Kania*, § 111 BetrVG Rn. 17.
[149] BAG v. 26.10.1982 – 1 ABR 11/81, AP BetrVG 1972 § 111 Nr. 10 unter B II 2 d.
[150] BAG v. 22.3.2016 – 1 ABR 12/14, AP BetrVG 1972 § 111 Nr. 71 = NZA 2016, 894 Rn. 24 ff.
[151] Kritisch deshalb *Klebe*, NZA 2017, 226 (227).

weil agile Arbeitsformen kein Instrument sind, um systematisch auf künftige Organisationsveränderungen hinzuwirken, sondern ihrerseits bereits eine Veränderung organisatorischer Strukturen darstellen, so dass ihre erstmalige Einführung ohne weiteres als eine geplante Änderung der Betriebsorganisation zu qualifizieren ist, wenn agile Strukturen auf erhebliche Teile des Betriebs ausgedehnt werden sollen, auch wenn dies nicht in einem Schritt, sondern sukzessive in mehreren Schritten stattfinden soll.

Fraglich ist daher lediglich, wie mit den Fällen umzugehen ist, in denen nur ein einzelnes Team für ein begrenztes Projekt agil arbeiten soll, ohne dass eine „Ausstrahlung" auf andere Betriebsbereiche in Aussicht steht. Einzelne Stimmen im Schrifttum wollen offenbar auch in einer solchen Konstellation pauschal eine Änderung der Betriebsorganisation bejahen und eine Eingrenzung erst bei der anschließenden Frage vornehmen, ob die Änderung grundlegend ist.[152] Dies erscheint freilich insofern zu weitgehend, weil es immerhin bereits auf der ersten Stufe eine Änderung „der" Betriebsorganisation bedarf. In diesem Sinne hat es das BAG in der erwähnten Entscheidung zur Änderung der Betriebsanlagen schon auf der ersten Stufe ebenfalls nicht genügen lassen, dass irgendwelche Betriebsanlagen verändert werden. Vielmehr wurde verlangt, dass diese Anlagen für das betriebliche Gesamtgeschehen von erheblicher Bedeutung sein müssen.[153] Eine solche Bedeutung kann sich freilich nicht nur aus quantitativen, sondern auch aus qualitativen Gesichtspunkten ergeben, die im Wege einer Gesamtschau sogar vorrangig zu prüfen sind. Demgegenüber soll die Anzahl der involvierten Arbeitnehmer nur nachrangig als Indiz für die Erheblichkeit der Bedeutung der Betriebsanlagen eine Rolle spielen, wobei sich das BAG insoweit an den Schwellenwerten des § 17 Abs. 1 S. 1 KSchG orientiert und bei großen Betrieben (mit mehr als 600 Arbeitnehmern) zudem eine Betroffenheit von mindestens 5 % der Belegschaft verlangt.[154]

Vor diesem Hintergrund ist es zwar nicht per se ausgeschlossen, dass sich das betriebliche Ordnungsgefüge schon dadurch verändert, dass lediglich in einer kleineren, dafür aber zentralen Einheit agile Arbeitsformen eingeführt werden.[155] Für derartige Auswirkungen auf diejenigen Fachabteilungen, die traditionell weiterarbeiten und gerade nicht auf agile Organisationsstrukturen umstellen, müssen aber konkrete Anhaltspunkte vorliegen. Die technische Wichtigkeit einer betrieblichen Funktion wie die IT genügt für sich genommen nicht, sofern sich die Aufgabenerledigung der (wenigen) für die IT zuständigen Mitarbeiter mittels

---

[152] *Bachner*, FS 100 Jahre Betriebsverfassungsrecht, 2020, S. 17 (37f.).
[153] Vgl. BAG v. 26.10.1982 – 1 ABR 11/81, AP BetrVG 1972 § 111 Nr. 10 unter B II 2 b.
[154] BAG v. 26.10.1982 – 1 ABR 11/81, AP BetrVG 1972 § 111 Nr. 10 unter B II 2 c.
[155] Grds. ebenso *Bachner*, FS 100 Jahre Betriebsverfassungsrecht, 2020, S. 17 (38).

Scrum in den Fachabteilungen nicht in veränderten Zuständigkeiten und Verantwortlichkeiten niederschlägt.[156] Für das Ergebnis spielt es freilich keine Rolle, ob man bei einer solchermaßen begrenzten Einführung agiler Arbeitsformen bereits die erste Komponente, d.h. eine Änderung „der" Betriebsorganisation, verneint oder eine solche Änderung zwar großzügig bejaht, dann aber deren Eigenschaft als „grundlegend" ablehnt. Darüber hinaus bleibt eine Konzeption, nach der nicht jede isolierte Anwendung von Scrum als Änderung der Betriebsorganisation begriffen wird, insofern folgenlos, als § 111 S. 3 Nr. 5 BetrVG als weiteren Tatbestand einer Betriebsänderung die Einführung – grundlegend – neuer Arbeitsmethoden kennt.

### c) Grundlegender Charakter der Änderung

Damit eine Änderung der Betriebsorganisation als Betriebsänderung im Sinne von § 111 S. 3 Nr. 4 BetrVG qualifiziert werden kann, muss sie wie schon erwähnt darüber hinaus von grundlegender Bedeutung sein. Diese zweite Komponente wird im Allgemeinen dahin konkretisiert, dass die geplante Änderung einschneidende Auswirkungen auf den Betriebsablauf, die Arbeitsweise oder die Arbeitsbedingungen der Arbeitnehmer haben muss.[157] Das BAG stützt diese Erheblichkeitsschwelle auf die einleuchtende Überlegung, dass nur unter dieser Voraussetzung die mit § 111 S. 3 Nr. 4 BetrVG verbundene Fiktion gerechtfertigt ist, dass die fragliche Maßnahme wesentliche Nachteile für die Belegschaft oder erhebliche Teile der Belegschaft zur Folge haben kann.[158] Dabei stellt das BAG im Ausgangspunkt auf den Grad der Veränderung ab.[159] Mithin stehen insoweit ebenfalls wieder qualitative Gesichtspunkte im Vordergrund. Zudem wird in der neueren Judikatur in diesem Zusammenhang, d.h. auch auf der zweiten Stufe, erneut der quantitative Aspekt der Zahl der betroffenen Arbeitnehmer ins Spiel gebracht,[160] während ältere Entscheidungen diesen Umstand soweit ersichtlich nur auf der ersten Stufe berücksichtigen wollten.[161] Fordert man für die Änderung der

---

[156] Undeutlich und möglicherweise weitergehend *Bachner*, FS 100 Jahre Betriebsverfassungsrecht, 2020, S. 17 (38).
[157] BAG v. 18.3.2008 – 1 ABR 77/06, AP BetrVG 1972 § 111 Nr. 66 = NZA 2008, 957 Rn. 22; BAG v. 22.3.2016 – 1 ABR 12/14, AP BetrVG 1972 § 111 Nr. 71 = NZA 2016, 894 Rn. 17; LAG Hamm v. 30.12.2011 – 13 TaBVGa 14/11, Juris; *Fitting*, BetrVG, § 111 Rn. 95.
[158] BAG v. 18.3.2008 – 1 ABR 77/06, AP BetrVG 1972 § 111 Nr. 66 = NZA 2008, 957 Rn. 22; BAG v. 22.3.2016 – 1 ABR 12/14, AP BetrVG 1972 § 111 Nr. 71 = NZA 2016, 894 Rn. 17.
[159] BAG v. 18.11.2003 – 1 AZR 637/02, AP BetrVG 1972 § 118 Nr. 76 = NZA 2004, 741 unter I 1 b; BAG v. 26.10.2004 – 1 AZR 493/03, AP BetrVG 1972 § 113 Nr. 49 = NZA 2005, 237 unter A I 1.
[160] BAG v. 22.3.2016 – 1 ABR 12/14, AP BetrVG 1972 § 111 Nr. 71 = NZA 2016, 894 Rn. 21.
[161] Vgl. BAG v. 26.10.1982 – 1 ABR 11/81, AP BetrVG 1972 § 111 Nr. 10 unter B II 2 c u. e.

Betriebsorganisation im Sinne von § 111 S. 3 Nr. 4 BetrVG als solche bereits ein gewisses quantitatives Moment, liegt es in der Tat näher, für die zweite Komponente ausschließlich auf qualitative Momente abzustellen. Entscheidend ist daher lediglich, ob die flächendeckende oder zumindest erhebliche Teile des Betriebs erfassende Umstellung auf agile Strukturen ihrerseits grundlegend ist oder nur eine marginale Änderung darstellt. Angesichts der geschilderten Eigenheiten agiler Arbeitsformen kann freilich nicht zweifelhaft sein, dass von einer grundlegenden Änderung gesprochen werden muss. Die Umsteuerung auf eine hierarchiefrei Selbstorganisation der Beschäftigten bei der Erledigung von Arbeitsaufgaben sowie insbesondere die klar definierten Rollen bei Scrum stellen keineswegs nur eine Randerscheinung dar, sondern werden im Schrifttum (jedenfalls bei einem entsprechend hohen innerbetrieblichen Verbreitungsgrad) zu Recht als grundlegend qualifiziert. Wenn in diesem Zusammenhang schon die Einführung traditioneller Gruppenarbeit als eine grundlegende Veränderung der Betriebsorganisation eingeordnet wird,[162] gilt dies erst recht bei der deutlich tiefgreifenderen Umstellung auf agile Arbeitsstrukturen.

## 2. Einführung grundlegend neuer Arbeitsmethoden

### a) Agile Arbeitsformen als neue Arbeitsmethoden

Wie bereits angedeutet, kommt als weiterer Anknüpfungspunkt für eine Betriebsänderung der Tatbestand der Einführung grundlegend neuer Arbeitsmethoden gemäß § 111 S. 3 Nr. 5 BetrVG in Betracht. Unter dem Begriff der Arbeitsmethoden ist im Anschluss an denselben Terminus in § 106 Abs. 3 Nr. 5 BetrVG sowie den ähnlichen Wortlaut in § 90 Abs. 1 Nr. 3 BetrVG (Arbeitsverfahren und Arbeitsabläufe) die jeweilige Art zu verstehen, eine Arbeitsaufgabe systematisch abzuwickeln.[163] Im Einzelnen fallen darunter die Strukturierung des Arbeitsablaufs des einzelnen Arbeitnehmers, der Arbeitsabläufe zwischen den Arbeitnehmern sowie der Einsatz technischer Hilfsmittel. Letztlich geht es um alle konzeptionellen Vorgaben, die hinter den einzelnen Arbeitsvorgängen stehen, und damit um die Festlegung der Regeln, welche Beschäftigten mit welchen Hilfsmitteln in welcher Reihenfolge eine bestimmte Aufgabe erledigen sollen.[164]

Da agile Arbeitsformen den Beschäftigten zwar bewusst Freiheitsräume verschaffen, um hierdurch eine effektivere Aufgabenerledigung zu gewährleisten, sich aber vor allem Scrum durch klare konzeptionelle Regelungen über die Rollen der

---

[162] Richardi/*Annuß*, BetrVG, § 111 Rn. 109.
[163] *Fitting*, BetrVG, § 111 Rn. 98.
[164] BAG v. 22.3.2016 – 1 ABR 12/14, AP BetrVG 1972 § 111 Nr. 71 = NZA 2016, 894 Rn. 19.

Beteiligten, die Ausgestaltung des Sprints sowie die sonstigen Interaktionen der Mitarbeiter auszeichnet, handelt es sich insoweit nicht anders als im Rahmen von § 106 Abs. 3 Nr. 5 BetrVG um eine Arbeitsmethode im Sinne von § 111 S. 3 Nr. 5 BetrVG.[165] Dieser Einordnung kann nicht entgegengehalten werden, dass es nicht um die Art und Weise der Produktion materieller Güter geht, auch wenn der im Katalogtatbestand weiter enthaltene Begriff des Fertigungsverfahrens ebenso wie der in § 106 Abs. 3 Nr. 5 BetrVG verwendete Begriff des Fabrikationsverfahrens der Welt der Güterproduktion entstammt. Vielmehr ist der Begriff der Arbeitsmethode so flexibel, dass er auch neue Vorgehensweisen bei der Projektentwicklung sowie der Dienstleistungserbringung umfasst.[166] Sollte es im Zusammenhang mit der Einführung agiler Arbeitsformen zu Desk Sharing- und Open Space-Bürokonzepten kommen, wären im Übrigen hierin eine (weitere) neue Arbeitsmethode zu erblicken.[167]

Dabei ist eine Arbeitsmethode dann als neu anzusehen, wenn sie im Betrieb bislang nicht oder allenfalls versuchsweise praktiziert worden ist.[168] Dass agile Arbeitsformen bereits in anderen Betrieben des Unternehmens eingeführt worden sind, spielt keine Rolle. Erst recht ist es selbstverständlich bedeutungslos, dass Scrum in anderen Unternehmen und Branchen seit einiger Zeit praktiziert wird.

### b) Grundlegender Charakter der Veränderung

Im Übrigen bedarf es wiederum der wertenden Betrachtung, ob die Einführung neuer Arbeitsmethoden als grundlegend anzusehen ist. Hierbei ist der Schutzzweck der §§ 111, 112 BetrVG in Rechnung zu stellen, der auf den Umgang mit möglichen Nachteilen für die Arbeitnehmer durch Interessenausgleich und Sozialplan abzielt, während es bei den §§ 90, 91 BetrVG trotz einer nahezu gleichen Wortwahl vornehmlich um die menschengerechte Gestaltung von Arbeitsplatz, Arbeitsablauf und Arbeitsumgebung geht.[169] Im Einzelnen will das BAG auf das Gewicht der Auswirkungen auf die Beschäftigten sowie alternativ auf die Zahl

---

[165] *Bachner*, FS 100 Jahre Betriebsverfassungsrecht, 2020, S. 17, 38; DKW/*Däubler*, BetrVG, § 111 Rn. 113; *Günther/Böglmüller*, NZA 2019, 417 (423); in diese Richtung auch *Sittard/Müller*, ArbRB 2018, 381 (383).

[166] *Bachner*, FS 100 Jahre Betriebsverfassungsrecht, 2020, S. 17 (38).

[167] ArbG Frankfurt a.M. v. 8.1.2003 – 2 BVGa 587/02, AiB 2003, 697 (698); *Bachner*, FS 100 Jahre Betriebsverfassungsrecht, 2020, S. 17 (38); DKW/*Däubler*, BetrVG, § 111 Rn. 113; *Günther/Böglmüller*, NZA 2017, 546 (551f.); *Kohte*, NZA-RR 2018, 368 (375); GK-BetrVG/*Oetker*, § 111 Rn. 174; *Oltmanns/Fuhlrott*, NZA 2018, 1225 (1229). Für eine Einordnung unter § 111 S. 3 Nr. 4 BetrVG ErfK/*Kania*, § 111 BetrVG Rn. 17.

[168] Vgl. BVerwG v. 15.12.1978 – 6 P 13/78, PersV 1980, 145, 150.

[169] Vgl. BAG v. 26.10.1982 – 1 ABR 11/81, AP BetrVG 1972 § 111 Nr. 10 unter B I 2 a u. II 2 e.

der betroffenen Arbeitnehmer abstellen.[170] Insoweit wird man daher von einer Wechselwirkung der beiden Kriterien auszugehen haben: Je größer der Anteil der von der Einführung neuer Arbeitsmethoden betroffenen Belegschaft ist, desto weniger stark muss die Auswirkung auf den einzelnen Arbeitnehmer sein. Umgekehrt gilt: Je gewichtiger die Auswirkungen der neuen Arbeitsmethoden auf die Mitarbeiter sind, desto geringer kann der Anteil der Betroffenen sein, wobei aber immer noch eine Mindestanzahl von Beschäftigten unmittelbar oder zumindest mittelbar berührt sein muss, damit die mit der Erfüllung des Katalogtatbestandes automatisch verbundene Vermutung gerechtfertigt ist, dass die Betriebsänderung wesentliche Nachteile für die Belegschaft oder zumindest erhebliche Teile der Belegschaft zur Folge haben kann.

Vor diesem Hintergrund ist die Einführung agiler Arbeitsmethoden jedenfalls dann grundlegend, wenn von vornherein der ganze Betrieb oder erhebliche Teile der Belegschaft in diese Umstellung einbezogen werden soll, wobei sich die Erheblichkeit wiederum anhand der Schwellenwerte des § 17 Abs. 1 S. 1 KSchG sowie der zusätzlichen 5 %-Klausel bei Großbetrieben bemisst. Dasselbe wird man dann anzunehmen haben, wenn es um eine Pilotierung geht, die erfahrungsgemäß mindestens auf erhebliche Teile der Belegschaft ausgedehnt wird. Die den Beschäftigten auferlegten bzw. an sie herangetragenen Veränderungen sind auch keineswegs als marginal anzusehen, weil die Umsteuerung von hierarchischen Strukturen mit klaren Weisungs- und Unterstellungsverhältnissen auf eine Arbeitsform, die im Rahmen einer bestimmten Konzeption maßgeblich auf die Selbstorganisation der Arbeitnehmer bei der Gestaltung der konkreten Arbeitsvorgänge setzt, die Aufgabenbreite und damit auch die Verantwortung erheblich erweitert, was die Qualifikation der Änderung als grundlegend rechtfertigt.[171] Gleiches gilt im Ergebnis in den Fällen, in denen sich eine agile Aufgabenerledigung in einem für sich genommen nicht erheblichen Teil des Betriebs auf die Arbeitsabläufe größerer Beschäftigtengruppen massiv auswirken, was freilich dargetan werden muss und sich nicht von selbst versteht. Umgekehrt liegt keine Einführung grundlegend neuer Arbeitsmethoden vor, sofern ein kleines Team ein isoliertes Projekt agil bearbeitet, ohne dass „Ausstrahlungen" auf andere, bislang traditionell arbeitende Fachabteilungen im Sinne einer ebenfalls zu erwartenden Umstellung oder doch zumindest einer gravierenden Veränderung der eigenen Arbeitsabläufe in Rede stehen. Entsprechendes gilt für den Fall der Einführung neuer Bürokonzepte im Zuge der Implementierung agiler Arbeitsmethoden.

---

[170] BAG 22.3.2016 – 1 ABR 12/14, AP BetrVG 1972 § 111 Nr. 71 = NZA 2016, 894 Rn. 21.
[171] Vgl. zu den hierfür maßgeblichen Kriterien BVerwG v. 15.12.1978 – 6 P 13/78, PersV 1980, 145, 150 (zu § 76 Abs. 2 Nr. 7 BPersVG).

## 3. Unterrichtungs- und Beratungsrecht

Sofern im Einzelfall eine geplante Betriebsänderung zu bejahen ist, hat der Unternehmer den Betriebsrat zunächst gemäß § 111 S. 1 BetrVG rechtzeitig und umfassend zu unterrichten. Im Hinblick auf die Rechtzeitigkeit der Information geht man im Allgemeinen davon aus, dass sich die Planung einerseits in einem gewissen Umfang bereits verdichtet haben muss.[172] Andererseits muss die Unterrichtung so frühzeitig erfolgen, dass der Betriebsrat im Rahmen der anschließenden Beratung noch die effektive Möglichkeit hat, auf das Ob und Wie der Betriebsänderung Einfluss zu nehmen.[173] Hinsichtlich des Gegenstands der Unterrichtung bedarf es entsprechend den allgemeinen Grundsätzen einer Darlegung des Inhalts der geplanten Maßnahmen, ihrer Gründe sowie der Auswirkungen auf die Beschäftigten.[174] Hierzu wird man bei agilen Arbeits- und Organisationsformen die Anzahl und Größe der Teams, die Kriterien für die personelle Zusammensetzung der Teams einschließlich der Bestimmung der Product Owner und der Scrum Master, die Frage einer etwaigen Einbeziehung von Vertretern des Auftraggebers sowie die konkrete Ausgestaltung der agilen Arbeitsweise wie etwa die geplante Länge der Sprints zu zählen haben. Bei alledem schreibt § 111 S. 1 BetrVG anders als § 106 Abs. 2 BetrVG zwar keine Vorlage von Unterlagen vor. Eine dahingehende Pflicht lässt sich indes aus § 80 Abs. 2 S. 2 BetrVG herleiten.[175] Weiter sieht § 111 S. 1 BetrVG die Pflicht des Unternehmers vor, über die geplante Betriebsänderung mit dem Betriebsrat zu beraten, also über einen Interessenausgleich sowie einen Sozialplan ernsthaft zu verhandeln.

Ein nicht unerheblicher Vorteil, der sich für den Betriebsrat aus der Qualifikation einer geplanten Maßnahme als Betriebsänderung ergibt, besteht in Unternehmen mit mehr als 300 Arbeitnehmern darin, zur eigenen Unterstützung nach § 111 S. 2 BetrVG einen Berater eigenständig hinzuziehen zu können, ohne auf das umständlichere Verfahren des § 80 Abs. 3 BetrVG angewiesen zu sein. Diese Option kann insbesondere in den Fällen, in denen eine agile Transformation des gesamten Betriebs geplant ist und sich dementsprechend zahlreiche komplizierte Fragen ergeben können, hilfreich sein.

---

[172] LAG Düsseldorf v. 27.8.1985 – 16 TaBV 52/85, NZA 1986, 371 („handfeste Vorstellungen"); DKW/*Däubler*, BetrVG, § 111 Rn. 162; *Fitting*, BetrVG, § 111 Rn. 108; *Gamillscheg*, Kollektives Arbeitsrecht, Bd. II, 2008, § 52, 4 d (2), S. 1116 („aus Stadium der Vorüberlegungen herausgetreten").
[173] *Fitting*, BetrVG, § 111 Rn. 109; GK-BetrVG/*Oetker*, § 111 Rn. 201.
[174] *Fitting*, BetrVG, § 111 Rn. 111.
[175] Richardi/*Annuß*, BetrVG, § 111 Rn. 151; DKW/*Däubler*, BetrVG, § 111 Rn. 164; ErfK/*Kania*, § 111 BetrVG Rn. 23.

## 4. Mögliche Inhalte von Interessenausgleich und Sozialplan

Falls eine geplante Betriebsänderung vorliegt, werden im Schrifttum als mögliche Regelungsgegenstände eines Interessenausgleichs folgende Angelegenheiten vorgeschlagen:

- künftige Aufbau- und Organisationsstruktur des Betriebs sowie die personelle Dimensionierung der einzelnen Bereiche
- personalwirtschaftliches Umsetzungsverfahren zur Überführung der Arbeitnehmer von der Ist-Struktur in die Ziel-Struktur
- Führungskräftebesetzungsverfahren
- Change- und Kommunikationsverfahren
- Beschwerderechte zugunsten von Arbeitnehmern, die Benachteiligungen im Umsetzungsprozess geltend machen.[176]

Fraglich ist, welchem rechtlichem Instrument das Thema der Qualifizierung der Beschäftigten zuordnen ist. In Teilen der Literatur wird insoweit der Sozialplan erwähnt[177] sowie – im Zusammenhang mit Industrie 4.0 und E-Mobilität – von einem „Qualifizierungssozialplan" gesprochen[178]. Allerdings hat sich das BAG in einer älteren Entscheidung dagegen gewandt, Umschulungsmaßnahmen als tauglichen Gegenstand eines erzwingbaren Sozialplans einzustufen, weil es hierbei nicht um den Ausgleich oder die Milderung entstandener wirtschaftlicher Nachteile gehe, sondern darum, solche Nachteile von vornherein abzuwenden.[179] Sofern entsprechende Regelungen in einem freiwilligen „Sozialplan" vereinbart würden, handele es sich der Sache nach statt dessen um einen Teil des einvernehmlichen Interessenausgleichs.[180] Diese Sichtweise kann sich prima facie auf den Gesetzestext des § 112 Abs. 1 S. 2 BetrVG stützen, zumal diese Norm – im Gegensatz als § 91 S. 1 BetrVG – neben dem Ausgleich und der Milderung gerade nicht die Abwendung von Nachteilen als zulässigen Inhalt eines Sozialplans nennt. Ein solches Verständnis hat freilich zur Folge, dass die Einigungsstelle sehenden Auges in einem ersten Schritt einen wirtschaftlichen Nachteil für die

---

[176] Vgl. *Bachner*, FS 100 Jahre Betriebsverfassungsrecht, 2020, S. 17 (38f.).
[177] *Günther/Böglmüller*, NZA 2019, 417 (423); ErfK/*Kania*, §§ 112, 112a BetrVG Rn. 28.
[178] *Göpfert/Wenzler*, NZA 2020, 15ff.; *Röder/Gebert*, NZA 2017, 1289ff.
[179] BAG v. 17.9.1991 – 1 ABR 23/91, AP BetrVG 1972 § 112 Nr. 59 = NZA 1992, 227 unter A II 1; ebenso Richardi/*Annuß*, BetrVG, § 112 Rn. 21 u. 83; *Gamillscheg*, Kollektives Arbeitsrecht, Bd. II, 2008, § 52, 3 a (2), S. 1120; insoweit auch *Röder/Gebert*, NZA 2017, 1289 (1292); unentschieden *Fitting*, BetrVG, §§ 112, 112a Rn. 2.
[180] BAG v. 17.9.1991 – 1 ABR 23/91, AP BetrVG 1972 § 112 Nr. 59 = NZA 1992, 227 unter A II 1.

Arbeitnehmer eintreten lassen müsste, um diesen dann in einem Schritt auszugleichen oder zu mildern.[181]

Eine vorsichtige Öffnung des erzwingbaren Sozialplans in Richtung Qualifizierungsmaßnahmen ist deshalb für den Fall zu erwägen, dass konkrete Maßnahmen identifiziert werden können, die einen ansonsten mit Sicherheit eintretenden Nachteil der Beschäftigten vorab ausgleichen oder mildern sollen, wobei zusätzlich daran zu denken ist, den Weiterbildungsaufwand auf den Betrag zu beschränken, der ansonsten als Abfindungen oder Verdienstausgleich aufzubringen gewesen wäre. Unter diesen engen Voraussetzungen lässt sich nicht davon sprechen, dass die Einigungsstelle dem Arbeitgeber eine bestimmte Durchführung der Betriebsänderung als solche (Umstellung auf eine agile Betriebsorganisation bzw. auf agile Arbeitsmethoden) vorschreibt, wodurch sie in der Tat ihre funktionelle Kompetenz überschreiten und in den dem freiwilligen Interessenausgleich vorbehaltenen Bereich vordringen würde. Durch eine (rechtzeitige) Schulung, die den Arbeitnehmern die für agiles Arbeiten erforderlichen Kenntnisse und Fähigkeiten vermittelt, wird die geplante Betriebsänderung weder beschränkt noch zeitlich verschoben, was nach einer neueren Entscheidung des BAG das Abgrenzungskriterium für die Frage darstellt, ob eine Bestimmung systematisch in den Interessenausgleich oder in den Sozialplan gehört.[182] Von einer dem Sozialplan verschlossenen präventiven Maßnahme[183] kann zudem nur dann die Rede sein, wenn man allein auf mögliche Sekundärfolgen für die Beschäftigten (Entgelteinbuße, Arbeitsplatzverlust) abstellt, denen durch eine Qualifikation vorgebeugt werden soll. Knüpft man dagegen bereits an die Entwertung der Arbeitskraft der von einer Betriebsänderung betroffenen Arbeitnehmer als Primärfolge an, zeigt sich, dass es sich bei einer genau auf diese Entwertung ausgerichteten Weiterbildung im Kern um die Kompensation eines wirtschaftlichen Nachteils handelt.[184]

Auch wenn man diesem hier skizzierten Gedankengang nicht nähertritt, bleibt es den Betriebsparteien im Übrigen unbenommen, Qualifizierungsfragen einvernehmlich in eine gemischten Vereinbarung aus Interessenausgleich und Betriebsvereinbarung aufzunehmen, um hierdurch die dem reinen Interessenausgleich

---

[181] Krit. daher DKW/*Däubler*, BetrVG, §§ 112, 112a Rn. 87.
[182] Siehe BAG v. 30.11.2016 – 10 AZR 11/16, AP GewO § 106 Nr. 32 = NZA 2017, 1394 Rn. 46.
[183] Vgl. GK-BetrVG/*Oetker*, §§ 112, 112a Rn. 6.
[184] In diesem Sinne auch *Kocher*, AuR 1992, 198 (203); ansatzweise ferner *Göpfert/Wenzler*, NZA 2020, 15 (19).

fehlende Normwirkung herbeizuführen.[185] Als mögliche Regelungsgegenstände werden im Schrifttum hierfür vorgeschlagen:

- Erhebung des Qualifizierungsbedarfs
- Auswahl des Teilnehmerkreises für Qualifizierungsmaßnahmen
- Festlegung von Qualifizierungszielen und Qualifizierungswegen
- zeitliche Lage der Qualifizierungsmaßnahmen
- Teilnahmepflichten
- Kosten der Qualifizierungsmaßnahmen.[186]

Weiter kommt die finanzielle Unterstützung von (älteren) Arbeitnehmern in Betracht, die mit der umfassenden Einführung agiler Strukturen unter Umständen nicht zurechtkommen und deshalb gegebenenfalls ihren Arbeitsplatz verlieren (etwa Abfindungen sowie Hilfen beim New Placement), auch wenn derartige Folgen mit der Einführung agiler Arbeits- und Organisationsformen im Allgemeinen nicht angestrebt, sondern lediglich in Kauf genommen werden.

## IV. Personelle Einzelmaßnahmen im Zusammenhang mit der Einführung agiler Arbeit

Mit der Einführung agiler Arbeits- und Organisationsformen können verschiedenartige personelle Einzelmaßnahmen einhergehen, die im Folgenden anhand der hauptsächlich in Betracht kommenden Konstellationen näher analysiert werden sollen.

### 1. Versetzungen

#### a) Allgemeines

Aus dem Katalog der personellen Einzelmaßnahmen im Sinne von § 99 Abs. 1 S. 1 BetrVG kommen im Zusammenhang mit der Implementierung agiler Arbeitsstrukturen am ehesten Versetzungen in Betracht. Als Versetzung definiert § 95 Abs. 3 S. 1 BetrVG bekanntlich die Zuweisung eines anderen Arbeitsbereichs, die voraussichtlich die Dauer von einem Monat überschreitet, oder die mit einer erheblichen Änderung der Umstände verbunden ist, unter denen die Arbeit

---

[185] BGH v. 15.11.2000 – XII ZR 197/98, AP BetrVG 1972 § 112 Nr. 140 = NJW 2001, 439 unter 3 A; *Fitting*, BetrVG, §§ 112, 112a Rn. 47; GK-BetrVG/*Oetker*, §§ 112, 112a Rn. 75f.; *Röder/Gebert*, NZA 2017, 1289 (1292).

[186] *Günther/Böglmüller*, NZA 2019, 417 (423); *Röder/Gebert*, NZA 2017, 1289 (1294ff.).

zu leisten ist. Dabei ist unter dem Arbeitsbereich in Anlehnung an § 81 Abs. 2 i.V.m. Abs. 1 S. 1 BetrVG das Gesamtbild zu verstehen, das sich aus Aufgabe und Verantwortung des Arbeitnehmers sowie der Art der Tätigkeit und der Einordnung in den Arbeitsablauf des Betriebs ergibt.[187] Zu den anerkannten Fallgruppen einer Versetzung zählt folgerichtig auch eine Veränderung des Platzes des Beschäftigten innerhalb der betrieblichen Organisation. Dies gilt selbst für den Fall, dass die unmittelbare Arbeitsaufgabe gleichbleibt. Entscheidend ist in diesen Gestaltungen vielmehr, ob sich für den Mitarbeiter die betriebsorganisatorische Umwelt dadurch ändert, dass er aus einer betrieblichen Einheit abgezogen und einer anderen betrieblichen Einheit zugewiesen wird.[188]

### b) Erstmalige Bildung agiler Strukturen

Eine derartige Sachlage kann mit der erstmaligen Tätigkeit eines Arbeitnehmers in einem agilen Organisationsaufbau ohne weiteres bejaht werden.[189] In diesem Fall wird der Beschäftigte aus der klassischen, hierarchisch aufgebauten Fachabteilung herausgenommen und einem Team zugeordnet, das seine Tätigkeit im Rahmen einer agilen Struktur eigenverantwortlich selbst organisiert. Die bisherigen Weisungsbindungen und Berichtslinien werden faktisch – zumindest idealtypisch – außer Kraft gesetzt, um die Vorteile der agilen Arbeitsweise auch tatsächlich realisieren zu können. Damit liegt nicht nur eine erhebliche Veränderung der Umstände vor, unter denen die Arbeit zu leisten ist, was für eine Versetzung allein nicht genügen würde, sofern nicht zugleich ein anderer Arbeitsbereich zugewiesen wird.[190] Vielmehr handelt es sich um eine grundlegende Neupositionierung des betroffenen Arbeitnehmers innerhalb der betrieblichen Organisation. Insoweit gilt nichts anderes als bei einem Wechsel von einem Einzelakkord in den Gruppenakkord, bei dem das BAG für die Qualifikation dieser Maßnahme als Versetzung wesentlich auf das Entstehen eines Zwangs zur Kooperation abgestellt hat.[191] Ob der Beschäftigte hierbei dem Kernteam zugeordnet werden soll oder die Rolle eines Product Owner oder eines Scrum Master übernehmen soll,

---

[187] Vgl. BAG v. 28.8.2007 – 1 ABR 70/06, AP BetrVG 1972 § 95 Nr. 53 = NZA 2008, 188 Rn. 16.
[188] BAG v. 10.4.1984 – 1 ABR 67/82, AP BetrVG 1972 § 95 Nr. 4 = NZA 1984, 233 unter B 4; BAG v. 17.6.2008 – 1 ABR 38/07, AP BetrVG 1972 § 99 Versetzung Nr. 47 Rn. 21; *Fitting*, BetrVG, § 99 Rn. 139; GK-BetrVG/*Raab*, § 99 Rn. 107ff.
[189] DKW/*Bachner*, BetrVG, § 99 Rn. 113a; *Fitting*, BetrVG, § 95 Rn. 139d; *Günther/Böglmüller*, NZA 2019, 273 (277).
[190] Vgl. BAG v. 10.4.1984 – 1 ABR 67/82, AP BetrVG 1972 § 95 Nr. 4 = NZA 1984, 233 unter B 3.
[191] BAG v. 22.4.1997 – 1 ABR 84/96, AP BetrVG 1972 § 99 Versetzung Nr. 14 = NZA 1997, 1358 unter II.

ist unerheblich, weil es durch die Eigenheiten der agilen Arbeitsform mit den spezifischen Interaktionen des Teams im Innenverhältnis (Sprint Planning, Daily Scrum, Sprint Review und Sprint Retrospective) sowie der Abschottung bzw. Kanalisierung der Kommunikation des Teams im Außenverhältnis durch Product Owner und Scrum Master in jedem Fall zur Konstituierung einer neuen betrieblichen Einheit kommt. Dabei ist das Gewicht der Änderungen so erheblich, dass es nicht zusätzlich darauf ankommt, ob die Arbeit in einer agilen Struktur länger als einen Monat dauern soll, was aber praktisch ohnehin stets zutreffen dürfte. Dies ist auch dann der Fall, wenn der Arbeitnehmer teilweise in der Linienorganisation belassen wird. Auch in einer solchen Konstellation liegt im Hinblick auf die (dann nur partielle) Überführung des Beschäftigten in ein agil arbeitendes Umfeld eine Versetzung vor.

Schließlich ist es für das Vorliegen einer Versetzung bedeutungslos, ob der Arbeitgeber die Tätigkeit des Arbeitnehmers in einem agilen Team anordnet oder ob er – zumindest anfänglich – auf Freiwilligkeit setzt, um gerade die Einführungsphase einer neuen Arbeitsform mit möglichst motivierten und aufgeschlossenen Mitarbeiter anzugehen. Da das Beteiligungsrecht des Betriebsrats nach § 99 BetrVG vor allem dem Schutz der kollektiven Interessen der Belegschaft dient, liegt die Zuweisung eines anderen Arbeitsbereichs als Voraussetzung für die Erfüllung des Versetzungsbegriffs anerkanntermaßen auch dann vor, wenn der Arbeitgeber im Einverständnis mit dem betroffenen Arbeitnehmer handelt.[192]

### c) Spätere Veränderungen im Rahmen agiler Strukturen

Soweit es um spätere personelle Veränderungen geht, muss differenziert werden: Der Wechsel in eine andere Rolle, also die Übernahme der Funktion eines Product Owner oder eines Scrum Master durch ein Mitglied des Entwicklungsteams, ist als Zuweisung eines anderen Arbeitsbereichs zu qualifizieren, der zudem mit einer erheblichen Veränderung der Umstände verbunden ist, unter denen die Arbeit zu leisten ist. Entsprechendes gilt für den umgekehrten Wechsel. Werden Arbeitnehmer unter Beibehaltung ihrer Arbeitsaufgabe einer anderen innerbetrieblichen Organisationseinheit zugeordnet, liegt ebenfalls eine Versetzung vor. Ob eine die Grenzen einer betrieblichen Einheit überschreitende Änderung anzunehmen ist, hängt nach dem Sinn und Zweck des Beteiligungsrechts des Betriebsrats nach § 99 BetrVG, bei dem es auch um die individuellen Interessen des betroffenen Arbeitnehmers geht, davon ab, ob der Beschäftigte künftig einem anderen

---

[192] BAG v. 19.2.1991 – 1 ABR 36/90, AP BetrVG 1972 § 95 Nr. 26 = NZA 1991, 565 unter B II 2 b aa; BAG v. 28.8.2007 – 1 ABR 70/06, AP BetrVG 1972 § 95 Nr. 53 = NZA 2008, 188 Rn. 16.

„Arbeitsregime" unterfällt.[193] Dies ist jedenfalls dann anzunehmen, wenn es zu einem Wechsel in der Personalkompetenz kommt, der Beschäftigte also künftig einem anderen Vorgesetzten disziplinarisch zugeordnet wird, er in der Begriffswelt agiler Organisationsstrukturen in Zukunft also einem anderen „Chapter" bzw. „Tribe" angehören soll. Von einer spürbaren Änderung des Arbeitsregimes ist aber auch dann auszugehen, wenn ein Wechsel der Arbeitskollegen erfolgt, sofern die Arbeitsabläufe so strukturiert sind, dass es einer intensiven Kooperation zwischen den Beschäftigten bedarf. In diesem Sinne hat das LAG Köln bei bereits eingeführter Gruppenarbeit im Fall eines Gruppenwechsels eine Versetzung bejaht[194] und das BAG dasselbe auch bei bloßer Teamarbeit zumindest angedeutet.[195] Legt man dies zugrunde, ist auch der Wechsel eines Arbeitnehmers in ein neues Kernteam („Squad") als Versetzung zu qualifizieren, weil die Notwendigkeit der Selbstorganisation der Arbeitsabläufe und die gemeinsam zu tragende Verantwortlichkeit für die Erstellung eines Teilprojekts es rechtfertigen, dass die konkreten Arbeitskollegen als Teil des Arbeitsbereichs begriffen werden, der Wechsel des Teams sich mithin als Zuweisung eines anderen Arbeitsbereichs darstellt.[196] Anders ist nur zu entscheiden, wenn der ständige Wechsel zwischen verschiedenen Kernteams innerhalb eines „Tribes" den betrieblichen Gepflogenheiten entspricht, weil der Wechsel von einem Team in ein anderes Team dann gemäß § 95 Abs. 3 S. 2 BetrVG nicht als Versetzung anzusehen ist.[197] Dagegen würde die Rückführung eines Arbeitnehmers aus einer agilen Arbeitsform in seine (ursprüngliche) Fachabteilung, zu der es kommen kann, wenn im selben Betrieb agile und hierarchische Strukturen (dauerhaft) koexistieren, wiederum als Versetzung zu werten sein.

## 2. Einstellungen

### a) Einführung

Als weitere Fallgruppe personeller Einzelmaßnahme im Sinne von § 99 Abs. 1 S. 1 BetrVG ist an Einstellungen zu denken. Ohne an dieser Stelle auf das Verhältnis von Arbeitsvertragsabschluss und tatsächlicher Arbeitsaufnahme eingehen zu

---

[193] BAG v. 17.6.2008 – 1 ABR 38/07, AP BetrVG 1972 § 99 Versetzung Nr. 47 Rn. 29.
[194] LAG Köln v. 26.7.1996 – 12 TaBV 33/96, NZA 1997, 280; zurückhaltend aber GK-BetrVG/*Raab*, § 99 Rn. 108.
[195] BAG v. 17.6.2008 – 1 ABR 38/07, AP BetrVG 1972 § 99 Versetzung Nr. 47 Rn. 30.
[196] In diesem Sinne auch *Fitting*, BetrVG, § 99 Rn. 140.
[197] *Bachner*, FS 100 Jahre Betriebsverfassungsrecht, 2020, S. 17 (23); *Günther/Böglmüller*, NZA 2019, 273 (277).

wollen,[198] lässt sich als Kern des Einstellungsbegriffs jeder Vorgang verstehen, durch eine Person dergestalt in einen Betrieb eingegliedert wird, dass sie gemeinsam mit den dort bereits beschäftigten Arbeitnehmern den arbeitstechnischen Zweck des Betriebs in weisungsabhängiger Form verwirklicht.[199] Auf das Vorhandensein eines Arbeitsvertrags mit dem Betriebsinhaber kommt es nicht an. Vielmehr ist es sowohl erforderlich als auch ausreichend, dass die Personalhoheit im Sinne einer Steuerung der Arbeitskraft in tatsächlicher Hinsicht auf dem Betriebsinhaber übergeht.[200]

Eine solche Situation kann einmal vorliegen, wenn ein Arbeitnehmer aus einem anderen Betrieb desselben Unternehmens oder desselben Konzerns in ein agiles Team versetzt wird. Während eine solche Maßnahme aus der Perspektive des abgebenden Betriebs eine Versetzung darstellt, handelte sich aus der Perspektive des aufnehmenden Betriebs um eine Einstellung. Dabei spielt es keine Rolle, dass der Betriebsinhaber davon absieht, den agil arbeitenden Beschäftigten unmittelbar auf die Aufgabenerfüllung bezogene Weisungen zu erteilen. Für eine Einstellung genügt es, dass die Arbeitnehmer zur Verwirklichung des arbeitstechnischen Zwecks eingesetzt werden und sich prinzipiell in einem Zustand der rechtlichen Weisungsunterworfenheit befinden. Auf die tatsächliche Erteilung von Weisungen kommt es dagegen nicht an.[201] Damit stellen sich im Hinblick auf diese Gestaltung keine besonderen Probleme.

### b) Einbeziehung externer Experten in ein agiles Team

Schwieriger zu beurteilen ist dagegen die Situation der Arbeit in gemischten Teams, die sich aus Mitarbeitern zusammensetzen, die nicht von vornherein zum selben Unternehmen bzw. Konzern gehören. Insoweit lassen sich verschiedene typisierte Gestaltungen unterscheiden. Zum einen ist denkbar, dass ein in einem Betrieb arbeitendes agiles Team lediglich durch einen selbständig tätigen externen Experten (Freelancer) ergänzt werden soll, um die für ein bestimmtes Projekt erforderlichen Fachkenntnisse temporär in das Team einzubringen. In einem

---

[198] Dazu näher *Fitting*, BetrVG, § 99 Rn. 30ff.; GK-BetrVG/*Raab*, § 99 Rn. 29 ff.
[199] Siehe nur BAG v. 13.5.2014 – 1 ABR 50/12, AP BetrVG 1972 § 99 Einstellung Nr. 65 = NZA 2014, 1149 Rn. 18; BAG v. 13.12.2016 – 1 ABR 59/14, AP BetrVG 1972 § 99 Einstellung Nr. 66 = NZA 2017, 525 Rn. 24; BAG v. 12.6.2019 – 1 ABR 5/18, AP BetrVG 1972 § 99 Nr. 161 = NZA 2019, 1288 Rn. 16; *Fitting*, BetrVG, § 99 Rn. 33; MHdB ArbR/*Lunk*, § 340 Rn. 12f.
[200] BAG v. 13.12.2005 – 1 ABR 51/04, AP BetrVG 1972 § 99 Einstellung Nr. 50 = NZA 2006, 1369 Rn. 17; BAG v. 23.6.2010 – 7 ABR 1/09, AP BetrVG 1972 § 99 Einstellung Nr. 60 = NZA 2010, 1302 Rn. 10.
[201] BAG v. 13.12.2005 – 1 ABR 51/04, AP BetrVG 1972 § 99 Einstellung Nr. 50 = NZA 2006, 1369 Rn. 19; MHdB ArbR/*Lunk*, § 340 Rn. 12.

solchen Fall geht es nur um die Frage, ob der externe Experte derart in die agilen Arbeitsstrukturen eingebunden ist, dass die Beschäftigung im Betrieb als Einstellung im Sinne von § 99 Abs. 1 S. 1 BetrVG zu qualifizieren ist, während sich das Problem einer Abgrenzung zur ein Dreiecksverhältnis voraussetzenden Arbeitnehmerüberlassung bei einem im Übrigen selbständig Tätigen von vornherein nicht stellt.[202] Der Annahme einer Einstellung könnte auf den ersten Blick entgegenstehen, dass sich insbesondere Scrum durch eine hierarchiefreie Aufgabenerledigung auszeichnet, der Betriebsinhaber also gerade davon absieht, den Teammitgliedern im Hinblick auf die konkreten Arbeitsabläufe fachliche Weisungen zu erteilen. Gleichwohl ist daraus nicht zu folgern, dass in diesen Gestaltungen keine Einstellung vorliegen kann. So muss sich auch ein externer Experte in die Arbeitsprozesse des Scrum-Teams einfügen und an der Selbstorganisation der Arbeitsvorgänge mitwirken, mit denen die Arbeitsaufgabe bzw. das Teilprojekt innerhalb eines Sprints oder auch durch mehrere aufeinander folgende Sprints erledigt werden soll. Darüber hinaus nimmt ein externer Experte, der gleichberechtigtes Mitglied eines agil arbeitenden Teams sein soll, an den verschiedenen Programmschleifen (Sprint Planning, Daily Scrum, Sprint Review und Sprint Retrospective) teil. Auch wenn der Betriebsinhaber entsprechend der grundsätzlichen Konzeption von Scrum faktisch darauf verzichtet, die Arbeitsabläufe konkret zu steuern, nimmt er durch die Schaffung eines organisatorischen Rahmens doch einen erheblichen Einfluss auf die Art und Weise der Aufgabenerledigung. Sofern sich der externe Experte in diese bereitgestellte Struktur einfügt und seine Tätigkeit letztlich in derselben Art und Weise wie die Arbeitnehmer des Betriebs erbringt, handelt es sich deshalb um eine Einstellung im Sinne von § 99 Abs. 1 S. 1 BetrVG. Letztlich gelten insoweit dieselben Grundsätze wie bei der schlichten Versetzung von unternehmens- bzw. konzernangehörigen Mitarbeitern in den agil arbeitenden Betrieb. Anders wäre dies hingegen zu beurteilen, wenn der externe Experte die Projektarbeit nur durch eine konkret abgegrenzte Leistung fördert, ohne in das agile Team integriert zu sein, wodurch der besondere Mehrwert, den man agilem Arbeiten zuschreibt, aber gerade nicht realisiert würde.

c) **Zusammenwirken von Beschäftigten des Auftragnehmers und des Auftraggebers in einem agilen Team**

Eine im Grundansatz vergleichbare Situation besteht dann, wenn es zu einem Zusammenwirken zwischen Arbeitnehmern des Auftragnehmers und des Auftraggebers im selben Team kommt. Dabei lässt sich phänomenologisch danach

---

[202] Zum Sonderfall der „Selbstüberlassung" des Alleingesellschafters und alleinigen Geschäftsführers einer GmbH siehe BAG v. 17.1.2017 – 9 AZR 76/16, AP AÜG § 1 Nr. 40 = NZA 2017, 572.

differenzieren, ob es um die Entwicklung eines Projekts beim Auftraggeber geht, zu dessen Verwirklichung der Auftragnehmer seine Mitarbeiter in ein beim Auftraggeber gebildete agiles Team entsendet, oder ob umgekehrt der Auftraggeber einen einzelnen Mitarbeiter in ein beim Auftragnehmer existierendes agiles Team schickt, um dem Product Owner bzw. dem ganzen Scrum-Team die jeweils aktuellen Produktpräferenzen des Auftraggebers zeitnah und ohne Übermittlungsverluste zu kommunizieren. Im erstgenannten Fall wird man im Allgemeinen von einer Einstellung in den Betrieb des Auftraggebers auszugehen haben, weil eine gleichberechtigte Kooperation im selben Scrum-Team schwerlich anders verwirklicht werden kann, als dass sich die einzelnen Teammitglieder unabhängig von ihrer arbeitsvertraglichen Anbindung in den vom Betriebsinhaber bereitgestellten organisatorischen Rahmen integrieren, um hierdurch die gestellte Aufgabe zu erledigen.[203]

Ob es sich in diesen Konstellationen zugleich um eine verdeckte Arbeitnehmerüberlassung im Sinne des AÜG handelt, ist eine von der Bewertung des Vorgangs als Einstellung im betriebsverfassungsrechtlichen Sinne rechtlich zu trennende Frage, der hier nicht im Einzelnen nachgegangen werden soll. Zwar liegt eine Parallelwertung nahe. Es wäre aber auch nicht von vornherein ausgeschlossen, für die Zwecke des Arbeitnehmerüberlassungsrechts eine etwas großzügigere Sichtweise zu entwickeln und eine im Wesentlichen hierarchiefreie Mitwirkung des Beschäftigten eines anderen Unternehmens bei der Realisierung des arbeitstechnischen Zwecks des Betriebs für eine verdeckte Arbeitnehmerüberlassung noch nicht ausreichen zu lassen.

In der umgekehrten Konstellation der Entsendung eines einzelnen Mitarbeiters des Auftraggebers in ein beim Auftragnehmer gebildetes Team liegt eine Einstellung dieses Arbeitnehmers insoweit fern, als die Funktion dieses Mitarbeiters primär darin bestehen dürfte, die Wünsche des Auftraggebers kontinuierlich in die Projektentwicklung einfließen zu lassen, während es weniger darum geht, gemeinsam mit den Beschäftigten des Betriebsinhabers dessen arbeitstechnischen Zweck zu verwirklichen. Bei einer besonders intensiven Einbindung, die den Mitarbeiter des Auftraggebers der Sache nach als ein normales Teammitglied erscheinen lässt, ist zwar eine Einstellung anzunehmen. Im Normalfall spricht aber wenig für eine solche Qualifikation.

---

[203] Zur Frage der Bildung einer Gesellschaft bürgerlichen Rechts siehe bereits oben sub C 2 c.

## 3. Eingruppierungen und Umgruppierungen

Für die personelle Einzelmaßnahme der Eingruppierung im Sinne von § 99 Abs. 1 S. 1 BetrVG von agil arbeitenden Beschäftigten in tarifliche bzw. betriebliche Entgeltgruppenschemata gelten im Ausgangspunkt die allgemeinen Grundsätze. Entsprechendes gilt für etwaige Umgruppierungen. In diesem Zusammenhang können Funktionsbezeichnungen, die bestimmte Vergütungsgruppen als Tätigkeitsbeispiele zugeordnet sind, eine wichtige Hilfestellung leisten. So zeigen derartige Funktionsbezeichnungen nach gefestigter Rechtsprechung einerseits an, dass diejenigen Arbeitnehmer, welche die entsprechenden Funktionen ausüben, nach den abstrakten Tätigkeitsmerkmalen in die betreffende Vergütungsgruppe eingruppiert werden können, während eine Eingruppierung dieser Arbeitnehmer außerhalb derjenigen Vergütungsgruppe, in der die Funktionsbezeichnung aufgeführt ist, nicht in Betracht kommt.[204] Denn mit der Aufnahme bestimmter Tätigkeitsbeispiele bzw. Funktionsbezeichnungen bringen die Schöpfer eines Entgeltgruppenschemas zum Ausdruck, dass die konkret aufgelisteten Tätigkeiten die abstrakten Begriffe erfüllen, woran die Gerichte bei der Auslegung der tariflichen oder betrieblichen Norm gebunden sind.

Die spezifischen Rollen, denen man in der agilen Arbeitswelt begegnet (Product Owner, Scrum Master) werden in den gängigen Entgeltgruppenschemata allerdings regelmäßig noch nicht abgebildet sein. Insoweit bleibt auf der betrieblichen Ebene daher im Grundsatz nichts anderes übrig, als eine Zuordnung des fraglichen Arbeitnehmers nach den allgemeinen Regeln für die Eingruppierung bzw. Umgruppierung vorzunehmen, wobei gegebenenfalls zu berücksichtigen ist, dass agile Arbeit mit einem höheren Maß an Selbstständigkeit und Eigenverantwortung verbunden ist als traditionelle Arbeit in einer Linienorganisation. Sofern das im Einzelfall anwendbare Entgeltgruppenschema für eine höhere Vergütungsgruppe auf diese Tätigkeitsmerkmale abstellt, können diese daher entsprechend den jeweiligen Umständen erfüllt sein.

## 4. Rechtliche Folgen

Das Vorliegen einer personellen Einzelmaßnahme löst die Beteiligungsrechte des Betriebsrats nach Maßgabe von § 99 BetrVG aus, wobei grundsätzlich keine Besonderheiten gelten. Der Betriebsrat muss vor der Durchführung der geplanten Maßnahme daher nach § 99 Abs. 1 S. 1 und 2 BetrVG unter Vorlage der erforderlichen Unterlagen hinreichend informiert und um Zustimmung ersucht werden.

---

[204] BAG v. 29.4.1981 – 4 AZR 1007/78, AP § 1 TVG Tarifverträge: Rundfunk Nr. 11; BAG v. 19.5.2010 – 4 AZR 903/08, AP § 1 TVG Tarifverträge: Lufthansa Nr. 46 Rn. 32.

Im Hinblick auf mögliche Zustimmungsverweigerungsgründe ist zum einen § 99 Abs. 2 Nr. 2 BetrVG hervorzuheben, der dann zum Tragen kommt, wenn eine personelle Einzelmaßnahme gegen eine Auswahlrichtlinie nach § 95 Abs. 1 BetrVG verstößt. Solche Auswahlrichtlinien können etwa regeln, nach welchen Grundsätzen die Versetzung in agile Teams, die Übernahme bestimmter Rollen, die Versetzung zwischen verschiedenen agil arbeitenden betrieblichen Organisationseinheiten sowie gegebenenfalls die Rückversetzung in die jeweilige Fachabteilung, aber gegebenenfalls auch die Einstellung externer Experten zu erfolgen hat. Dabei spielt es für dieses Zustimmungsverweigerungsrecht keine Rolle, ob die Auswahlrichtlinien auf Betreiben des Arbeitgebers zustande gekommen sind und lediglich der Mitbestimmung des Betriebsrats nach § 95 Abs. 1 BetrVG unterlagen oder ob der Betriebsrat insoweit von seinem Initiativrecht Gebrauch gemacht, das ihm in Betrieben mit mehr als 500 Arbeitnehmern zusteht.[205] Nicht ausgeschlossen ist auch ein Zustimmungsverweigerungsrecht gemäß § 99 Abs. 2 Nr. 3 BetrVG, wobei die durch Tatsachen begründete Besorgnis von Nachteilen für im Betrieb beschäftigte Arbeitnehmer oder gar von deren Kündigung durch die Einführung agiler Arbeits- und Organisationsformen allerdings nicht unmittelbar auf der Hand liegt und wohl noch am ehesten in Betracht kommt, wenn in agile Teams externe Experten eingebunden werden sollen und hierdurch langfristig Verdrängungseffekte im Raum stehen. Eher noch dürfte im Einzelfall ein Zustimmungsverweigerungsrecht nach § 99 Abs. 2 Nr. 4 BetrVG gegeben sein, wenn Arbeitnehmer in agile Arbeitsformen überführt werden sollen, obwohl es Anzeichen gibt, dass sie aufgrund ihrer jahrzehntelangen Gewöhnung an eine auf Vorstrukturierungen setzende Arbeitskultur den neuen Anforderungen an eine selbstbestimmte Organisation der eigenen Arbeitsabläufe nicht gewachsen sind und sie somit einen Nachteil erleiden. Ob dieser Zustimmungsverweigerungsgrund auch dann vorliegt, wenn sich der Arbeitnehmer aus freien Stücken zu einer Tätigkeit in einem agilen Arbeitsteam bereit erklärt, ist indes zweifelhaft. So ist eine allgemeine Befugnis des Betriebsrats, den Willen des Beschäftigten aus paternalistischen Gründen beiseite zu schieben, abzulehnen.[206] Ein Zustimmungsverweigerungsrecht gemäß § 99 Abs. 2 Nr. 4 BetrVG ist in diesen Fällen aber dann zu bejahen, wenn es klare Anhaltspunkte für eine Überforderung gibt, die der Betroffene nicht rational einschätzen kann.[207]

---

[205] *Fitting*, BetrVG, § 99 Rn. 219.
[206] Im Erg. auch BAG v. 2.4.1996 – 1 ABR 39/95, AP BetrVG 1972 § 99 BetrVG Versetzung Nr. 9 = NZA 1997, 219 unter B I 2 a; BAG v. 9.10.2013 – 7 ABR 1/12, AP BetrVG 1972 § 99 BetrVG Versetzung Nr. 52 = NZA 2014, 156 Rn. 53; ErfK/*Kania*, § 99 BetrVG Rn. 32, GK-BetrVG/*Raab*, § 99 Rn. 162.
[207] Im Erg. ähnlich DKW/*Bachner*, BetrVG, § 99 Rn. 225; *Fitting*, BetrVG, Rn. 246; Richardi/*Thüsing*, BetrVG, § 99 Rn. 259.

Sofern sich der Arbeitgeber weigert, eine an sich gebotene Eingruppierung bzw. Umgruppierung vorzunehmen, kann neben dem unmittelbar betroffenen Beschäftigten auch der Betriebsrat gegen den Arbeitgeber vorgehen und in analoger Anwendung von § 101 BetrVG verlangen, dass dem Arbeitgeber gerichtlich aufgegeben wird, die zutreffende Eingruppierung[208] bzw. Umgruppierung[209] vorzunehmen.[210]

Erwähnt sei schließlich, dass der Arbeitgeber den betroffenen Arbeitnehmer vor einer Versetzung sowie gegebenenfalls vor einer Einstellung über dessen (geänderte) Aufgabe und Verantwortung bei der Arbeit in einem agilen Team nach § 81 Abs. 1 S. 1 und Abs. 2 BetrVG zu informieren hat.

---

[208] Siehe etwa BAG v. 20.12.1988 – 1 ABR 68/87, AP BetrVG 1972 § 99 BetrVG Nr. 62 = NZA 1989, 518 unter B III 2 c u. d.
[209] Siehe etwa BAG v. 4.5.2011 – 7 ABR 10/10, AP BetrVG 1972 § 99 BetrVG Eingruppierung Nr. 55 = NZA 2011, 1139 Rn. 10.
[210] Eingehend GK-BetrVG/*Raab*, § 101 Rn. 11f.

# E. Beteiligungsrechte bei der Ausgestaltung agiler Arbeit

Soweit es um die konkrete Ausgestaltung agiler Arbeit und dabei insbesondere um die Scrum-Methode geht, sind zahlreiche Beteiligungsrechte des Betriebsrats betroffen bzw. können berührt sein. In diesem Zusammenhang ist vorab klarzustellen, dass der im Zuge der Betriebsverfassungsgesetzreform von 2001 neu eingeführte Mitbestimmungstatbestand des § 87 Abs. 1 Nr. 13 BetrVG im Hinblick auf die Grundsätze über die Durchführung von Gruppenarbeit das Eingreifen anderer Mitbestimmungstatbestände des § 87 Abs. 1 BetrVG keineswegs ausschließt. Vielmehr hat § 87 Abs. 1 Nr. 13 BetrVG lediglich einen ergänzenden Charakter.[211]

## I. Regulierung des Verhaltens von Arbeitnehmern

### 1. Grundlagen

Einen ersten möglichen Anknüpfungspunkt für eine Mitbestimmung bildet § 87 Abs. 1 Nr. 1 BetrVG, der Fragen der Ordnung des Betriebs und (oder) des Verhaltens der Arbeitnehmer im Betrieb betrifft. Insoweit geht es nach der gefestigten Rechtsprechung des BAG um sämtliche Maßnahmen des Arbeitgebers, die sich auf das sog. Ordnungsverhalten der Beschäftigten beziehen, während das sog. Arbeitsverhalten aus dem Bereich der mitbestimmungspflichtigen Maßnahmen ausgeklammert bleibt.[212] Zur näheren Umschreibung des Ordnungsverhaltens stellt das BAG darauf ab, ob eine Angelegenheit das betriebliche

---

[211] *Franzen*, ZfA 2001, 423 (448); *Preis/Elert*, NZA 2001, 371 (373); Richardi/*Richardi*, BetrVG, § 87 Rn. 977; für eine regelrechte Spezialität von § 87 Abs. 1 Nr. 1 bis 12 BetrVG gegenüber § 87 Abs. 1 Nr. 13 BetrVG *Natzel*, ZfA 2003, 103 (125); *Wiese*, BB 2002, 198 (200); GK-BetrVG/*Wiese/Gutzeit*, § 87 Rn. 1087.

[212] Siehe nur BAG v. 11.6.2002 – 1 ABR 46/01, AP BetrVG 1972 § 87 Ordnung des Betriebes Nr. 38 = NZA 2002, 1299 unter B I; BAG v. 25.9.2012 – 1 ABR 50/11, AP BetrVG 1972 § 87 Ordnung des Betriebes Nr. 43 = NZA 2013, 467 Rn. 14; BAG v. 22.8.2017 – 1 ABR 52/14, AP BetrVG 1972 § 87 Ordnung des Betriebes Nr. 49 = NZA 2018, 50 Rn. 24.

Zusammenleben und kollektive Zusammenwirken der Beschäftigten zum Inhalt hat.[213] Demgegenüber geht es beim Arbeitsverhalten um die Frage, welche Arbeiten auszuführen sind und in welcher Weise dies geschehen soll.[214] Dabei richtet sich die Abgrenzung nicht nach den subjektiven Vorstellungen des Arbeitgebers, sondern nach dem objektiven Regelungszweck der jeweiligen Maßnahme. Bei etwaigen Überschneidungen soll es darauf ankommen, welcher Regelungszweck überwiegt.[215] Diese Grundsätze sind zwar nicht unumstritten,[216] werden aber von der überwiegenden Auffassung im Schrifttum geteilt[217] und prägen vor allem die gerichtliche Praxis, so dass sie im Folgenden zugrunde gelegt werden sollen. Die genaue Abgrenzung ist allerdings durchaus schwierig und hängt zumindest bis zu einem gewissen Grad davon ab, ob man methodisch davon ausgeht, dass im Ausgangspunkt jede kollektive Regulierung des Verhaltens von Arbeitnehmern mitbestimmungspflichtig ist und lediglich solche arbeitgeberseitigen Vorgaben „negativ" auszuklammern sind, die sich unmittelbar auf die vom Beschäftigten versprochene „Arbeit" als Gegenleistung für die geschuldete Vergütung beziehen, oder ob man umgekehrt „positiv" verlangt, dass es für das Bestehen eines Mitbestimmungsrechts um eine Koordinierung und Standardisierung des Ordnungsverhaltens der Arbeitnehmer gehen muss.

### 2. Einführung und Ausgestaltung von Scrum

Im Hinblick auf die hier interessierenden agilen Arbeits- und Organisationsformen ist zunächst festzuhalten, dass die grundsätzliche Entscheidung über die Einführung oder Beendigung von Scrum nicht der Mitbestimmung nach § 87 Abs. 1 Nr. 1 BetrVG unterliegt.[218] Das ergibt sich daraus, dass § 87 Abs. 1 Nr. 1 BetrVG lediglich solche Maßnahmen betrifft, mit denen der Arbeitgeber innerhalb der von ihm vorgegebenen Arbeitsorganisation das Verhalten der Arbeitnehmer beeinflussen will, während die Arbeitsorganisation selbst nicht Gegenstand dieses Mitbestimmungsrechts ist, sondern den schwächeren

---

[213] BAG v. 17.1.2012 – 1 ABR 45/10, AP BetrVG 1972 § 87 Ordnung des Betriebes Nr. 41 = NZA 2012, 687 Rn. 22.
[214] BAG v. 8.11.1994 – 1 ABR 22/94, AP BetrVG 1972 § 87 Ordnung des Betriebes Nr. 24 = NZA 1995, 857 unter B II 1.
[215] BAG v. 11.6.2002 – 1 ABR 46/01, AP BetrVG 1972 § 87 Ordnung des Betriebes Nr. 38 = NZA 2002, 1299 unter B I; BAG v. 17.1.2012 – 1 ABR 45/10, AP BetrVG 1972 § 87 Ordnung des Betriebes Nr. 41 = NZA 2012, 687 Rn. 22.
[216] Vgl. DKW/*Klebe*, BetrVG, § 87 Rn. 56ff.; umfassend jetzt *Waas*, Mitbestimmung des Betriebsrats, S. 42ff., 54ff. (Zusammenfassung auf S. 94ff.).
[217] Siehe nur *Fitting*, BetrVG, § 87 Rn. 64ff.; Richardi/*Richardi*, BetrVG, § 87 Rn. 179ff.; GK-BetrVG/*Wiese*, § 87 Rn. 178ff.
[218] In diesem Sinne auch ErfK/*Kania*, § 87 BetrVG Rn. 21a.

Beteiligungsrechten der §§ 90, 91 BetrVG unterfällt.[219] Folgerichtig kann sich der Betriebsrat insoweit nicht auf das mit § 87 Abs. 1 Nr. 1 BetrVG verbundene Initiativrecht stützen und nicht etwa selbst die Einführung agiler Arbeitsmethoden verlangen, wenn er der Ansicht ist, dass der Belegschaft insgesamt bzw. Teilen von ihr ein höheres Maß an Autonomie und Selbstverantwortung bei der Aufgabenerledigung zukommen sollte.

Soweit es um die Ausgestaltung von Scrum geht, wird man abschichten müssen. Zunächst sind individuelle Anordnungen, nach denen ein bestimmter Mitarbeiter ein Teilprojekt als solches zu bearbeiten hat und damit zum Entwicklungsteam gehört, während ein anderer Mitarbeiter als Product Owner die Kundenperspektive einzunehmen und wieder ein anderer Mitarbeiter als Scrum Master das Kernteam zu unterstützen und Störungen fernzuhalten hat, von vornherein ebenfalls nicht mitbestimmungspflichtig, weil sich § 87 Abs. 1 Nr. 1 BetrVG nur auf kollektive Tatbestände bezieht.[220] Schwieriger zu beurteilen ist dies, wenn es um generelle Vorgaben geht. So hat das BAG Richtlinien, die den Führungskräften vorschreiben, wie sie ihre Führungsaufgaben wahrnehmen sollen, dem Bereich des mitbestimmungsfreien Arbeitsverhalten zugeschlagen.[221] Auch wenn bei agilen Arbeitsstrukturen von einer regelrechten Führung der Mitarbeiter gerade abgesehen wird, wären allgemeine Regelungen über die Wahrnehmung der Rollen eines Product Owner oder eines Scrum Master danach nicht mitbestimmungspflichtig. In der Tat kann man die mit diesen Rollen zwangsläufig verbundenen Verhaltensweisen als solche nicht der Mitbestimmung unterwerfen.[222] Anderenfalls könnte die Einführung von Scrum über die Einigungsstelle dauerhaft blockiert werden, indem alle rollenspezifischen Verhaltensvorgaben durch Einigungsstellenspruch unterbunden oder zumindest grundlegend verändert werden, obwohl die Implementierung von Gruppenarbeit als solche als eine der konkreten Verhaltensregulierung vorgelagerte Entscheidung über die Arbeitsorganisation mithilfe von § 87 Abs. 1 Nr. 1 BetrVG gerade nicht verhindert werden kann. Im Rahmen der jeweiligen Rolle und damit der vorgegebenen Arbeitsstruktur sind aber durchaus verschiedene Verhaltensweisen denkbar, die sich nicht oder jedenfalls nicht vorrangig auf die Arbeitsleistung beziehen und die für den Fall einer Generalisierung durchaus der Mitbestimmung unterworfen werden können. Dies kann etwa die Frage betreffen, wie mit den vom Arbeitgeber zur

---

[219] BAG 21.7.2009 – 1 ABR 42/08, AP AGG § 13 Nr. 1 = NZA 2009, 1049 Rn. 23; GK-BetrVG/*Wiese*, § 87 Rn. 180.

[220] *Gamillscheg*, Kollektives Arbeitsrecht, Bd. II, 2008, § 50, 3 a (1) (a), S. 875; GK-BetrVG/*Wiese*, § 87 Rn. 187.

[221] BAG v. 23.10.1984 – 1 ABR 2/83, AP BetrVG 1972 § 87 Ordnung des Betriebes Nr. 8 = NZA 1985, 224.

[222] In diesem Sinne auch ErfK/*Kania*, § 87 BetrVG Rn. 21a („Rollenverteilung").

Verfügung gestellten Kommunikationskanälen umzugehen ist,[223] während die allgemeine Vorgabe, eine veränderte Kundenpräferenz nicht bis zum Ende eines Sprints für sich zu behalten, sondern zeitnah an das Entwicklungsteam weiterzuleiten, wieder mitbestimmungsfrei ist.

Hinsichtlich der Organisation der Mitarbeitertreffen wird man ebenfalls differenzieren müssen. Die für Scrum charakteristischen regelmäßigen Zusammenkünfte sind integraler Bestandteil des Arbeitsprozesses selbst und werden als „Ereignisse" begrifflich bewusst von schlichten Meetings abgegrenzt, die als nicht zum Kern des Arbeitsprozesses gehörend angesehen werden.[224] Folglich unterliegt die allgemeine Vorgabe an die Teams, Sprint Plannings, Daily Scrums, Sprint Reviews und Sprint Retrospectives abzuhalten, als solche nicht der Mitbestimmung. Die Einigungsstelle kann folgerichtig nicht dadurch auf die Dauer eines Sprints Einfluss nehmen, dass sie vorschreibt, in welchen zeitlichen Abständen sich die Beschäftigten frühestens oder spätestens zu treffen haben.[225] Hiervon zu unterscheiden sind Regelungen über bestimmte, mit der Arbeitsmethode Scrum nicht automatisch verbundene Verhaltensweisen bei diesen Zusammenkünften wie etwa das ausdrückliche Verbot, gleichzeitig dienstliche E-Mails zu checken.[226] Im Hinblick auf die arbeitgeberseitige Organisation sonstiger Abläufe innerhalb des Kernteams sind alle unmittelbar auf das Arbeitsverhalten bezogenen Maßnahmen mitbestimmungsfrei. Anders ist dies wiederum, wenn sich um die Festlegung von Verhaltensanforderungen geht, die Rahmenaspekte betreffen, wenn also beispielsweise der Arbeitgeber generelle Vorgaben dafür macht, auf welche Weise Anwesenheitszeiten bzw. Abwesenheitszeiten dokumentiert und den anderen Gruppenmitgliedern übermittelt werden sollen.

Eine größere Bedeutung dürfte § 87 Abs. 1 Nr. 1 BetrVG schließlich im Bereich des Konfliktmanagements entfalten, das mit der Umstellung auf selbstorganisierte Arbeitsprozesse zunehmend wichtiger wird.[227] Wenn und soweit der Arbeitgeber

---

[223] Vgl. DKW/*Klebe*, § 87 BetrVG Rn. 62: Informationsfluss bei agilem Arbeiten; generell zurückhaltend im Hinblick auf eine Mitbestimmung nach § 87 Abs. 1 Nr. 1 BetrVG bei Gruppenarbeit (aber wenig aussagekräftig) *Hunold*, NZA 1993, 723 (725).
[224] Vgl. Scrum Guide, S. 7.
[225] In diesem Sinne auch ErfK/*Kania*, § 87 BetrVG Rn. 21a („Zeitvorgaben").
[226] Allgemein ebenso *Wedde*, CuA 5/2019, 18 (20): Ausgestaltung von Gruppengesprächen. Zur umstrittenen Frage der Mitbestimmungspflichtigkeit des Verbots der Privatnutzung von Smartphones während der Arbeitszeit siehe (bejahend) ArbG München v. 18.11.2015 – 9 BVGa 52/15, Juris; (verneinend) LAG Rheinland-Pfalz v. 30.10.2009 – 6 TaBV 33/09, ZTR 2010, 549; eingehend *Jarsch*, BB 2020, 692ff.
[227] Zum Zusammenhang zwischen der Selbstorganisation der Arbeitsabläufe und der Bearbeitung hierdurch entstehender Konflikte von den Beschäftigten selbst aus arbeitssoziologischer Perspektive siehe *Nicklich/Sauer*, AIS 1/2019, S. 73 (75).

bestimmte Konfliktlösungsmechanismen etabliert oder zumindest allgemeine Vorgehensweisen bei Spannungen innerhalb der Gruppe anordnet, unterliegen diese Verhaltensregulierungen der Mitbestimmung.[228] Dies würde etwa die generelle Regelung betreffen, dass es in jedem Kernteam einen Sprecher geben muss, der etwaige Beschwerden an den Scrum Master weiterzuleiten hat, bzw. nach welchem Verfahren dieser Sprecher ausgewählt wird. Über sein Initiativrecht könnte der Betriebsrat diese Fragen zudem auch von sich aus anstoßen.

### 3. Moderne Bürokonzepte

Umstritten und bislang noch nicht abschließend geklärt ist die mitbestimmungsrechtliche Einordnung der mit agiler Arbeit häufig einhergehenden modernen Bürokonzepte, die mit Stichworten wie Desk Sharing, Open Space und Co-Working verbunden sind. So wird der Umstand, dass sich der Beschäftigte in einer solchen Arbeitsumgebung an jedem Arbeitstag seinen räumlichen Arbeitsplatz entsprechend der jeweils anliegenden Arbeitsaufgabe selbst suchen muss, überwiegend nicht als Regelung des Ordnungsverhaltens angesehen.[229] Dies schließt es für sich genommen freilich nicht aus, bestimmte Verhaltensregeln bei der Suche des räumlichen Arbeitsplatzes der Mitbestimmung des Betriebsrats zu unterwerfen, wenn also beispielsweise geregelt wird, auf welche Weise die Belegung eines Schreibtischs kenntlich zu machen ist, dass nicht rücksichtslos verfahren werden darf und etwa „beliebte" Plätze während voraussichtlicher Abwesenheitszeiten nicht stundenlang blockiert werden dürfen, indem durch ein kunstvolles Drapieren von Unterlagen der Anschein einer jederzeitigen Rückkehr erweckt wird, geht es in diesen Fällen doch zentral um das geordnete Zusammenleben und Zusammenwirken der Arbeitnehmer im Betrieb.[230] Die generelle Anordnung, den Arbeitsplatz an jedem Arbeitstag vollständig aufgeräumt zu verlassen („Clean Desk Policy") und etwa mitgebrachte private Gegenstände stets

---

[228] *Preis/Elert*, NZA 2001, 371 (373); in diese Richtung auch DKW/*Klebe*, BetrVG, § 87 Rn. 62.

[229] LAG Düsseldorf v. 9.1.2018 – 3 TaBVGa 6/18, NZA-RR 2018, 368, 373; *Grimm/Singraven*, ArbRB 2019, 175 (177); ErfK/*Kania*, § 87 BetrVG Rn. 21a; *Oltmanns/Fuhlrott*, NZA 2018, 1225 (1228); *Waas*, Mitbestimmung des Betriebsrats, S. 93; a.A. ArbG Frankfurt a.M. v. 8.1.2003 – 2 BVGa 587/02, AiB 2003, 697 (698) (allerdings nur unter dem Blickwinkel der Koordinierung der Interessen von Rauchern und Nichtrauchern).

[230] In diesem Sinne auch LAG Nürnberg v. 14.12.2016 – 4 TaBV 38/16, ZTR 2018, 426 (427).

zu entfernen, wird man noch dem Ordnungsverhalten zurechnen können,[231] während die Vorgabe, wie mit (vertraulichen) Unternehmensdokumenten umzugehen ist und wo diese abends oder am Wochenende zu deponieren sind, als Teil des Arbeitsverhaltens nicht mitbestimmungspflichtig ist.[232] Ohne weiteres nach § 87 Abs. 1 Nr. 1 BetrVG (sowie auch nach § 87 Abs. 1 Nr. 8 BetrVG) beteiligungspflichtig sind wiederum Regelungen über die Benutzung von „Marktplätzen", die auf eine Verschmelzung der traditionellen klassischen Teeküche mit einem modernen Essens- und Loungebereich abzielen.[233]

## II. Arbeitszeitfragen

### 1. Allgemeines

Einen weiteren zentralen Bereich bildet das Thema Arbeitszeit. So gehört es zu den Eigenheiten agiler Arbeit, dass sich der Arbeitgeber aus der konkreten Festlegung der Arbeitszeiten vielfach heraushält und es dem agil arbeitenden Team nicht nur überlässt, in welcher Reihenfolge während eines Sprints die verschiedenen Backlog-Einträge abgearbeitet werden, sondern er darüber hinaus keine starr fixierten Arbeitszeiten vorgibt. In dieser Frage ist zunächst festzuhalten, dass der Arbeitgeber seine Verantwortung für die Einhaltung des öffentlich-rechtlichen Arbeitszeitrechts (Höchstarbeitszeiten, Ruhepausen, Mindestruhezeit) nicht abschütteln bzw. auf die Beschäftigten verlagern darf.[234] Darüber hinaus hat der EuGH aus dem europäischen Recht eine grundsätzliche Pflicht des Arbeitgebers zur Arbeitszeiterfassung abgeleitet,[235] wobei der Frage, welche konkreten Rechtsfolgen sich daraus vor einer ausdrücklichen Umsetzung der unionsrechtlichen Vorgaben in mitgliedstaatliches Recht in rein privatrechtlichen Arbeitsverhältnissen ergeben,[236] hier nicht weiter nachzugehen ist. Trotz dieses gesetzlichen Rahmens sowie etwaiger tarifvertraglicher Bestimmungen verbleibt

---

[231] In diesem Sinne auch DKW/*Klebe*, § 87 BetrVG Rn. 62; ebenso wohl ErfK/*Kania*, § 87 BetrVG Rn. 21a; anders aber LAG Nürnberg 14.12.2016 – 4 TaBV 38/16, ZTR 2018, 426, 428; *Grimm/Singraven*, ArbRB 2019, 175 (177); *Oltmanns/Fuhlrott*, NZA 2018, 1225 (1228); *Waas*, Mitbestimmung des Betriebsrats, S. 93; GK-BetrVG/*Wiese*, § 87 Rn. 209.

[232] Ebenso LAG Nürnberg v. 14.12.2016 – 4 TaBV 38/16, ZTR 2018, 426 (428).

[233] Vgl. BAG v. 11.7.2000 – 1 AZR 551/99, AP BetrVG 1972 § 87 Sozialeinrichtung Nr. 16 = NZA 2001, 462 unter II 1 a.

[234] Vgl. BAG v. 11.12.2001 – 9 AZR 464/00, AP BGB § 611 Nebentätigkeit Nr. 8 = NZA 2002, 965 unter II 2 b dd; BAG v. 6.5.2003 – 1 ABR 13/02, AP BetrVG 1972 § 80 Nr. 61 = NZA 2003, 1348 unter B II 3 d cc (2).

[235] EuGH v. 14.5.2019 – C-55/18, NZA 2019, 683 – CCOO.

[236] Dazu eingehend *Ulber*, Arbeitszeiterfassung, passim.

indes ein hinreichender Spielraum vor allem im Hinblick auf die Lage der täglichen bzw. wöchentlichen Arbeitszeit einschließlich der damit verbundenen Pausenregelungen sowie Anwesenheitszeiten und Abwesenheitszeiten. Wenn und soweit der Arbeitgeber entsprechende Vorgaben macht, greift selbstverständlich das Mitbestimmungsrecht gemäß § 87 Abs. 1 Nr. 2 BetrVG. Dasselbe gilt nach § 87 Abs. 1 Nr. 3 BetrVG für die Anordnung von Überstunden, falls sich herausstellt, dass sich das für einen Sprint vorgesehene Teilprojekt in der betriebsüblichen Arbeitszeit nicht realisieren lässt.

## 2. Auswirkungen der Befugnis zur Selbstorganisation

Soweit der Arbeitgeber von dahingehenden Vorgaben absieht und dem agilen Team neben der Selbstorganisation der Arbeitsabläufe auch die Selbstorganisation der Arbeitszeit überlässt, stellt sich die Frage, welche Schlussfolgerungen daraus für die betriebliche Mitbestimmung zu ziehen sind. In der schon seit längerer Zeit geführten Diskussion über die Auswirkung von Vertrauensarbeitszeit wird teilweise die Ansicht vertreten, dass es bei der Ausfüllung einer dem Arbeitnehmer eingeräumten Zeitsouveränität mangels einer Bestimmung seitens des Arbeitgebers grundsätzlich auch keine Mitbestimmung seitens des Betriebsrats geben kann.[237] Diese These kann sich zwar auf die Aussage des BAG berufen, nach der ein Mitbestimmungsrecht im Rahmen von § 87 BetrVG eine Entscheidung des Arbeitgebers voraussetzt, an welcher der Betriebsrat teilhaben kann, so dass etwa im Hinblick auf die individuelle Entscheidung des Arbeitnehmers über die Auffüllung eines Gleitzeitkontos kein Beteiligungsrecht besteht.[238] Dem steht freilich die Aussage des BAG entgegen, dass nicht nur die aktive Anordnung, sondern auch die passive Duldung von Überstunden gemäß § 87 Abs. 1 Nr. 3 BetrVG mitbestimmungspflichtig ist, obwohl der Arbeitgeber in dieser Konstellation dem Arbeitnehmer zumindest formal die Entscheidung überlässt, die betriebsübliche Arbeitszeit zu überschreiten.[239]

Gleichwohl würde es zu kurz greifen, aus dem Umstand, dass der Arbeitgeber den Beschäftigten die Befugnis zur Selbststeuerung überlässt, den Schluss zu ziehen, dass in einem solchen Fall keiner Wahrung von Schutz- und Teilhabeinteressen der Arbeitnehmer mehr durch Mitbestimmung bedürfe. Dies gilt schon unter dem Blickwinkel eines Schutzes der betroffenen Arbeitnehmer vor sich

---

[237] *Reichold*, NZA 1998, 393, 399; GK-BetrVG/*Wiese*, § 87 Rn. 299.
[238] BAG v. 27.1.1998 – 1 ABR 35/97, AP BetrVG 1972 § 87 Sozialeinrichtung Nr. 14 = NZA 1998, 835 unter II 2 a.
[239] BAG v. 27.11.1990 – 1 ABR 77/89, AP BetrVG 1972 § 87 Arbeitszeit Nr. 41 = NZA 1991, 382 unter B II 1 b.

selbst im Sinne eines Schutzes vor Selbstausbeutung, die droht, wenn lediglich die Arbeitsaufgabe definiert ist, die Lage der Arbeitszeiten aber weitgehend unreguliert bleibt und infolgedessen ein Anreiz besteht, das Arbeitsziel gegebenenfalls durch überobligatorische Anstrengungen zu erreichen.[240] Hinzu kommt der Aspekt, dass die Zeitsouveränität nicht beim einzelnen Beschäftigten, sondern bei der agilen Arbeitsgruppe als solcher liegt. Dabei ist allerdings weniger auf die rechtliche Konstruktion abzustellen. So sollte das Eingreifen der betrieblichen Mitbestimmung nicht davon abhängig gemacht werden, ob man die Gruppenentscheidungen als Ausübung des partiell delegierten arbeitgeberseitigen Weisungsrechts begreift[241] oder ob man sich hierfür an der zivilrechtlichen Rechtsfigur der Leistungsbestimmung durch mehrere Dritte gemäß § 317 Abs. 2 BGB orientiert und aus diesem Grund eine Zustimmung aller Teammitglieder fordert.[242] Auch wenn außerhalb der noch anzusprechenden Gruppenvereinbarungen im Sinne von § 28a Abs. 2 BetrVG[243] die Gruppe keine die einzelnen Mitglieder rechtlich bindenden Festlegungen qua Mehrheit beschließen kann,[244] wird durch den notwendigen Konsens aller Gruppenmitglieder die Gefahr nicht gebannt, dass sich das einzelne Gruppenmitglied im Hinblick auf Regelungen über die Arbeitszeit einem Gruppendruck fügt und das Mitglied zudem die getroffenen Absprachen im Unterschied zu einer individuell durch den Arbeitgeber zugestandenen Zeitsouveränität später nicht mehr ohne weiteres revidieren kann. Damit können sich bereits gruppenintern asymmetrische Machtverhältnisse auswirken. Darüber hinaus sind auch gruppenexterne Effekte zu berücksichtigen. So kann das von einer leistungsstarken Gruppe entwickelte Arbeitszeitmodell eine Sogwirkung entfalten, indem es auf leistungsschwächere Gruppen reflexartig einen Druck ausübt, sich zur Erzielung besserer Gruppenergebnisse auf vergleichbare Standards zu verständigen.[245] Zu den Aufgaben des Betriebsrats gehört es aber nicht nur, die Interessen der Arbeitnehmer gegenüber dem Arbeitgeber zur Geltung zu bringen, sondern auch die unter Umständen auseinanderstrebenden Interessen innerhalb der Belegschaft auszutarieren. Dies alles zeigt, dass die mit der betrieblichen Mitbestimmung nach § 87 Abs. 1 Nr. 2 und Nr. 3 BetrVG verfolgten

---

[240] Vgl. *Schlachter*, FS 50 Jahre BAG, 2014, S. 1253 (1266); näher *Geramanis*, WSI Mitteilungen 2002, 347 (349); *Hamm*, AiB 2000, 152 (159).
[241] So *Blanke*, RdA 2003, 140 (147); *Elert*, Gruppenarbeit, S. 88 f.; *Fitting*, BetrVG, § 87 Rn. 568.
[242] So *Reichold*, NZA 1998, 393 (398).
[243] Näher dazu unten sub F.
[244] Zum Unterschied zwischen Selbst*organisations*befugnis und Selbst*regulierungs*befugnis siehe *Blanke*, RdA 2003, 140 (150f.).
[245] Zu alledem näher *Elert*, Gruppenarbeit, S. 91ff.

Ziele nicht dadurch obsolet werden, dass einem agil arbeitenden Team die Organisation der Arbeitszeit weitgehend selbst überlassen wird.[246]

Konkret können die Schutz- und Teilhabeinteressen der Arbeitnehmer dadurch realisiert werden, dass die Einführung und die Modalitäten der Arbeitszeitsouveränität bei agiler Arbeit der Mitbestimmung gemäß § 87 Abs. 1 Nr. 2 und Nr. 3 BetrVG unterworfen werden.[247] Insoweit kann nichts anderes gelten als beim Modell der klassischen Vertrauensarbeitszeit, bei der ebenfalls ein solches Beteiligungsrecht zu bejahen ist.[248] Zwar will sich auch die Gegenansicht Rahmenregelungen nicht verschließen, die der Betriebsrat im Anschluss an die als mitbestimmungsfrei angesehene Einführung von Vertrauensarbeitszeit offenbar kraft seines Initiativrechts verlangen kann,[249] so dass sich die divergierenden Ansätze im praktischen Ergebnis weniger unterscheiden als es den Anschein hat, weil es auch bei der einschränkungslosen Bejahung eines Mitbestimmungsrechts nach § 87 Abs. 1 Nr. 2 und Nr. 3 BetrVG letztlich auf die Bereitstellung eines bloßen rechtlichen Rahmens für die Durchführung von Arbeitszeitsouveränität in agilen Teams hinauslaufen dürfte. Ein gravierender Unterschied besteht aber doch darin, dass der Betriebsrat bereits bei der erstmaligen Einführung eines solchen Arbeitszeitmodells gleichberechtigt mitzubestimmen und demzufolge eine stärkere Verhandlungsposition hat, als wenn der Arbeitgeber ein derartiges Modell zunächst beteiligungsfrei einführen darf und es erst anschließend Sache des Betriebsrat ist, auf eine nähere Regelung der Modalitäten zu dringen.

Gegen diese vorstehend entwickelte Konzeption lässt sich nicht einwenden, dass der Betriebsrat auf diese Weise systemwidrig die Implementierung agiler Arbeitsformen per se blockieren kann. Zwar besteht das Kernelement von Scrum darin, dass die Teammitglieder innerhalb eines strukturierten Rahmens selbst darüber entscheiden dürfen, mit welchen einzelnen Arbeitsschritten sie die ihnen gestellte und sich gegebenenfalls immer wieder verändernde Arbeitsaufgabe erledigen. Zu Scrum gehört es aber nicht zwangsläufig, dass die Teammitglieder von arbeitszeitrechtlichen Bindungen freigestellt werden, was sich für gesetzliche und etwaige tarifvertragliche Vorgaben von selbst versteht, ebenso aber für die betriebliche Mitbestimmung gilt. § 87 Abs. 1 Nr. 2 und Nr. 3 BetrVG ist damit auf

---

[246] Im Erg. ebenso *Bachner*, FS 100 Jahre Betriebsverfassungsrecht, 2020, S. 17 (34f.); *Fitting*, BetrVG, § 87 Rn. 568.
[247] In diesem Sinne wohl auch *Fitting*, BetrVG, § 87 Rn. 568; für eine Mitbestimmung bei der einzelnen Gruppenentscheidung sogar *Bachner*, FS 100 Jahre Betriebsverfassungsrecht, 2020, S. 17 (34f.).
[248] Vgl. *Fitting*, BetrVG, § 87 Rn. 116, 127; Richard/*Richardi*, BetrVG, § 87 Rn. 298; *Schlachter*, FS 50 Jahre BAG, 2014, S. 1253 (1266ff.); im Erg. auch *Compensis*, NJW 2007, 3089 (3092f.).
[249] *Reichold*, NZA 1998, 393 (399f.); GK-BetrVG/*Wiese*, § 87 Rn. 299.

der einen Seite kein Instrument, um die Einführung agiler Arbeitsmethoden zu verhindern oder wesentlich zu blockieren, was sich insbesondere dann zeigt, wenn auf der betrieblichen Ebene bereits mitbestimmte Regelungen über Arbeitszeitsouveränität existieren und sich der Arbeitgeber bei der Implementierung agiler Arbeitsstrukturen innerhalb dieses Rahmens hält. Auf der anderen Seite ist der Umstand, dass die Organisation des Arbeitsablaufs grundsätzlich alleinige Sache des Arbeitgebers ist, kein Grund, die Mitbestimmungsrechte nach § 87 Abs. 1 Nr. 2 und Nr. 3 BetrVG zurückzuschrauben, um dem Arbeitgeber eine beschleunigte Einführung agiler Arbeitsmethoden zu ermöglichen.

### III. Urlaubsregelungen

Für die Urlaubsplanung in agilen Teams gelten ähnliche Grundsätze. Sofern der Arbeitgeber für diejenigen Belegschaftsmitglieder, die in agilen Arbeitsstrukturen tätig sind, eigenständige Urlaubsgrundsätze aufstellt, besteht selbstverständlich gemäß § 87 Abs. 1 Nr. 5 BetrVG ein Mitbestimmungsrecht. Unterlässt er dies, kann der Betriebsrat insoweit von seinem Initiativrecht Gebrauch machen. Im Übrigen wird der konkrete Urlaubswunsch regelmäßig im agilen Team abgesprochen, so dass unmittelbar weder der Arbeitgeber noch der Betriebsrat involviert wird.[250] Kann im Team insoweit keine Einigung erzielt werden und wird der Arbeitgeber bzw. der disziplinarische Vorgesetzte daraufhin in den Streit hineingezogen, ohne dass es ihm gelingt, ein allseitiges Einverständnis zu erzielen, kommt das Mitbestimmungsrecht nach § 87 Abs. 1 Nr. 5 BetrVG ebenfalls zum Tragen.

### IV. Allgemeine Organisation von Gruppenarbeit

Als weiteres Mitbestimmungsrecht ist im vorliegenden Zusammenhang auf den bereits angesprochenen § 87 Abs. 1 Nr. 13 BetrVG einzugehen, der sich auf die Grundsätze über die Durchführung von Gruppenarbeit bezieht. Damit geht es im Gegensatz zu den sonstigen Tatbeständen des § 87 Abs. 1 BetrVG nicht um die Beteiligung des Betriebsrats an der Festlegung einzelner Arbeitsbedingungen, sondern um die Mitgestaltung eines Organisationskonzepts.[251] Den Hauptzweck dieses Mitbestimmungsrechts sieht man im Anschluss an die Gesetzesmaterialien[252]

---

[250] Vgl. *Bachner*, FS 100 Jahre Betriebsverfassungsrecht, 2020, S. 17 (26).
[251] *Fitting*, BetrVG, Rn. 561; *Preis/Elert*, NZA 2001, 371 (373).
[252] BT-Drs. 14/5741, S. 47.

darin, die Gefahren der Selbstausbeutung der Gruppenmitglieder[253] sowie der Ausgrenzung leistungsschwächerer Arbeitnehmer zu bändigen.[254]

## 1. Agile Arbeitsformen als Gruppenarbeit

### a) Grundlagen

Grundvoraussetzung für das Eingreifen von § 87 Abs. 1 Nr. 13 BetrVG ist das Vorliegen von Gruppenarbeit im Sinne dieser Norm. Zwar ist der Anwendungsbereich der Vorschrift nicht auf diejenigen Erscheinungsformen teilautonomer Gruppenarbeit beschränkt, die dem Gesetzgeber bei der Einführung dieser Vorschrift im Rahmen der Novellierung des BetrVG im Jahr 2001 etwa als Bestandteil von seinerzeit schon bekannten Lean Management-Konzepten[255] vor Augen standen[256]. Da das Gesetz selbst aber ausdrücklich eine Eingrenzung des Mitbestimmungstatbestands auf bestimmte Ausprägungen von Gruppenarbeit vorsieht, unterfallen agile Arbeitsformen nur dann der Regelung, wenn sie den in der Norm genannten Merkmalen entsprechen. Im Einzelnen verlangt die Bestimmung, dass (1) einer Gruppe von Arbeitnehmern (2) eine Gesamtaufgabe übertragen wird, sie (3) diese Aufgabe im Wesentlichen eigenverantwortlich zu erledigen hat und (4) die Gruppe in den betrieblichen Arbeitsablauf eingebunden ist.

### b) Übertragung einer Gesamtaufgabe an Arbeitnehmergruppe

Die ersten beiden Voraussetzungen werden von agilen Formen der Gruppenarbeit von vornherein problemlos erfüllt. Ein Scrum-Team besteht aus einer Gruppe von Arbeitnehmern, bei der nicht nur jeder Beschäftigte für sich isolierte Einzeltätigkeiten zu erbringen hat, sondern denen die Koordinierung der konkreten Arbeitsschritte und die Durchführung von Qualitätskontrollen überantwortet wird. Hinzu kommt vielfach die Festlegung von Arbeitszeiten sowie Urlaubszeiten einschließlich der Bestimmung von Anwesenheitszeiten und Abwesenheitszeiten (etwa Arbeit im Homeoffice).

---

[253] Dazu krit. *Klein*, NZA 2001, Sonderbeilage zu Heft 24, S. 15 (17); insoweit *Auktor*, BuW 2002, 959.
[254] *Fitting*, BetrVG, Rn. 564; GK-BetrVG/*Wiese/Gutzeit*, § 87 Rn. 1083; eingehend *Nill*, Selbstbestimmung, S. 52 f.
[255] Dazu eingehend *Kuhn*, WSI Mitteilungen 1996, 105ff.
[256] Überblick über die seinerzeit geläufigen Konzepte teilautonomer Arbeitsgruppen bei *Elert*, Gruppenarbeit, S. 28 ff.

### c) Eigenverantwortlichkeit der Arbeitnehmergruppe

Dagegen ist umstritten, ob das Merkmal der Eigenverantwortlichkeit bei agiler Arbeit in jedem Fall vorliegt. Während ein Teil des Schrifttums dies generell bejaht,[257] zeigen sich andere Stimmen zurückhaltender[258] bzw. wollen auf die Ausgestaltung im Einzelfall abstellen.[259] Nun trifft es im Ausgangspunkt zu, dass es nicht auf die bloße Bezeichnung, sondern auf die tatsächliche Arbeitsorganisation ankommt.[260] So genügt die schlichte Umschreibung einer eher traditionell geprägten Arbeitsweise mit dem Schlagwort „agil" nicht, um den Anwendungsbereich von § 87 Abs. 1 Nr. 13 BetrVG zu eröffnen. Umgekehrt kann die bloße Benennung einer Arbeitsstruktur als Projektarbeit nicht dazu führen, die Anwendbarkeit dieser Vorschrift auszuschließen, auch wenn sich der Gesetzgeber in den Materialien in diese Richtung ausgesprochen hat.[261] Vielmehr ist, nicht anders als etwa bei der Frage nach dem Vorliegen eines Arbeitsvertrags gemäß § 611a Abs. 1 S. 6 BGB, auf die tatsächlichen Verhältnisse abzustellen.

Weiter ist festzuhalten, dass es beim Kriterium der Eigenverantwortlichkeit um die eigenständige Organisation und Steuerung der übertragenen Gesamtaufgabe geht. Die gemeinsame Verantwortung ist mit anderen Worten tätigkeitsbezogen und nicht ergebnisbezogen.[262] Nicht umsonst spricht das Gesetz von Gesamt*aufgabe* und nicht von Gesamt*ergebnis*. In diesem Sinne wird teilautonome Gruppenarbeit in den Gesetzesmaterialien als eine Arbeitsform bezeichnet, bei der die im Zuge der Arbeitszerlegung zerschlagenen Prozesse ganzheitlich restrukturiert, mit indirekten Tätigkeiten verbunden und die Grenze zwischen Führung und Ausführung relativiert wird.[263] Schon diese Veränderung der Arbeitsorganisation und nicht erst ein „Results-Only Work Environment" bringt die Gefährdungen hervor, denen das Mitbestimmungsrecht entgegenwirken will, auch wenn eine wie auch immer zu bestimmende gemeinsame Ergebnisverantwortlichkeit diese Risiken noch verstärkt. Damit bedarf es von vornherein keiner Verantwortung der Gruppe für ein Gesamtprodukt, um von Gruppenarbeit im Sinne von § 87 Abs. 1 Nr. 13 BetrVG sprechen zu können. Die Verantwortung des Product Owner gegenüber dem Arbeitgeber für das Gesamtprodukt schließt die Qualifikation eines Entwicklungsteams als Gruppenarbeit somit nicht aus, zumal dann immerhin noch zu fragen wäre, ob man den Product Owner zur teilautonomen

---

[257] *Bachner*, FS 100 Jahre Betriebsverfassungsrecht, 2020, S. 17 (34).
[258] *Günther/Böglmüller*, NZA 2019, 417 (422).
[259] *Eufinger/Burbach*, DB 2019, 1147 (1151); *Fitting*, BetrVG, § 87 Rn. 565; *Hoffmann-Remy*, DB 2018, 2757 (2759).
[260] In diesem Sinne auch DKW/*Klebe*, § 87 BetrVG Rn. 379.
[261] Vgl. BT-Drs. 14/5741, S. 48.
[262] *Fitting*, BetrVG, § 87 Rn. 566; *Preis/Elert*, NZA 2001, 371 (372).
[263] BT-Drs. 14/5741, S. 47.

Arbeitsgruppe zu rechnen hat. Darüber hinaus ist es angesichts der Tätigkeitsbezogenheit der Gruppenverantwortung noch nicht einmal erforderlich, dass das Kernteam für ein klar abgrenzbares Teilprodukt verantwortlich ist, das es dem Product Owner zur Abnahme anbietet.[264] Auch wenn dies bei agil arbeitenden Teams vielfach der Fall sein wird, hängt das Beteiligungsrecht nach § 87 Abs. 1 Nr. 13 BetrVG nicht davon ab, ob das von der Arbeitsgruppe zu erstellende Teilprodukt körperlich oder zumindest funktionell hinreichend abgrenzbar ist oder ob erst die Zusammenführung der verschiedenen Teilprodukte durch den Product Owner eine funktionstüchtige Gesamtheit hervorbringt. Vielmehr ist es ausreichend, wenn sich die Eigenverantwortlichkeit auf die Organisation der Arbeitsvorgänge bezieht.

Damit erfüllen (tatsächlich) agil arbeitende Teams das gesetzlich geforderte Kriterium der Eigenverantwortlichkeit, weil die eigenständige und gerade nicht durch fachliche Anweisungen gesteuerte Organisation der Arbeitsvorgänge zu den charakteristischen Merkmalen dieser Arbeitsmethode gehört. Da es wie soeben erwähnt für die Einordnung eines agilen Teams als Arbeitsgruppe im Sinne von § 87 Abs. 1 Nr. 13 BetrVG nicht darauf ankommt, ob am Ende eines Sprints bzw. einer Mehrzahl von Sprints ein funktionell abgrenzbares Teilprodukt vorliegt, spielen alle produktbezogenen Vorgaben im Hinblick auf die Funktionalitäten oder die Qualität keine Rolle, weil sie an der Art und Weise der Arbeitsstrukturen nichts ändern. Dementsprechend ist es unerheblich, dass der Product Owner für jeden Sprint die an das Teilprodukt gestellten Anforderungen definiert und bestimmt, welche Funktionalitäten anhand welcher Backlog-Einträge vorrangig verwirklicht werden sollen. Weiter wird die Qualifikation agiler Arbeitsmethoden als Gruppenarbeit durch die für Scrum charakteristische Zuweisung verschiedener Rollen im Hinblick auf das Entwicklungsteam nicht infrage gestellt, weil sowohl der Product Owner als auch der Scrum Master in die agile Strukturierung der konkreten Arbeitsprozesse seitens des Kernteams gerade nicht eingreifen, sondern lediglich die Produktanforderung (neu) festlegen bzw. Hindernisse aus dem Weg räumen, die dem Team ein agiles Arbeiten erschweren.

Hiervon zu unterscheiden ist die Frage, ob auch diejenigen Mitarbeiter, die fest definierte Rollen einnehmen, ebenfalls zu der teilautonomen Arbeitsgruppe gehören, auf die sich das Mitbestimmungsrecht nach § 87 Abs. 1 Nr. 13 BetrVG bezieht. Dies wird durch die im Scrum Guide vorgenommene Unterscheidung zwischen Product Owner und Scrum Master einerseits sowie Entwicklungsteam

---

[264] So aber *Günther/Böglmüller*, NZA 2019, 417 (422).

andererseits[265] nicht präjudiziert, sondern hängt letztlich von der konkreten Arbeitsweise ab. Im Allgemeinen wird man aber davon ausgehen können, dass der Scrum Master nicht nur sporadisch in Erscheinung tritt, sondern kontinuierlich mit dem Entwicklungsteam zusammenarbeitet, auch wenn er dabei eine spezifische Funktion zu erfüllen hat. Da auch der Scrum Master in die Aufgabenerledigung durch das Kernteam involviert ist und er seine eigenen rollenspezifischen Arbeitsbeiträge mit den übrigen Gruppenmitgliedern abzusprechen hat, liegen rechtstatsächlich regelmäßig die Voraussetzungen vor, die es rechtfertigen, ihn zur Arbeitsgruppe im Sinne von § 87 Abs. 1 Nr. 13 BetrVG zu zählen.

Im Ausgangspunkt anders zu beurteilen ist dagegen die Rolle des Product Owner. Sofern dieser Mitarbeiter die Mitglieder des Kernteams nur zu Beginn sowie am Ende eines Sprints jeweils nur kurz trifft, um die Produktanforderungen sowie die gegebenenfalls geänderten Kundenpräferenzen zu kommunizieren, lässt er sich nicht mehr als Teil der Arbeitsgruppe begreifen, die ihre auf die Erledigung einer bestimmten Aufgabe bezogenen Arbeitsvorgänge gemeinsam selbst organisiert. Sofern Scrum dagegen nicht in Reinform praktiziert wird und ein Mitarbeiter zwar die Kundenperspektive einnimmt, zugleich aber doch in einem starken Maße in die Arbeitsvollzüge der Arbeitsgruppe integriert ist, ist er dagegen der Gruppe zuzurechnen. An dieser Frage zeigt sich somit in besonderem Maße, dass sich die Eigenheiten von Scrum als einer besonderen Arbeitsmethode zur Erfüllung komplexer Aufgaben in einer volatilen Umwelt nicht völlig bruchlos in die Begrifflichkeiten und die Systemlogik des Betriebsverfassungsrechts als institutionelles Rahmenwerk zur Wahrnehmung von Schutz- und Teilhabeinteressen (Gestaltungsinteressen) der Beschäftigten überführen lässt.[266]

#### d) Einbindung der Arbeitsgruppe in den betrieblichen Arbeitsablauf

Die letzte Voraussetzung besteht in der Einbindung der Arbeitsgruppe in den betrieblichen Arbeitsablauf. Nach der Gesetzesbegründung soll durch dieses Kriterium eine Abgrenzung zu solchen Arbeitsgruppen erfolgen, die parallel zur Arbeitsorganisation bestehen, wobei insoweit Projektgruppen und Steuerungsgruppen genannt werden, weil in diesem Fall die Gefahren der Selbstausbeutung und der Ausgrenzung leistungsschwächerer Beschäftigter als Legitimation des Mitbestimmungsrechts (angeblich) nicht vorliegen würden.[267] Die Begründung ist zwar nicht recht verständlich, weil die fraglichen Risiken Folge einer bestimmten Form der Organisation von Arbeit sind, nicht aber damit zusammenhängen, ob die

---

[265] Vgl. Scrum Guide, S. 6.
[266] Dazu bereits oben sub A II.
[267] BT-Drs. 14/5741, S. 48.

Arbeitsgruppe mit Aufgaben betraut ist, die zum arbeitstechnischen Kern des Betriebs gehören, so dass sie aus diesem Grund in den allgemeinen betrieblichen Arbeitsablauf integriert sind.[268] Da das Merkmal aber sowohl vom Wortlaut des Gesetzes als auch vom Willen des Gesetzgebers gedeckt ist und somit keine hinreichenden Gründe für eine auch im Betriebsverfassungsrecht nicht per se ausgeschlossene Analogie[269] vorliegen, darf es nicht beiseitegeschoben werden.[270]

Bei der Interpretation des nicht sonderlich trennscharfen Tatbestandselements ist allerdings in Rechnung zu stellen, dass agile Arbeitsmethoden im Bereich der Softwareentwicklung mittlerweile zum Standard gehören und sich auch in anderen Abteilungen und Branchen zunehmend ausbreiten. Wenn bislang in traditioneller Form ausgeführte Arbeiten in breiterem Umfang auf eine Aufgabenerledigung in agilen Strukturen umgestellt werden, liegt daher eine Gruppenarbeit im Rahmen des betrieblichen Arbeitsablaufs vor. Anders ist dies nur dann zu beurteilen, wenn etwa ein einzelnes agiles Team eine einmalige Aufgabe jenseits der üblichen Betriebszwecke bearbeiten soll oder es um ein Pilotprojekt außerhalb der regulären Arbeitsorganisation geht. Damit korrespondierend wird Gruppenarbeit im Sinne von § 87 Abs. 1 Nr. 13 BetrVG bei einer lediglich vorübergehenden Zusammenfassung von Arbeitnehmern verneint, wobei es dahinstehen kann, ob es in einem solchen Fall bereits an einer Gesamtaufgabe[271] bzw. an der Eigenverantwortlichkeit der Gruppe[272] oder erst an der Eingliederung in den betrieblichen Arbeitsablauf fehlt[273] oder ob es der Sache nach um eine teleologische Reduktion geht, weil die beschriebenen Gefahren bei einer lediglich temporären Zusammenfassung von Beschäftigten nicht oder doch nur in einem unerheblichen Maße zu gewärtigen sind.

---

[268] Krit. deshalb DKW/*Klebe*, BetrVG, § 87 Rn. 379; Richardi/*Richardi*, BetrVG, § 87 Rn. 979; zust. aber *Fitting*, BetrVG, § 87 Rn. 570.
[269] Vgl. *Hanau*, FS Müller, 1981, S. 169ff.; *Kreft*, FS 100 Jahre Betriebsverfassungsrecht, 2020, S. 369ff.
[270] Ebenso *Tüttenberg*, Arbeitsgruppe, S. 38f.; teilweise a.A. *Löwisch*, NZA 2001, Sonderbeilage zu Heft 24, S. 40 (42): „eigener betrieblicher Arbeitsablauf".
[271] So offenbar GK-BetrVG/*Wiese/Gutzeit*, § 87 Rn. 1081.
[272] So anscheinend *Fitting*, BetrVG, § 87 Rn. 569.
[273] So wohl DKW/*Klebe*, § 87 Rn. 379; ferner *Nill*, Selbstbestimmung, S. 57.

## 2. Reichweite der Mitbestimmung

### a) (Keine) Erstreckung auf Einführung und Beendigung

Das Mitbestimmungsrecht bezieht sich ausweislich des Gesetzestextes wie auch der Gesetzesbegründung[274] nur auf die Grundsätze über die Durchführung von Gruppenarbeit, wobei dem Betriebsrat insoweit auch ein Initiativrecht zusteht,[275] nicht aber auch auf ihre Einführung oder Beendigung. Zur Wahrung der unternehmerischen Handlungsfreiheit bleibt die Entscheidung des Arbeitgebers über die Fragen, in welchen Bereichen, in welchem Umfang und wie lange Gruppenarbeit praktiziert werden soll, unstreitig mitbestimmungsfrei.[276] Vor diesem Hintergrund kann der Betriebsrat die Implementierung agiler Arbeitsmethoden auf der Grundlage von § 87 Abs. 1 Nr. 13 BetrVG somit weder verhindern noch umgekehrt mithilfe seines Initiativrechts durchsetzen.[277]

### b) Größe und Zusammensetzung der Arbeitsgruppen

Demgegenüber ist umstritten, ob sich die Mitbestimmungsfreiheit auch auf die Größe und personelle Zusammensetzung der Arbeitsgruppen bezieht. Das überwiegende Schrifttum rechnet diese Aspekte zur Grundentscheidung des Arbeitgebers für die Einführung von Gruppenarbeit und lehnt folgerichtig ein Beteiligungsrecht des Betriebsrats insoweit vollständig ab,[278] während die Gegenansicht eine Beteiligungspflichtigkeit (teilweise mit Modifikationen) bejaht.[279] Beide Sichtweisen können freilich nicht umfassend überzeugen. Die These von der völligen Mitbestimmungsfreiheit blendet den Schutz- und Teilhabeauftrag des Betriebsrats aus, der durch seine Mitwirkung bei der Gestaltung von Gruppenarbeit die mit ihr verbundenen Gefahren eingrenzen soll. Umgekehrt kann ein pauschales Mitbestimmungsrecht im Hinblick auf die Gruppengröße nicht überzeugen, weil hierdurch die mitbestimmungsfreie Einführung von agiler Arbeit bzw. von Scrum von vornherein ausgehebelt werden könnte, indem etwa – um Extremfälle

---

[274] BT-Drs. 14/5741, S. 47.
[275] *Raab*, NZA 2002, 474 (476 f.); GK-BetrVG/*Wiese/Gutzeit*, § 87 Rn. 1083.
[276] Siehe nur *Fitting*, BetrVG, § 87 Rn. 572; DKW/*Klebe*, BetrVG, § 87 Rn. 380; Richardi/*Richardi*, BetrVG, § 87 Rn. 980; GK-BetrVG/*Wiese/Gutzeit*, § 87 Rn. 1085.
[277] Ein Initiativrecht insoweit ausdrücklich verneinend *Nill*, Selbstbestimmung, S. 58; *Preis/Elert*, NZA 2001, 371 (373).
[278] *Franzen*, ZfA 2001, 423 (447); ErfK/*Kania*, § 87 BetrVG Rn. 134; *Nill*, Selbstbestimmung, S. 59; Richardi/*Richardi*, BetrVG, § 87 Rn. 980; MHdB ArbR/*Salamon*, § 330 Rn. 7; GK-BetrVG/*Wiese/Gutzeit*, § 87 Rn. 1091.
[279] Gruppengröße generell DKW/*Klebe*, BetrVG, § 87 Rn. 382; maximale Gruppengröße *Blanke*, RdA 2003, 140 (148); minimale Gruppengröße *Fitting*, BetrVG, § 87 Rn. 575; *Bachner*, FS 100 Jahre Betriebsverfassungsrecht, 2020, S. 17 (34).

zu benennen – über die Einigungsstelle pauschal eine Höchstgruppengröße von drei Arbeitnehmern oder umgekehrt eine Mindestgruppengröße von 15 Arbeitnehmern festgesetzt würde. Eine „Versöhnung" von unternehmerischer Entscheidungsfreiheit und Schutz- und Teilhabeauftrag scheint indes möglich, indem man es zunächst als Sache des Arbeitgebers ansieht, vor dem Hintergrund der allgemeinen Erfahrungen mit agilen Arbeitsmethoden eine Bandbreite zu bestimmen, mit welcher personellen Gruppengröße Arbeitsaufgaben überhaupt sinnvoll agil bearbeitet werden können, während es sodann Sache des Betriebsrats ist, innerhalb dieser Bandbreite darüber mitzuentscheiden, welche Größe auch aus der Beschäftigtenperspektive zumutbar ist.

Ähnliches gilt für die Gruppenzusammensetzung. So muss die Entscheidung, dass es überhaupt die mit Scrum verbundenen Rollen gibt, mitbestimmungsfrei bleiben, um die Entscheidung des Arbeitgebers, diese Arbeitsmethode im Betrieb zu implementieren oder auch wieder abzuschaffen, nicht zu torpedieren.[280] Im Übrigen unterfallen abstrakte Kriterien über die Zusammensetzung der Gruppen der Mitbestimmung, wobei auch insoweit wieder die Stoßrichtung des Beteiligungsrechts in Rechnung zu stellen ist, nämlich Selbstausbeutung und Ausgrenzung entgegenzuwirken. So ist es beispielsweise vom Mitbestimmungsrecht gedeckt, wenn bei der agilen Entwicklung einer komplexen IT-gestützten Fachanwendung verlangt wird, dass dem Kernteam sowohl Vertreter der betroffenen Fachabteilungen als auch ein IT-Experte angehört, während über § 87 Abs. 1 Nr. 13 BetrVG von vornherein nicht verlangt werden kann, dass agilen Teams stets ein IT-Experte ohne Rücksicht darauf zugeordnet werden muss, ob voraussichtlich überhaupt irgendwelche IT-Probleme auftreten werden. Der herrschenden Ansicht ist zuzugeben, dass sie diese diffizilen Abgrenzungsfragen vermeidet, indem sie die Entscheidung über die entsprechenden Parameter uneingeschränkt dem Arbeitgeber zuordnet. Soll der Schutz- und Teilhabeauftrag des Betriebsrats an diesem Punkt aber nicht leerlaufen, wird man nicht darum herumkommen, die mitbestimmungsfreien Vorgaben auf diejenigen Aspekte zu reduzieren, die für die Einführung der jeweiligen Grundform agiler Gruppenarbeit unabdingbar sind, während die konkrete Ausgestaltung als grundsätzliche Durchführung nach § 87 Abs. 1 Nr. 13 BetrVG gerade mitbestimmungspflichtig sein soll. Umgekehrt erübrigt die von der Minderansicht befürwortete

---

[280] Nicht eindeutig *Bachner*, FS 100 Jahre Betriebsverfassungsrecht, 2020, S. 17 (35), wenn als Gegenstand einer (möglicherweise erzwingbaren) Betriebsvereinbarung auch die Frage angesehen wird, dass jedem agilen Team ein Product Owner zugeordnet wird. Da diese Rolle integraler Bestandteil von Scrum ist, würde ihre Nichteinführung bzw. Wiederabschaffung seitens des Arbeitgebers gleichbedeutend mit seiner Entscheidung sein, Scrum eben nicht (in Reinform) einzuführen oder aber wieder abzuschaffen, die indes mitbestimmungsfrei ist.

breitflächige Mitbestimmung zwar ebenfalls eine komplizierte Abgrenzung, wobei sie dies aber nur um den Preis eines Ausgreifens auf Parameter durchhalten kann, die auf die eigentlich mitbestimmungsfreie Grundentscheidung des Arbeitgebers über die Einführung bzw. Abschaffung agiler Arbeitsmethoden durchschlagen.

### c) Abläufe innerhalb der Arbeitsgruppen

Zu den mitbestimmungspflichtigen Angelegenheiten zählen im Grundsatz diejenigen Fragen, die sich auf die Abläufe innerhalb der Arbeitsgruppe beziehen, wobei die Einzelheiten allerdings erneut umstritten ist. So werden teilweise die Regeln über die Aufgabenverteilung und den Aufgabenwechsel innerhalb der Gruppe als beteiligungspflichtig angesehen,[281] wobei die Arbeitsleistung als solche dann aber wieder ausgeklammert wird[282]. So kann man sich vorstellen, dass sich die Gruppenmitglieder Backlog-Einträge nur nach einem transparenten Verfahren ziehen dürfen, damit nicht einzelne Teammitglieder vorpreschen und den zurückhaltenderen Kollegen die attraktivsten Einträge regelmäßig vor der Nase wegschnappen. Weiter können hierzu Regelungen zählen, wie einer überobligatorischen Selbstausbeutung entgegengewirkt werden kann und wie mit leistungsschwächeren Gruppenmitgliedern umzugehen ist.[283] In Betracht kommen auch Bestimmungen über die Vorgehensweise bei Abwesenheitszeiten oder über die Zusammenarbeit mit anderen agilen Teams. Dagegen könnte kein Regelwerk durchgesetzt werden, durch das agiles Arbeiten faktisch ausgeschlossen wird. In Betracht kommen im Anschluss an die Gesetzesbegründung[284] auch Regelungen über die Wahl eines Gruppensprechers sowie dessen Stellung und Aufgaben, insoweit freilich mit dem Vorbehalt, dass die Existenz eines vom Arbeitgeber gewünschten Gruppensprechers nicht verhindert werden kann. Denkbar sind weiter Regelungen über die Willensbildung innerhalb der Gruppe, ob also das Einstimmigkeitsprinzip oder – unter Umständen begrenzt auf bestimmte Fragen – das Mehrheitsprinzip gelten soll bzw. ob es gegebenenfalls einer qualifizierten Mehrheit bedarf.[285] Als weiterer Regelungsgegenstand sind die Organisation der gruppeninternen Kommunikation einschließlich von Bestimmungen über das Abhalten von Gruppengespräche mitsamt einer Protokollführung denkbar, die ihre Grenze allerdings wieder an den Strukturmerkmalen von Scrum finden. Die

---

[281] DKW/*Klebe*, BetrVG, § 87 Rn. 182; GK-BetrVG/*Wiese*/*Gutzeit*, § 87 Rn. 1101.
[282] GK-BetrVG/*Wiese*/*Gutzeit*, § 87 Rn. 1095.
[283] Vgl. *Federlin*, FS Leinemann, 2006, S. 505 (509); GK-BetrVG/*Wiese*/*Gutzeit*, § 87 Rn. 1101.
[284] Vgl. BT-Drs. 14/5741, S. 47.
[285] *Nill*, Selbstbestimmung, S. 62.

Grundsätze über die interne Kommunikation dürfen also nicht so ausgestaltet sein, dass die für diese Arbeitsmethode charakteristischen Zusammentreffen der Gruppenmitglieder (vom Sprint Planning über Daily Scrum und Sprint Review bis zur Sprint Retrospective) faktisch unterbunden werden. In Betracht kommen schließlich Regelungen über die Lösung von Konflikten innerhalb der Gruppe.[286] Insoweit mag man an Bestimmungen über Beschwerderechte einzelner Gruppenmitglieder insbesondere gegenüber benachteiligenden Gruppenentscheidungen,[287] an die Festlegung des Vorrangs einer internen Konfliktregulierung sowie an Regeln über die Beiziehung von Dritten sowie über bestimmte Eskalationsstufen denken.[288]

## V. Arbeits- und Gesundheitsschutz

### 1. Grundlagen

Eine weitere im Zusammenhang mit agiler Arbeit auftretende Thematik betrifft den betrieblichen Gesundheitsschutz. Einschlägiger Mitbestimmungstatbestand ist insoweit § 87 Abs. 1 Nr. 7 BetrVG. Diese Vorschrift setzt nach allgemeiner Ansicht voraus, dass eine arbeitsschutzrechtliche Rahmenvorschrift vorhanden ist, die den Arbeitgeber einerseits zu einem auf den Arbeits- und Gesundheitsschutz bezogenen Handeln verpflichtet, ihm bei der Erfüllung des vorgegebenen Schutzstandards aber andererseits einen gewissen Handlungsspielraum einräumt, ihm also nicht die Art und Weise konkret vorschreibt, wie der betreffende Schutzstandard zu erreichen ist.[289] Sofern eine solche Rahmenvorschrift existiert, steht dem Betriebsrat nicht nur ein Beteiligungsrecht bei solchen Maßnahmen des Arbeitgebers zu, mit denen er die Vorgaben erfüllen will. Vielmehr hat der Betriebsrat in diesem Fall auch ein Initiativrecht, um auf eine Ausfüllung des vorgegebenen Rahmens durch eine mitbestimmte Regelung hinzuwirken.[290]

---

[286] *Nill*, Selbstbestimmung, S. 62.
[287] Eine Stärkung von Individualrechten thematisiert *Rose*, KJ 2001, 157 (173).
[288] Umfassende Auflistung möglicher Regelungsgegenstände bei GK-BetrVG/*Wiese/Gutzeit*, § 87 Rn. 1101; siehe dazu auch *Busch*, Gruppenarbeit, S. 54ff.
[289] Siehe nur BAG v. 8.6.2004 – 1 ABR 4/03, AP BetrVG 1972 § 76 Einigungsstelle Nr. 20 = NZA 2005, 227 unter B III 1 a; *Fitting*, BetrVG, § 87 Rn. 270ff.; GK-BetrVG/*Gutzeit*, § 87 Rn. 619ff.
[290] *Fitting*, BetrVG, § 87 Rn. 288; GK-BetrVG/*Gutzeit*, § 87 Rn. 667; DKW/*Klebe*, BetrVG, § 87 Rn. 227.

## 2. Psychische Belastungen als Anknüpfungspunkt

Soweit es um die Einführung und Anwendung agiler Arbeitsformen geht, kommen nach Lage der Dinge (nur) psychische Belastungen in Betracht, die sich im Laufe der Zeit zu Beeinträchtigungen der psychischen und schließlich auch der physischen Integrität der Beschäftigten auswachsen können, was gegebenenfalls durch flankierende Schutzmaßnahmen nach Möglichkeit zu verhindern ist. Auslöser für derartige Fehlbelastungen können ein hoher Veränderungsdruck durch die übereilte Implementierung agiler Arbeitsstrukturen, Beanspruchungen durch unrealistisch hohe Arbeitsmengen und zu eng gesteckte Terminvorgaben, die Unplanbarkeit des Workload durch Zusatzanforderungen infolge sich permanent ändernder Kundenwünsche oder der Notwendigkeit der Überwindung unvorhergesehener Hindernisse, unklare Entscheidungssituationen und Gruppenzwänge sowie schließlich Belastungen sein, die durch das Erfordernis ständiger Koordinierungs- und Aushandlungsprozesse entstehen.[291] Mit dieser Auflistung soll hier selbstverständlich nicht der Eindruck erweckt werden, als ob jede Autonomieerweiterung die Arbeitnehmer zwangsläufig überfordert und unzumutbar belastet und deshalb die Beibehaltung von bzw. die Rückkehr zu hierarchischen Formen der Arbeitsorganisation vorzuziehen sei. Vielmehr geht es allein um die nüchterne und empirisch abgesicherte Erkenntnis, dass moderne Formen der Organisation von Arbeitsprozessen, die den Beschäftigten bei der unmittelbaren Arbeitsgestaltung hohe Freiheitsgrade einräumen, unter dem Blickwinkel psychischer Belastungen unter bestimmten Voraussetzungen kritisch zu betrachten sind. Dass Erkrankungen infolge psychischer Fehlbelastungen nicht unmittelbar zutage treten, sondern sich erst langfristig zeigen,[292] ist selbstredend kein Grund, sie zu bagatellisieren und von erforderlichen Schutzmaßnahmen von vornherein abzusehen.

Betrachtet man die psychischen Belastungen unter einem systematischen Blickwinkel, lassen sich im Wesentlichen zwei Fallgruppen unterscheiden: So geht es zum einen um solche Gestaltungen, in denen die den Arbeitnehmern im Hinblick auf die einzelnen Arbeitsschritte gewährte Autonomie durch von ihnen nicht hinreichend beeinflussbare Vorgaben und Rahmenbedingungen faktisch leerläuft und die Beschäftigten den von außen an sie herangetragenen zahlreichen Erwartungshaltungen nur durch ständige Selbstüberforderung nachkommen können. Zum anderen handelt es sich um solche Situationen, in denen sich das Arbeitspensum zwar objektiv bewältigen ließe, der einzelne Arbeitnehmer mit dem gewährten Freiraum aber subjektiv überfordert ist und deshalb das Empfinden

---

[291] Dazu auch *Bachner*, FS 100 Jahre Betriebsverfassungsrecht, 2020, S. 17 (30).
[292] Vgl. *Angerer/Siegrist/Gündel*, in: LIA.nrw (Hrsg.), Erkrankungsrisiken durch arbeitsbedingte psychische Belastung, 2014, S. 30ff.

permanenten Ungenügens entwickelt, wozu es vor allem dann kommen kann, wenn Beschäftigte jahrelang in eher traditionellen Arbeitsstrukturen tätig waren und sie nunmehr ohne größere Vorbereitung in agile Arbeitsformen überführt werden und dabei die Orientierung verlieren.

Die damit angesprochenen psychischen Belastungen werden durch den gesetzlichen Arbeitsschutz seit 2013 ausdrücklich thematisiert. So stellt § 4 Nr. 1 ArbSchG klar, dass der Gesundheitsbegriff als einer der wesentlichen Leitgedanken des Arbeitsschutzes nicht nur die physische, sondern auch die psychische Gesundheit umfasst. Darüber hinaus verdeutlicht § 5 Abs. 3 Nr. 6 ArbSchG, dass als Gegenstand der Beurteilung der Arbeitsbedingungen (Gefährdungsbeurteilung) auch die psychischen Belastungen bei der Arbeit als Gefährdungsfaktoren in Rechnung zu stellen sind. Dasselbe gilt für die 2016 novellierte Gefährdungsbeurteilung gemäß § 3 Abs. 1 S. 3 ArbStättV. Zwar zielte der gesetzliche Arbeitsschutz schon vor diesen Änderungen darauf ab, auf eine Verringerung der Gefahren auch für die psychische Gesundheit der Arbeitnehmer hinzuwirken.[293] Mit der Neuregelung sollte aber das Bewusstsein für psychische Belastungen durch die Arbeit geschärft werden, damit dieses Thema insbesondere bei den Gefährdungsbeurteilungen künftig verstärkt berücksichtigt wird.[294] Zu der schon seit einigen Jahren geforderten Verordnung zum Schutz vor einer Gefährdung durch psychische Belastungen bei der Arbeit („Anti-Stress-Verordnung"), die einen Anknüpfungspunkt für eine mitbestimmte Regelung aufspannen würde, ist es bislang allerdings nicht gekommen. Hierdurch wird ein Mitbestimmungsrecht auf diesem Gebiet indes nicht ausgeschlossen.

So kann im Ansatz auf die Generalklausel des § 3 Abs. 1 S. 1 ArbSchG zurückgegriffen werden, bei deren Anwendung die Grundsätze des § 4 Nr. 1 ArbSchG als Orientierung zu berücksichtigen sind. Insoweit ist freilich in Rechnung zu stellen, dass das BAG aus gesetzessystematischen Gründen diese weit gefasste Generalklausel nur dann als mitbestimmungsrechtlich geeignete Rahmenvorschrift im Sinne von § 87 Abs. 1 Nr. 7 BetrVG anerkennt, wenn zumindest eine konkrete Gefährdung vorliegt, weil nur unter dieser Voraussetzung eine Handlungspflicht des Arbeitgebers ausgelöst wird, an deren Umsetzung wiederum das Beteiligungsrecht des Betriebsrats anknüpfen kann.[295] Eine solche Gefährdung für die psychische Gesundheit der Beschäftigten muss entweder feststehen oder aber

---

[293] Vgl. v. BAG 18.8.2009 – 1 ABR 43/08, AP BetrVG 1972 § 87 Gesundheitsschutz Nr. 16 = NZA 2009, 1434 Rn. 17.
[294] Vgl. BT-Drs. 17/12297, S. 40.
[295] BAG v. 28.3.2017 – 1 ABR 25/15, AP BetrVG 1972 § 87 Gesundheitsschutz Nr. 24 = NZA 2017, 1132 Rn. 21 f.; BAG v. 24.4.2018 – 1 ABR 6/16, AP BetrVG 1972 § 80 Nr. 84 = NZA 2018, 1565 Rn. 37.

durch eine Gefährdungsbeurteilung gemäß § 5 ArbSchG festgestellt werden. Hingegen ist es der Einigungsstelle verwehrt, die Gefährdung selbst zu ermitteln und auf diese Weise das Mitbestimmungsrecht (als Grundlage der eigenen Tätigkeit) überhaupt erst zum Entstehen zu bringen.[296]

## 3. Erforderlichkeit einer vorherigen Gefährdungsbeurteilung

Da keine gesicherten arbeitsmedizinischen Erkenntnisse darüber vorhanden sind, dass agile Arbeit per se zu einer Gefährdung der psychischen Gesundheit der in solche Arbeitsformen transferierten Beschäftigten führt, wäre im Einzelfall also vom Arbeitgeber zunächst eine Gefährdungsbeurteilung nach Maßgabe von § 5 ArbSchG i.V.m. § 3 Abs. 1 S. 3 ArbStättV durchzuführen. Dabei bestünde das Ziel einer solchen Gefährdungsbeurteilung darin, die mit der konkreten Durchführungsweise sowie den konkreten Rahmenbedingungen agiler Arbeit in der jeweiligen betrieblichen Situation verbundenen Gefahrenquellen zu ermitteln, die Schwere und die Eintrittswahrscheinlichkeiten etwaiger Schäden zu bewerten sowie zu prüfen, ob Schutzmaßnahmen geboten sind und wie dringlich der Handlungsbedarf ist.[297] So kann eine derartige Gefährdungslage etwa durch die Arbeitsintensität hervorgerufen werden, die mit agilen Arbeitsstrukturen zwar nicht verbunden sein muss, aber doch verbunden sein kann.[298]

Die Regelung des § 5 ArbSchG über die Gefährdungsbeurteilung wiederum stellt anerkanntermaßen eine ausfüllungsfähige und ausfüllungsbedürftige Rahmenvorschrift dar, so dass dem Betriebsrat insoweit sowohl ein Mitbestimmungsrecht als auch ein Initiativrecht zusteht.[299] Der Betriebsrat kann somit darauf hinwirken, dass Verfahrensgrundsätze darüber festgesetzt werden, auf welche Weise bei repräsentativen Arbeitsplätzen bzw. Tätigkeiten die an ihnen bestehenden bzw. durch sie bewirkten Gefährdungen festzustellen sind.[300] Hierfür kann man

---

[296] BAG v. 28.3.2017 – 1 ABR 25/15, AP BetrVG 1972 § 87 Gesundheitsschutz Nr. 24 = NZA 2017, 1132 Rn. 23; BAG v. 25.4.2017 – 1 ABR 46/15, AP BetrVG 1972 § 87 Überwachung Nr. 48 = NZA 2017, 1205 Rn. 17, BAG v. 19.11.2019 – 1 ABR 22/18, AP BetrVG 1972 § 87 Gesundheitsschutz Nr. 28 = NZA 2020, 266 Rn. 33; *Kort*, RdA 2018, 242 (244).

[297] Vgl. BAG v. 19.11.2019 – 1 ABR 22/18, AP BetrVG 1972 § 87 Gesundheitsschutz Nr. 28 = NZA 2020, 266 Rn 29.

[298] Zum Aspekt der Arbeitsintensität in der Gefährdungsbeurteilung siehe *Aich*, WSI Mitteilungen 2020, 71 ff.

[299] BAG v. 8.6.2004 – 1 ABR 13/03, AP BetrVG 1972 § 87 Gesundheitsschutz Nr. 13 = NZA 2004, 1175 unter B I 2 b bb; BAG v. 11.2.2014 – 1 ABR 72/12, AP BetrVG 1972 § 87 Gesundheitsschutz Nr. 20 = NZA 2014, 989 Rn. 14.

[300] BAG v. 13.8.2019 – 1 ABR 6/18, AP BetrVG 1972 § 87 Gesundheitsschutz Nr. 27 = NZA 2019, 1717 Rn. 33 ff.

sich etwa an den gängigen Vorgehensweisen bei einer auf psychische Belastungen ausgerichteten Gefährdungsbeurteilung orientieren.[301] Dementsprechend kann sich eine solche Beurteilung ohne weiteres auch auf die in einem Betrieb praktizierten agilen Arbeitsmethoden unter dem Aspekt von Gefahren bzw. Gefährdungen der psychischen Gesundheit beziehen. Sofern eine nach diesen Grundsätzen durchgeführte Gefährdungsbeurteilung zu dem Befund führt, dass entsprechende Gefahren bzw. Gefährdungen bestehen, wird damit wie bereits erwähnt die Basis gelegt, um § 3 Abs. 1 S. 1 ArbSchG als Rahmenvorschrift im Sinne von § 87 Abs. 1 Nr. 7 BetrVG mobilisieren zu können. Der Betriebsrat könnte dann in einem nächsten Schritt auf solche Maßnahmen hinwirken, die zu einer Verringerung der identifizierten Gefährdungsfaktoren führen. Sofern sich also, um ein konkretes Beispiel zu nennen, im Zuge einer Gefährdungsbeurteilung herausstellt, dass es der psychischen Integrität der Beschäftigten langfristig unzuträglich ist, wenn sie kumulativ in mehreren agilen Projekten tätig sind und dann noch dazu von verschiedenen Fachabteilungen immer wieder aus ihrer eigentlichen Arbeit herausgerissen werden, ließe sich an Regelungen denken, die das Störpotenzial von außen verringern, was im Übrigen ohnehin der Philosophie von Scrum entspricht, auch wenn dies in konkreten betrieblichen Kontexten zum Nachteil der Arbeitnehmer möglicherweise nicht immer beachtet wird.

Einen Sonderfall stellen Desk Sharing- und Open Space-Bürokonzepte dar, die mit agiler Arbeit einhergehen können, obgleich sie nicht automatisch mit ihr verbunden sind. Arbeitswissenschaftlich steht außer Frage, dass diese Form der Arbeitsplatzgestaltung vielfach zu psychischen Belastungen der davon betroffenen Mitarbeiter führt, was auf der Lärmbelastung als solcher, aber auch auf dem allgemein häufig größeren Störungspotenzial beruht.[302] In diesen Fällen lassen sich deshalb weitere spezifische Aspekte als Gegenstand der Gefährdungsbeurteilung ausmachen.[303]

Im Übrigen verlangt § 3 Abs. 3 ArbStättV individualrechtlich, dass die Gefährdungsbeurteilung vor Aufnahme der Tätigkeit zu dokumentieren ist, was

---

[301] Vgl. BAuA (Hrsg.), Gefährdungsbeurteilung psychischer Belastung, 2014. Gestaltungshinweise bei *Gilbert et al.*, ZArbWiss 74 (2020), 89ff. Zu konkreten Erfahrungen BAuA (Hrsg.), Gefährdungsbeurteilung psychischer Belastung in der betrieblichen Praxis. Erkenntnisse und Schlussfolgerungen aus einem Feldforschungsprojekt, 2020. Zu praktischen Schwierigkeiten siehe *Wulff/Süß/Diebig*, ZArbWiss 71 (2017), 296ff.

[302] Vgl. *Kratzer/Lütke Lanfer*, ZArbWiss 71 (2017), 279ff.; *Lütke Lanfer/Becker*, ZArbWiss 74 (2020), 206ff.

[303] Vgl. *Kohte*, NZA-RR 2018, 374 (375), der insoweit die Belegungsdichte und Verteilung der Arbeitsplätze, die Erfassung gefährdender Lärmbelastung, die Sicherung ausreichenden Tageslichts an allen Plätzen, einen Sichtschutz gegen Störungen sowie Rückzugsmöglichkeiten in Zellenbüros identifiziert.

notwendigerweise die vorherige Durchführung einer solchen Beurteilung voraussetzt. Dieser arbeitsschutzrechtlichen Regelung wie auch der Vorschrift des § 3a Abs. 1 ArbStättV, die bestimmte inhaltliche Anforderungen an das Einrichten und Betreiben von Arbeitsstätten stellt, lässt sich allerdings nicht entnehmen, dass dem Betriebsrat insoweit der allgemeine Unterlassungsanspruch nach den zu § 87 Abs. 1 BetrVG entwickelten Grundsätzen zusteht.[304] Dieser Anspruch soll nämlich das jeweilige Beteiligungsrecht sichern, das sich im Falle des § 87 Abs. 1 Nr. 7 BetrVG auf die Ausfüllung arbeitsschutzrechtlicher Rahmenvorschriften bezieht. Der Arbeitgeber soll also mit anderen Worten daran gehindert werden, einseitig Maßnahmen des betrieblichen Arbeitsschutzes zu treffen, ohne sich zuvor mit dem Betriebsrat verständigt zu haben. Dementsprechend kann der Betriebsrat auch die Beseitigung einer betriebsverfassungswidrigen Maßnahme auf dem Gebiet des Arbeitsschutzes verlangen.[305] Die Organisationsentscheidung, bestimmte Arbeitsplätze einzurichten und sie mit bestimmten Arbeitnehmern zu besetzen, ist aber keine Arbeitsschutzmaßnahme und ist deshalb nicht Gegenstand des Beteiligungsrechts aus § 87 Abs. 1 Nr. 7 BetrVG. Dass ein dem Betriebsrat zugebilligter Unterlassungsanspruch die Regelungen in § 3 Abs. 3 und § 3a Abs. 1 ArbStättV effektivieren würde, genügt nicht, um einen solchen Anspruch losgelöst von den zum Schutz gerade der Mitbestimmung nach § 87 Abs. 1 BetrVG entwickelten Grundsätzen[306] zu bejahen.

Zusammengefasst kann der Betriebsrat damit im Einzelfall auch aus der Perspektive des Gesundheitsschutzes auf die Gestaltung agiler Arbeit einwirken. Allerdings liegen die Hürden für eine darauf gestützte Einflussnahme vergleichsweise hoch. Insbesondere bedarf es regelmäßig einer gestuften Vorgehensweise, die ihren Ausgangspunkt bei Regelungen über die Durchführung der Gefährdungsbeurteilung findet, die vielfach erst auf die Besonderheiten agiler Arbeitsstrukturen zugeschnitten werden müssen.

## VI. Schutz vor technischer Überwachung

Agile Arbeitsformen sind mindestens regelmäßig, praktisch aber wohl ausnahmslos mit digitalisierter Arbeit verbunden. So dürfte etwa der

---

[304] So aber anscheinend *Kohte*, NZA-RR 2018, 374 (375).
[305] Vgl. BAG v. 16.6.1998 – 1 ABR 68/97, AP BetrVG 1972 Gesundheitsschutz Nr. 7 = NZA 1999, 49.
[306] Dazu eingehend *Klocke*, Unterlassungsanspruch, S. 46ff.

Arbeitsfortschritt auch außerhalb des Bereichs der Softwareprogrammierung durchgängig mit digitalen Tools gemessen werden.[307]

## 1. Allgemeines

Damit stellt sich unweigerlich die Frage einer Mitbestimmung gemäß § 87 Abs. 1 Nr. 6 BetrVG unter dem Gesichtspunkt der Einführung und Anwendung von technischen Einrichtungen, die dazu bestimmt sind, das Verhalten oder die Leistung der Arbeitnehmer zu überwachen. Hierbei kommen problemlos die allgemeinen Grundsätze zur Anwendung, die von der Rechtsprechung zur Reichweite dieses Beteiligungsrechts in den letzten Jahrzehnten entwickelt worden sind. Der insoweit wichtigste Grundsatz besteht darin, dass die technische Einrichtung, zu der jede Form von Hardware und Software gehört, über den Gesetzeswortlaut hinaus vom Arbeitgeber nicht geradezu mit dem erklärten Ziel einer Überwachung der Beschäftigten eingesetzt werden muss. Vielmehr genügt nach gefestigter Rechtsprechung[308] und überwiegender Ansicht im Schrifttum[309] die objektive Eignung der technischen Einrichtung zu einer solchen Überwachung.

Dieser Aspekt ist nicht zuletzt deshalb zu betonen, weil in jüngerer Zeit eine Reihe von Stellungnahmen vorwiegend aus dem anwaltlich orientierten Schrifttum zu verzeichnen ist, die vor dem Hintergrund einer Ubiquität digitalisierter Arbeitsprozesse einen dogmatischen Rückbau des Beteiligungsrechts fordern, um § 87 Abs. 1 Nr. 6 BetrVG nicht zu einer Norm werden zu lassen, die dem Betriebsrat über ihren ursprünglichen Anwendungsbereich hinaus ein umfassendes Zugriffsrecht auf große Teile der Unternehmenspolitik verschafft.[310] Auch wenn man eine solche Argumentation nicht von vornherein als lediglich interessengeleitet abtun sollte, kann sie in ihrer Pauschalität doch nicht überzeugen. So lassen sich der präventive Schutz der Persönlichkeit der Arbeitnehmer als Ziel des Mitbestimmungsrechts gemäß § 87 Abs. 1 Nr. 6 BetrVG auf der einen Seite und die Notwendigkeit auch von vergleichsweise schnellen Implementierungen neuer Unternehmenssoftware als Mittel zur Aufrechterhaltung und Steigerung der Wettbewerbsfähigkeit auf den Güter- und Dienstleistungsmärkten durchaus

---

[307] Vgl. *Wedde*, CuA 5/2019, 18 (20).
[308] Grdl. BAG v. 9.9.1975 – 1 ABR 20/74, AP BetrVG 1972 § 87 Überwachung Nr. 2; aus jüngerer Zeit etwa BAG v. 11.12.2018 – 1 ABR 13/17, AP BetrVG 1972 § 87 Überwachung Nr. 51 = NZA 2019, 1009 Rn. 24.
[309] Vgl. *Fitting*, BetrVG, § 87 Rn. 226, 235; *Gamillscheg*, Kollektives Arbeitsrecht, Bd. II, 2008, § 50, 8 c, S. 911; DKW/*Klebe*, BetrVG, § 87 Rn. 186; GK-BetrVG/*Wiese/Gutzeit*, § 87 Rn. 532.
[310] Z.B. *Clemenz*, FS 100 Jahre Betriebsverfassungsrecht, 2020, S. 101 (110 ff.); ebenso aber auch *Jacobs/Frieling*, JZ 2017, 961 (964).

vereinbaren, indem auf betrieblicher Ebene soziale Praktiken der Ausübung der Mitbestimmung vereinbart werden, die beide legitimen Erfordernisse zu einem angemessenen Ausgleich bringen. Auch ist nochmals zu betonen, dass es bislang keine empirisch abgesicherten Erkenntnisse für Strategien von Betriebsräten gibt, sich betriebswirtschaftlich notwendigen Modernisierungsprozessen in den Weg zu stellen, um durch Störmanöver und Verzögerungstaktiken die digitale Transformation des eigenen Unternehmens aufzuhalten und dadurch die Beschäftigungsmöglichkeiten der Belegschaft aufs Spiel zu setzen. Soweit sich einzelne Arbeitgeber eine Verbesserung ihres Marktauftritts freilich nicht durch verbesserte Produkte und Dienstleistungen, sondern durch eine umfassende Durchleuchtung der Beschäftigten versprechen, ist es gerade Sinn und Zweck des Mitbestimmungsrechts, einer solchen Unternehmenspolitik entgegenzutreten. Vor diesem Hintergrund gibt es jedenfalls bis auf weiteres keinen hinreichenden Anlass, die gefestigten Grundsätze der Rechtsprechung zur Interpretation von § 87 Abs. 1 Nr. 6 BetrVG aufzugeben.

## 2. Zweck und Umfang des Mitbestimmungsrechts

Das Mitbestimmungsrecht nach § 87 Abs. 1 Nr. 6 BetrVG bezweckt in erster Linie einen präventiven Schutz des allgemeinen Persönlichkeitsrechts der Arbeitnehmer, das durch jede Form der Kontrolle durch technische Einrichtungen berührt wird. Durch die Beteiligung des Betriebsrats sollen Persönlichkeitsrechtsverletzungen vermieden sowie rechtlich noch zulässige Eingriffe möglichst gering gehalten werden.[311] Dies gilt umso mehr, als sich der einzelne Arbeitnehmer gegen eine Verletzung seines Persönlichkeitsrechts durch eine übermäßige technikgestützte Überwachung sowie insbesondere eine ausufernde Verarbeitung personenbezogener Daten erfahrungsgemäß nicht unmittelbar zur Wehr setzt, sondern es zu einer rechtlichen Überprüfung vielfach erst im Zusammenhang mit Beendigungsstreitigkeiten kommt. Dagegen beschreiten Beschäftigte selbst gegenüber einer unzulässig eng getakteten technischen Verhaltens- und Leistungsüberwachung selten den Rechtsweg, sofern sie die Kontrolle überhaupt bemerken, solange der Arbeitgeber auf der Grundlage der auf diese Weise gewonnenen Daten keine für sie nachteilige Entscheidung trifft.[312] Diese faktische Hinnahme sollte indes nicht als stillschweigende Akzeptanz von Überwachungstechniken

---

[311] Statt vieler *Fitting*, BetrVG, § 87 Rn. 216; DKW/*Klebe*, BetrVG, § 87 Rn. 166; GK-BetrVG/*Wiese/Gutzeit*, § 87 Rn. 509ff.; eingehend *Krause*, FS 100 Jahre Betriebsverfassungsrecht, 2020, S. 353 (356ff.).

[312] Generell zu den spezifischen Gründen für die geringe Inanspruchnahme von arbeitsgerichtlichem Rechtsschutz während des Arbeitsverhältnisses *Höland*, AuR 2010, 452 (456f.).

missdeutet werden. Vielmehr belegen einschlägige Befragungen, dass die Arbeitnehmer einer zu dichten Kontrolle von Verhalten und Leistung durchaus skeptisch gegenüberstehen.[313] Zudem hat der Betriebsrat nicht nur die Interessen der leistungsstärksten Beschäftigten zu wahren, die eine umfassende technische Messung ihrer Leistungen nicht selten zumindest so lange begrüßen, wie sie zur Spitzengruppe gehören. Vielmehr muss der Betriebsrat auch auf die Persönlichkeitsrechte der leistungsschwächeren Arbeitnehmer achten, die durch technikbasierte Formen der Leistungskontrolle in eine die eigenen Persönlichkeitsinteressen übermäßig beeinträchtigende Drucksituation versetzt werden.

Im Hinblick auf den konkreten Umfang des Mitbestimmungsrechts dürfte es in den hier interessierenden Gestaltungen vorrangig um eine Mitentscheidung des Betriebsrats über die Art und den Umfang der Verarbeitung von Beschäftigtendaten gehen.[314] § 87 Abs. 1 Nr. 6 BetrVG deckt damit zum einen eine Eingrenzung der Verhaltens- und Leistungsdaten von Arbeitnehmern, die überhaupt nur technisch erhoben werden dürfen. Zum anderen können aber auch die zulässigen Verwendungsmöglichkeiten geregelt werden, wobei selbstverständlich die durch die DSGVO sowie durch § 26 BDSG gezogenen datenschutzrechtlichen Grenzen einzuhalten sind, so dass es im Rahmen der Mitbestimmung insoweit nur darum geht, ob das nach Datenschutzrecht statthafte Spektrum an Verwendungszwecken nicht in vollem Umfang ausgeschöpft werden soll, indem etwa bestimmte Leistungsdaten von Beschäftigten nicht für personelle Maßnahmen genutzt werden sollen.[315]

### 3. Sonderfall Arbeitszeiterfassung

Einen eigenständigen Aspekt stellt das Thema der Arbeitszeiterfassung durch technische Einrichtungen dar. Insoweit kann sich die Interessenlage durchaus umkehren, indem eine technikgestützte und dadurch effektive Überwachung der geltenden arbeitszeitrechtlichen Regelungen, zu denen neben den gesetzlichen Arbeitszeitrecht gegebenenfalls auch tarifliche und betriebliche Bestimmungen gehören, im Interesse der Arbeitnehmer liegt. Bestärkt wird diese Sichtweise durch die neuere Rechtsprechung des EuGH, nach der sich aus der Arbeitszeitrichtlinie 2003/88/EG in Verbindung mit der Arbeitsschutzrahmenrichtlinie 89/391/EWG die Pflicht des Arbeitgebers ergibt, ein objektives, zugängliches und

---

[313] Vgl. *Hornung/Knieper*, ZD 2014, 383ff.
[314] Zur generellen Reichweite des Mitbestimmungsrechts siehe *Fitting*, BetrVG, § 87 Rn. 248ff.; DKW/*Klebe*, BetrVG, § 87 Rn. 188ff.; GK-BetrVG-*Wiese/Gutzeit*, § 87 Rn. 592ff.
[315] Ebenso wohl *Bachner*, FS 100 Jahre Betriebsverfassungsrecht, 2020, S. 17 (27).

verlässliches System der Arbeitszeiterfassung zu implementieren, präziser gesagt die Mitgliedstaaten durch das Unionsrecht verpflichtet werden, den privaten Arbeitgebern eine solche Pflicht aufzuerlegen.[316] Die damit umrissene Problemlage betrifft zwar keineswegs nur agile Arbeitsstrukturen, sondern auch andere modernere Formen der Organisation von Arbeitsprozessen, die nicht auf klar abgegrenzte betriebliche Arbeitszeiten, sondern stärker auf die Erreichung von Arbeitsergebnissen setzen und die hierdurch – insbesondere bei einer Koppelung von Zielerreichungsgraden mit monetären Zusatzleistungen – einen Anreiz zur „interessierten Selbstgefährdung" setzen. Dennoch liegt es bei agiler Arbeit aufgrund des mit ihr verbundenen hohen Grades an Selbstorganisation der Arbeitsvorgänge sowie des möglicherweise entstehenden Gruppendrucks besonders nahe, dass es die Teammitglieder mit den nicht zu ihrer Disposition stehenden Grenzen des öffentlich-rechtlichen Arbeitszeitrechts nicht so genau nehmen.

Zwar steht dem Betriebsrat gemäß § 80 Abs. 1 Nr. 1 BetrVG insoweit ohnehin ein Kontrollrecht zu. Die bisherige Verweigerung des Initiativrechts im Rahmen von § 87 Abs. 1 Nr. 6 BetrVG durch die höchstrichterliche Rechtsprechung[317] stellt aber eine nicht unerhebliche Schwächung der Möglichkeiten des Betriebsrats dar, die Einhaltung der arbeitszeitrechtlichen Grenzen sicherzustellen. Dabei soll die Grundüberlegung der Judikatur, dass es bei diesem Mitbestimmungsrecht um den Persönlichkeitsschutz der Arbeitnehmer geht und der Zweck des Beteiligungsrechts deshalb nicht darin besteht, die Überwachung der Beschäftigten durch technische Einrichtungen zu verstärken, als solche nicht in Zweifel gezogen werden. Indes beeinträchtigen ausufernde Arbeitszeiten ebenfalls Persönlichkeitsinteressen der Beschäftigten. Wenn daher letztlich eine Dilemmasituation besteht, bei der es sowohl mit als auch ohne technische Kontrolle zu einer Beeinträchtigung von Persönlichkeitsinteressen der Arbeitnehmer kommt, spricht vieles dafür, dem Betriebsrat ein Initiativrecht zuzubilligen,[318] wobei sich die Ausübung des Mitbestimmungsrechts selbstverständlich wiederum in den Grenzen des Datenschutzrechts zu halten hat und dem Betriebsrat in diesem Zusammenhang nur ein Zugriff auf diejenigen personenbezogenen Daten der

---

[316] EuGH v. 14.5.2019 – C-55/18, NZA 2019, 683 – CCOO.
[317] Vgl. BAG v. 28.11.1989 – 1 ABR 97/88, AP BetrVG 1972 § 87 Initiativrecht Nr. 4 = NZA 1990, 406.
[318] Ebenso etwa LAG Berlin-Brandenburg v. 22.1.2015 – 10 TaBV 1812/14 u. 10 TaBV 2124/14, RDV 2015, 206; DKW/*Klebe*, BetrVG, § 87 Rn. 166; umfassend *Byers*, RdA 2014, 37 (38ff.).

Arbeitnehmer einzuräumen ist, die er benötigt, um seinem Kontrollauftrag nachzukommen.[319]

## VII. Entgeltbezogene Fragen

Agile Arbeitsstrukturen zielen zunächst auf der Tätigkeitsebene auf eine bestimmte Form der Organisation von Arbeitsprozessen ab. Sie können sich aber zugleich auf die Entgeltebene auswirken. Hierbei lassen sich im Wesentlichen zwei Fragen unterscheiden: Zum einen geht es um Entgeltregelungen, die sich auf die gesamte Arbeitsgruppe beziehen, zum anderen um das mögliche Spannungsverhältnis zwischen kollektiven (gruppenbezogenen) Tätigkeitszielen und individuellen Entgeltvereinbarungen.[320]

### 1. Gruppenbezogene Entgeltregelungen

Im Hinblick auf gruppenbezogene Entgeltregelungen spielen vor allem teamorientierte Zielvereinbarungen eine Rolle, bei denen durch Abmachung ein Zusammenhang zwischen Zielvereinbarung und Vergütung hergestellt wird („qualifizierte Zielvereinbarungen").[321]

#### a) Qualifizierte Zielvereinbarungen als betriebliche Lohngestaltung

Insoweit kommt zunächst ein Mitbestimmungsrecht nach der Generalklausel[322] des § 87 Abs. 1 Nr. 10 BetrVG in Betracht. Dieses Beteiligungsrecht bezieht sich im Interesse innerbetrieblicher Lohngerechtigkeit nach gefestigter Rechtsprechung auf die Festlegung abstrakt-genereller Grundsätze der Lohnfindung. Es geht um die Strukturformen des Entgelts einschließlich ihrer näheren

---

[319] LAG Köln v. 28.6.2011 – 12 TaBV 1/11, ZD 2011, 183; *Bachner*, FS 100 Jahre Betriebsverfassungsrecht, 2020, S. 17 (27ff.).
[320] Zu der ebenfalls die Entgeltdimension betreffende Frage, ob die Tätigkeit in einem agilen Team bzw. die Übernahme einer bestimmten Rolle, etwa als Scrum Master, zu einer Umgruppierung führt und welche Rechte dem Betriebsrat insoweit zustehen, siehe bereits oben sub D IV 3.
[321] So die Terminologie von *Däubler*, NZA 2005, 793 (793).
[322] So BAG (GS) v. 3.12.1991 – GS 2/90, AP BetrVG 1972 § 87 Lohngestaltung Nr. 51 = NZA 1992, 749 unter C III 3 a.

Vollzugsformen.³²³ Mitbestimmungsfrei ist dagegen die absolute Entgelthöhe³²⁴ und damit im Rahmen dieses Beteiligungsrecht der „Geldfaktor", während diejenigen Elemente, die das jeweilige Vergütungssystem ausgestalten und es zu einem in sich geschlossenen System machen, das sich von anderen möglichen Vergütungssystemen unterscheidet, der Mitbestimmung unterliegen.³²⁵ Pointiert formuliert betrifft § 87 Abs. 1 Nr. 10 BetrVG die Verteilungsgerechtigkeit, nicht aber die Austauschgerechtigkeit.³²⁶

Die Frage, welche Folgerungen aus diesen Grundsätzen gerade für Zielvereinbarungssysteme zu ziehen sind, ist im Einzelnen allerdings umstritten, was nicht zuletzt darauf beruht, dass sich das BAG zu den mitbestimmungsrechtlichen Aspekten solcher Entgeltfindungsmodelle bislang nur am Rande geäußert hat, während es noch nicht zu einer dieses Thema umfassend klärenden Entscheidung gekommen ist. Zudem lassen sich der sonstigen Judikatur unterschiedliche Signale zur konkreten Reichweite der Mitbestimmung entnehmen. Teile des Schrifttums wollen die zu freiwilligen Leistungen des Arbeitgebers entwickelten Grundsätze auf die Mitbestimmung bei Zielvereinbarungen übertragen. Danach wären das „Ob" von Zielvereinbarungen, die Höhe des für diesen Entgeltbestandteil insgesamt zur Verfügung gestellten Ausschüttungsvolumens, die Zweckbestimmung der Zielvereinbarungen sowie ihr Adressatenkreis mitbestimmungsfrei.³²⁷ Andere Stimmen wollen demgegenüber auch das „Ob" von Zielvereinbarungen der Mitbestimmung unterwerfen.³²⁸

Richtig erscheint es, im Anschluss an den Normtext („Aufstellung von Entlohnungsgrundsätzen") sowie die Rechtsprechung zur Bejahung einer Mitbestimmungspflichtigkeit der Frage, ob im Betrieb im Zeitlohn oder im Leistungslohn gearbeitet werden soll,³²⁹ die grundsätzliche Auswahl des Entlohnungssystems

---

323 Siehe nur BAG v. 24.1.2017 – 1 AZR 772/14, AP BetrVG 1972 § 87 Lohngestaltung Nr. 151 = NZA 2017, 931 Rn. 37.
324 So ausdrücklich etwa BAG v. 16.7.1991 – 1 ABR 66/90, AP BetrVG 1972 § 87 Lohngestaltung Nr. 49 = NZA 1992, 178 unter B II 2 a; GK-BetrVG/*Wiese/Gutzeit*, § 87 Rn. 837f.
325 BAG v. 26.7.1988 – 1 AZR 54/87, AP BetrVG 1972 § 87 Provision Nr. 6 = NZA 1989, 109 unter B II 2.
326 *Reichold*, RdA 1995, 147 (156f.).
327 Vgl. *Linck/Koch*, FS Bepler, 2012, S. 357 (361); *Säcker*, FS Kreutz, 2010, S. 399 (407); in diesem Sinne auch *Annuß*, NZA 2007, 290 (296).
328 *Däubler*, NZA 2005, 793 (795).
329 BAG v. 20.9.1990 – 1 ABR 74/89, EzA § 80 BetrVG 1972 Nr. 39 unter B 1 a; BAG v. 24.8.2004 – 1 AZR 419/03, AP KSchG 1969 § 2 Nr. 77 = NZA 2005, 51 unter B II 2. So bereits BAG v. 17.12.1968 – 1 AZR 178/68, AP BetrVG § 56 Nr. 27. Offengelassen dagegen in BAG v. 13.9.1983 – 1 ABR 32/81, AP BetrVG 1972 § 87 Prämie Nr. 3 unter B III 2.

einer zielvereinbarungsbasierten Vergütung als „Primärentscheidung"[330] bereits zum Inhalt des Beteiligungsrechts zu zählen.[331] Dabei kann vor dem Hintergrund dieser Judikatur nicht zweifelhaft sein, dass der Betriebsrat folgerichtig auch ein Initiativrecht im Hinblick auf die Umstellung von einem Zeitlohnsystem auf ein Leistungslohnsystem hat.[332] Bei einer Übertragung dieses Grundsatzes auf die hier in Rede stehenden Fälle steht ihm also ein Initiativrecht zur Einführung von qualifizierten Zielvereinbarungen zu, mag damit auch eine Veränderung der „Unternehmensphilosophie" einhergehen[333]. Darüber hinaus lassen die einschlägigen Entscheidungen nicht erkennen, dass dem Betriebsrat ein Initiativrecht in die umgekehrte Richtung verwehrt sein soll. § 87 Abs. 1 Nr. 10 BetrVG verleiht dem Betriebsrat somit auch das Recht, eine Umsteuerung der betrieblichen Lohnpolitik von einem qualifizierten Zielvereinbarungssystem auf ein reines Zeitlohnsystem anzustreben. Dabei bedeutet die Existenz eines solchen Mitbestimmungsrechts selbstverständlich noch nicht, dass die Einigungsstelle dem Begehren des Betriebsrats stets in vollem Umfang nachzukommen hat, was freilich zugleich dem denkbaren Gegenargument den Wind aus den Segeln nimmt, ein solches Beteiligungsrecht bedeute das Ende einer betriebswirtschaftlich sinnvollen betrieblichen Lohnpolitik. Letztlich geht es nur um die Anerkennung des schlichten Umstands, dass die vom Gesetzgeber gewollte Mitbestimmung nicht allein deshalb endet, weil sie Auswirkungen auf den unternehmerisch-wirtschaftlichen Bereich hat.[334] Allerdings ist darauf zu achten, dass der anerkannte Grundsatz, nach dem der Arbeitgeber über § 87 Abs. 1 Nr. 10 BetrVG nicht zur Ausschüttung zusätzlicher finanzieller Leistungen gezwungen werden kann,[335] bei alledem nicht über Bord geworfen wird. Wenn es ein tarifgebundener Arbeitgeber etwa dabei bewenden lassen will, alle agil arbeitenden Beschäftigten tariflich zu entlohnen, kann der Betriebsrat somit nicht über die Einigungsstelle erzwingen, dass auf die tariflichen Vergütungen noch ein entgeltbasiertes Zielvereinbarungssystem aufgesattelt wird, das den Arbeitnehmern für die erbrachte Tätigkeit zusätzliche Einkünfte verschaffen und damit die Austauschgerechtigkeit zu ihren Gunsten verändern soll.[336] Genauer gesagt geht es allerdings lediglich darum, dass die Vergütungshöhe als solche nicht mitbestimmungspflichtig ist. Dagegen existiert kein allgemeiner Grundsatz der Kostenneutralität in dem Sinne, dass die Grenze der Mitbestimmung in dem Moment erreicht ist, in dem eine vom Betriebsrat auf der

---

[330] Vgl. GK-BetrVG/*Wiese*/*Gutzeit*, § 87 Rn. 930.
[331] Ebenso offenbar Richardi/*Richardi*, BetrVG, § 87 Rn. 778.
[332] Dazu auch GK-BetrVG/*Wiese*/*Gutzeit*, § 87 Rn. 985ff.
[333] So ausdrücklich *Linck*/*Koch*, FS Bepler, 2012, S. 357 (365).
[334] GK-BetrVG/*Wiese*/*Gutzeit*, § 87 Rn. 990.
[335] Vgl. GK-BetrVG/*Wiese*/*Gutzeit*, § 87 Rn. 892.
[336] Ebenso *Linck*/*Koch*, FS Bepler, 2012, S. 357 (364).

Grundlage von § 87 Abs. 1 Nr. 10 BetrVG begehrte Regelung für den Arbeitgeber im Ergebnis zu einer höheren Lohnsumme führt.[337]

Mithilfe dieser Überlegungen lässt sich auch das prima facie bestehende Spannungsverhältnis zwischen dem Grundsatz der Mitbestimmungsfreiheit des begünstigten Personenkreises von Zusatzleistungen und damit auch von Leistungsprämien einerseits[338] und der Aussage, dass die Festlegung der Arbeitnehmergruppen, die im Zeitlohn oder im Leistungslohn arbeiten sollen, mitbestimmungspflichtig ist,[339] andererseits überbrücken. So kann der Arbeitgeber zwar einerseits im selben Betrieb durchaus mehrere voneinander unabhängige Vergütungssysteme praktizieren.[340] Die durch das Mitbestimmungsrecht nach § 87 Abs. 1 Nr. 10 BetrVG bezweckte innerbetriebliche Lohngerechtigkeit darf hierdurch allerdings nicht ausgehöhlt werden. Der Arbeitgeber darf die Belegschaft daher nicht in beliebige Arbeitnehmergruppen aufspalten und für diese jeweils verschiedene Entgeltsysteme vorsehen. Vielmehr darf er nur sachlich begründete Unterscheidungen treffen.[341] So wäre etwa eine der Mitbestimmung vorgelagerte Unterscheidung zwischen schon agil arbeitenden und noch traditionell arbeitenden Beschäftigten nicht willkürlich. Denkbar wäre sogar eine Unterscheidung zwischen agil arbeitenden Teams, sofern hierfür ein sachlicher Grund besteht, etwa eine unbedingte Termintreue bei einem großen und für den wirtschaftlichen Fortbestand des Unternehmens wichtigen Projekt. Es gibt für qualifizierte Zielvereinbarungen bzw. sonstige leistungsorientierte Entgeltbestandteile also nicht von vornherein ein Gesamtbudget, das stets nur betriebsweit nach einheitlichen Grundsätzen verteilt werden kann.[342] Innerhalb der so gebildeten Belegschaftsgruppen sind die Verteilungsgrundsätze indes beteiligungspflichtig, so dass der Betriebsrat qua Initiativrecht eine Abänderung und damit auch eine Umsteuerung von Zeitlohn auf Leistungslohn oder umgekehrt von Leistungslohn auf Zeitlohn anstreben kann.

---

[337] MHdB ArbR/*Salamon*, § 328 Rn. 63; ebenso offenbar Richardi/*Richardi*, BetrVG, § 87 Rn. 796.
[338] BAG v. 8.12.1981 – 1 ABR 55/79, AP BetrVG 1972 § 87 Prämie Nr. 1 unter B II 1.
[339] GK-BetrVG/*Wiese/Gutzeit*, § 87 Rn. 933; ebenso *Otto*, FS Stahlhacke, 1995, S. 395 (408).
[340] Vgl. BAG v. 18.11.2003 – 1 AZR 604/02, AP BetrVG 1972 § 77 Nachwirkung Nr. 15 = NZA 2004, 803 unter I 3 c dd (1); BAG v. 12.12.2006 – 1 ABR 38/05, AP BetrVG 1972 § 1 Gemeinsamer Betrieb Nr. 27 Rn. 26.
[341] Vgl. BAG v. 19.9.1995 – 1 ABR 20/95, AP BetrVG 1972 § 87 Lohngestaltung Nr. 81 = NZA 1996, 484 unter B II 3 b; BAG v. 18.11.2003 – 1 AZR 604/02, AP BetrVG 1972 § 77 Nachwirkung Nr. 15 = NZA 2004, 803 unter I 3 c dd (2).
[342] Vgl. BAG v. 23.1.2008 – 1 ABR 82/06, AP § 87 BetrVG 1972 Leistungslohn Nr. 9 = NZA 2008, 74 Rn. 27.

Nicht einfach zu entscheiden ist die Frage der Mitbestimmungspflichtigkeit der Entscheidung zwischen individuellen und gruppenbasierten qualifizierten Zielvereinbarungen. So wird zum einen die Entscheidung über Einzel- oder Gruppenakkord[343] bzw. über die Gewährung von Einzel- oder Gruppenprämien[344] offenbar uneingeschränkt als beteiligungspflichtig angesehen. Diese Aussagen stehen indes in einem gewissen Spannungsverhältnis zur Entscheidung des BAG, dass der Betriebsrat die Umwandlung einer Individualprämie in eine Gruppenprämie gerade nicht mithilfe der Einigungsstelle durchsetzen kann, weil darin eine dem Arbeitgeber vorbehaltene Zweckänderung der zusätzlichen Leistung liege.[345] Allerdings lässt sich eine Harmonisierung dieser Grundsätze dadurch herbeiführen, dass man dem Betriebsrat zwar einerseits nicht das Recht zuerkennt, über die Einigungsstelle den grundsätzlichen Leistungszweck umzudefinieren, also unmittelbar darauf hinzuwirken, dass entweder nur die Einzelleistungen der Mitglieder agiler Teams (um einen möglichen Gruppendruck zu verringern) oder umgekehrt nur die Teamleistung als solche (um eine Sichtbarmachung leistungsschwächere Arbeitnehmer zu verhindern) als Grundlage für eine qualifizierte Zielvereinbarung genommen werden darf. Andererseits ist dem Betriebsrat bei der Einführung bzw. Änderung des Zielvereinbarungssystems aber ein Zustimmungsrecht zuzubilligen, mit dessen Hilfe er die Implementierung eines aus seiner Sicht nachteilhaften Entlohnungsgrundsatzes verhindern bzw. zumindest aufhalten kann, wodurch er dann freilich riskiert, dass der Arbeitgeber von seinem Plan der Gewährung finanzieller Zusatzleistungen für Zielerreichung entweder von vornherein gänzlich Abstand nimmt oder aber ein bereits praktiziertes Zielvereinbarungssystem im Rahmen des rechtlich Möglichen wieder einstellt.[346]

Innerhalb des damit aufgespannten Rahmens kommen als Gegenstand der Mitbestimmung zahlreiche Aspekte in Betracht, die sich auf die abstrakt-generelle Ausgestaltung von gruppenbasierten Zielvereinbarungen beziehen. Hierzu zählen etwa Regelungen über die Art der möglichen Ziele (z.B. nur aufgabenbezogen)[347] und deren Höchstanzahl (nicht aber die Festsetzung der konkreten Ziele selbst)[348] sowie über die Kriterien und Verfahren, anhand derer die Zielerreichung festgestellt werden soll. Dagegen erstreckt sich die Mitbestimmung nach

---

[343] *Koch*, SR 2016, 131 (133); GK-BetrVG/*Wiese*/*Gutzeit*, § 87 Rn. 935.
[344] GK-BetrVG/*Wiese*/*Gutzeit*, § 87 Rn. 939.
[345] BAG v. 8.12.1981 – 1 ABR 55/79, AP BetrVG 1972 § 87 Prämie Nr. 1 unter B II 2; dazu auch *Matthes*, FS Reuter, 2010, S. 707 (712): Mitbestimmungsfreiheit (nur) der generellen Zweckbestimmung.
[346] Vgl. BAG v. 8.12.1981 – 1 ABR 55/79, AP BetrVG 1972 § 87 Prämie Nr. 1 unter B II 3.
[347] Weitere Beispiele bei *Linck*/*Koch*, FS Bepler, 2012, S. 357 (362).
[348] *Linck*/*Koch*, FS Bepler, 2012, S. 357 (362).

§ 87 Abs. 1 Nr. 10 BetrVG nicht auf die absolute Höhe des Betrags, der dem Arbeitnehmer bei Zielerreichung zustehen soll, also nicht auf den „Geldfaktor".[349] Hiervon wiederum zu unterscheiden ist das relative Verhältnis zum Grundlohn, das bereits zu den Strukturformen des Entgelts gehört und deshalb bereits § 87 Abs. 1 Nr. 10 BetrVG und nicht erst § 87 Abs. 1 Nr. 11 BetrVG unterfällt.[350]

### b) Qualifizierte Zielvereinbarungen als leistungsbezogene Entgelte

Weiter ist ein Mitbestimmungsrecht nach § 87 Abs. 1 Nr. 11 BetrVG unter dem Gesichtspunkt eines „vergleichbaren leistungsbezogenen Entgelts" denkbar, das dem Betriebsrat zwar keinen unmittelbaren Zugriff auf die individuelle Lohnhöhe des einzelnen Arbeitnehmers verschafft, wohl aber auf alle Bezugsgrößen, von denen die vom Beschäftigten erzielte Vergütung letztlich abhängt. Hierdurch soll erreicht werden, dass diese Faktoren in einem angemessenen Verhältnis zur Mehrleistung der Arbeitnehmer stehen. Vor allem aber soll einer drohenden Überforderung der Beschäftigten entgegengewirkt werden, die sich langfristig in einer Gesundheitsschädigung niederschlagen kann. Das Leistungslohnsystem soll nämlich möglichst so ausgestaltet werden, dass es einen übermäßigen und damit schädigenden Leistungseinsatz entbehrlich macht. Daher ist für die in der Arbeit im Leistungslohn liegende Gefahr ein Preis auszuwerfen, über den wiederum der Betriebsrat (vorbehaltlich einer tarifvertraglichen Regelung) mitzubestimmen hat.[351]

Grundvoraussetzung für ein vergleichbares leistungsbezogenes Entgelt im Sinne von § 87 Abs. 1 Nr. 11 BetrVG ist nach ständiger Rechtsprechung des BAG, dass sich die Höhe des Entgelts des Arbeitnehmers daran ausrichtet, in welchem Verhältnis ein ihm beeinflussbares Arbeitsergebnis zu einer vorab definierten Bezugsleistung steht.[352] Entsprechendes gilt für solche Lohnfindungsmodelle, bei denen es nicht um eine Einzelleistung, sondern um eine Gruppenleistung geht.[353] Nun ist umstritten, ob und unter welchen Voraussetzungen auch qualifizierte

---

[349] *Däubler*, NZA 2005, 793 (795).
[350] Vgl. BAG v. 13.9.1983 – 1 ABR 32/81, AP BetrVG 1972 § 87 Prämie Nr. 3 unter B II 4.
[351] Zu diesen Zusammenhängen BAG v. 29.3.1977 – 1 ABR 123/74, AP BetrVG 1972 § 87 Provision Nr. 1 unter IV 3 b; BAG v. 28.7.1981 – 1 ABR 56/78, AP BetrVG 1972 § 87 Provision Nr. 2 unter B III 3 c; BAG v. 13.9.1983 – 1 ABR 32/81, AP BetrVG 1972 § 87 Prämie Nr. 3 unter B II 4.
[352] BAG v. 28.7.1981 – 1 ABR 56/78, AP BetrVG 1972 § 87 Provision Nr. 2 unter B III 3 d; BAG v. 13.3.1984 – 1 ABR 57/82, AP BetrVG 1972 § 87 Provision Nr. 4 = NZA 1984, 296 unter B II 2 b; BAG v. 15.5.2001 – 1 ABR 39/00, AP BetrVG 1972 § 87 Prämie Nr. 17 = NZA 2001, 1154 unter II 1 a; BAG v. 23.6.2009 – 1 AZR 214/08, AP BetrVG 1972 § 77 Betriebsvereinbarung Nr. 45 Rn. 17 = NZA 2009, 1159.
[353] *Linck/Koch*, FS Bepler, 2012, S. 357 (363).

Zielvereinbarungen unter dieses Mitbestimmungsrecht fallen. Manche Stimmen wollen diese Form des Leistungslohns von vornherein aus dem Anwendungsbereich von § 87 Abs. 1 Nr. 11 BetrVG ausklammern, weil sich der Eintritt des Leistungserfolgs regelmäßig erst durch eine nachträgliche Beurteilung seitens des Arbeitgebers bzw. eines Vorgesetzten feststellen lässt und es deshalb angeblich an der Gefährdung fehle, vor der dieses besondere Beteiligungsrecht schützen wolle.[354] Indes können qualifizierte Zielvereinbarungen auch an eher einfach zu messende quantitative Größen anknüpfen (etwa an eine zu unterschreitende Anzahl von Programmfehlern), so dass jedenfalls in diesen Fällen kein Grund ersichtlich ist, eine solche Vergütungsform nicht unter § 87 Abs. 1 Nr. 11 BetrVG zu fassen.[355]

Allerdings wird es gerade im Bereich agiler Arbeit nicht selten um Ziele gehen, die zumindest einen qualitativen Einschlag haben und deren Erreichung sich jedenfalls nicht ohne weiteres messen lässt. So entscheidet im Rahmen von Scrum am Ende eines Sprints der Product Owner im Sprint Review darüber, ob er das vom Entwicklungsteam erarbeitete Zwischenergebnis abnimmt. Entsprechendes gilt für die abschließende Abnahme des Endprodukts. Eine an die Erreichung solcher Gruppenziele anknüpfende qualifizierte Zielvereinbarung baut also letztlich auf einer Beurteilung seitens des Product Owner auf. Dennoch gibt es keinen hinreichenden Grund, Gestaltungen dieser Art per se aus dem Anwendungsbereich des § 87 Abs. 1 Nr. 11 BetrVG herauszunehmen. So trifft der Product Owner seine Entscheidung über die Zielerreichung nicht willkürlich, sondern anhand vorab definierter Kriterien.[356] Hierauf können und werden sich die Mitglieder des Entwicklungsteams einstellen und ihren Arbeitseinsatz an der erwarteten Billigung anhand dieser Kriterien orientieren. Dies wird sich vor allem dann bemerkbar machen, wenn kurz vor dem Ende eines Sprints unerwartete (insbesondere technische) Probleme und Störungen auftauchen, die das schon vor Augen stehende Ziel gefährden und die nur durch Aufbieten aller zur Verfügung stehenden Kräfte bewältigt werden können. Damit handelt es sich aber gerade um den Mechanismus, dessen besondere Risiken der Grund für die Schaffung des

---

[354] *Säcker*, FS Kreutz, 2010, S. 399 (403).
[355] Ebenso *Bachner*, FS Klebe, 2018, S. 30 (32); *Däubler*, NZA 2005, 793 (796); DKW/*Klebe*, BetrVG § 87 Rn. 351; *Linck/Koch*, FS Bepler, 2012, S. 357 (363); abl. Richardi/*Richardi*. BetrVG, § 87 Rn. 916. Erst recht kann man dieses Beteiligungsrecht nicht auf körperliche Arbeiten beschränken (so aber *Säcker*, FS Kreutz, 2010, S. 399 (405)), weil es hierdurch in der digitalen Arbeitswelt praktisch jegliche Bedeutung einbüßen würde, obwohl man die modernen Belastungen psychischer, aber auch physischer Art (Haltungsschäden) ebenso ernst nehmen sollte wie die „klassischen" Belastungen durch übermäßig harte körperliche Arbeit.
[356] In diese Richtung auch *Linck/Koch*, FS Bepler, 2012, S. 357 (363).

Mitbestimmungsrechts gewesen sind. Folglich sind auch solche qualifizierten Zielvereinbarungen, die an eine arbeitgeberseitige Bewertung nach Ablauf eines bestimmten Bezugszeitraums anknüpfen, dann dem Beteiligungsrecht des § 87 Abs. 1 Nr. 11 BetrVG zu unterstellen, wenn die Beschäftigten durch ihre Arbeitsleistung gezielt auf die Erfüllung der für eine positive Bewertung maßgeblichen Kriterien hinwirken können.[357]

In dieselbe Richtung hat sich das BAG auch zu einer an einen "Euro-Planumsatz" anknüpfende qualifizierte Zielvereinbarung geäußert, ohne allerdings eine abschließende Entscheidung zu treffen.[358] Nicht umsonst hat das BAG zudem gleich in seiner ersten Grundsatzentscheidung zu § 87 Abs. 1 Nr. 11 BetrVG ausgeführt, dass die Notwendigkeit einer Leistungsbewertung und ein dem Arbeitgeber dabei zustehender Beurteilungsspielraum das Mitbestimmungsrecht nicht etwa ausschließt, sondern gerade umgekehrt einer der Gründe für die Schaffung dieser besonderen Regelung bildet.[359] Entscheidend ist lediglich, dass im Hintergrund der jeweiligen qualifizierten Zielvereinbarung die Vorstellung einer Normalleistung steht und die Mitglieder eines agilen Teams dazu angereizt werden sollen, ihr Leistungsvermögen über diese Normalleistung hinaus auszuschöpfen, während es nicht genügt, dass die Beschäftigten durch einen Entgeltbestandteil parallel zur agilen Arbeit zu anderen Aktivitäten angestiftet werden sollen[360] oder es gar nur um solche Ziele geht, die nicht an messbare oder bewertbare Arbeitsleistungen des agilen Teams anknüpfen[361].

Ebenfalls nicht von dieser Norm erfasst werden diejenigen Gestaltungen, in denen der aufgezeigte Mechanismus nicht zum Tragen kommt, weil sich der Arbeitgeber erkennbar die Entscheidung darüber offengehalten hat, wann eine Zielerreichung vorliegen bzw. ob für diesen Fall eine finanzielle Leistung ausgeschüttet werden soll,[362] wobei hier der Frage nicht näher nachgegangen werden soll, ob und unter welchen Voraussetzungen eine solche Regelung überhaupt zulässig ist. Da es bei agilen Arbeitsstrukturen im Kern darum geht, durch eine bestimmte Organisation und Koordination von Arbeitsvorgängen die Effizienz zu steigern, kann es im vorliegenden Zusammenhang darüber hinaus offenbleiben,

---

[357] *Däubler*, NZA 2005, 793 (796); DKW/*Klebe*, BetrVG, § 87 Rn. 351; (offenbar nur) bei quantitativ zu bemessenden Zielen ebenso *Fitting*, BetrVG, § 87 Rn. 498.
[358] BAG v. 21.10.2003 – 1 ABR 39/02, AP BetrVG § 80 Nr. 62 = NZA 2004, 936 unter B II 3 b aa.
[359] BAG v. 29.3.1977 – 1 ABR 123/74, AP BetrVG 1972 § 87 Provision Nr. 1 unter IV 3 b.
[360] Vgl. BAG v. 10.7.1979 – 1 ABR 88/77, AP BetrVG 1972 § 87 Lohngestaltung Nr. 2 unter B II 3 c.
[361] Vgl. BAG v. 28.7.1981 – 1 ABR 56/78, AP BetrVG 1972 § 87 Provision Nr. 2 unter B III 4.
[362] *Däubler*, NZA 2005, 793 (796).

ob auch Entgeltabreden, die an in der Person des Beschäftigten liegende Ziele anknüpfen und deren Feststellung einer allgemeinen Beurteilung durch den Vorgesetzten bedarf, als vergleichbare leistungsbezogene Entgelte qualifiziert werden können.[363] Sofern die Voraussetzungen für eine Anwendung von § 87 Abs. 1 Nr. 11 BetrVG vorliegen, ist die abstrakte Festlegung aller Bezugsgrößen, von denen die Ermittlungen und Berechnung der leistungsbezogenen Entgelte abhängt, mitbestimmungspflichtig. Hierzu gehören – wie bereits erwähnt – zunächst die Art der Ziele sowie Kriterien und Verfahren zur Feststellung der Zielerreichung. Vor allem aber unterfällt die Geldseite ebenfalls der Mitbestimmung, so dass der Betriebsrat über den „Geldfaktor" mitzuentscheiden hat, der für die Erreichung des Gruppenziels gewährt werden soll,[364] ohne dass dem Betriebsrat insoweit die Beschränkung auf einen vom Arbeitgeber einseitig festgesetzten Dotierungsrahmen entgegengehalten werden kann.[365] Allerdings gilt auch im Rahmen von § 87 Abs. 1 Nr. 11 BetrVG der Grundsatz, dass der Arbeitgeber nicht über die Einigungsstelle gezwungen werden kann, leistungsbezogene Entgelte zu erbringen, zu denen er dem Grunde nach nicht verpflichtet ist.[366] Dieses Beteiligungsrecht bietet somit keine Handhabe, den Mitgliedern agiler Teams gegen den Willen des Arbeitgebers mittels einer qualifizierten Zielvereinbarung eine zusätzliche Einnahmequelle zu verschaffen.

## 2. Verhältnis von gruppenbezogenen und individuellen Entgeltregelungen

Weiter kann das Problem des Verhältnisses von gruppenbezogenen und individuellen Entgeltregelungen auftreten. Wenn nämlich das einzelne Teammitglied neben der Herbeiführung eines Gruppenziels auch gleichzeitig noch zu einer Verwirklichung von Einzelzielen angehalten werden soll, können hierdurch sowohl beim einzelnen Arbeitnehmer Zielkonflikte auftreten als auch Spannungen in die Arbeitsgruppe hineingetragen werden. Umgekehrt kann die Erreichung der individuellen Zielvereinbarung unterlaufen werden, wenn der einzelne

---

[363] Befürwortend *Däubler*, NZA 2005, 793 (796); DKW/*Klebe*, BetrVG, § 87 Rn. 351; abl. *Linck/Koch*, FS Bepler, 2012, S. 357 (363); *Rieble/Gistel*, BB 2004, 2462 (2463); *Säcker*, FS Kreutz, 2010, S. 399 (403).

[364] Das bei der Aufstellung von Beurteilungsgrundsätzen an sich eingreifende Mitbestimmungsrecht nach § 94 Abs. 2 BetrVG wird im Anwendungsbereich von § 87 Abs. 1 Nr. 10 und Nr. 11 BetrVG spezialgesetzlich verdrängt, vgl. *Annuß*, NZA 2007, 290 (296); *Däubler*, NZA 2005, 793 (796); Richardi/*Thüsing*, BetrVG, § 94 Rn. 61.

[365] GK-BetrVG/*Wiese/Gutzeit*, § 87 Rn. 1040.

[366] Vgl. BAG v. 13.9.1983 – 1 ABR 32/81, AP BetrVG 1972 § 87 Prämie Nr. 3 unter B III 2; GK-BetrVG/*Wiese/Gutzeit*, § 87 Rn. 1032.

Beschäftigte sich zugleich für Gruppenziele einsetzen soll. Die grundsätzliche Frage, wie solche Friktionen aufgelöst werden sollen, etwa durch eine Berücksichtigung divergierender Anforderungen bei der Frage der Feststellung der Zielerreichung, gehört ebenfalls zur betrieblichen Lohngestaltung im Sinne von § 87 Abs. 1 Nr. 10 BetrVG.

# F. Aufgabenübertragung auf agile Teams gemäß § 28a BetrVG

## I. Allgemeines

Im Zusammenhang mit agiler Arbeit wird zunehmend auf die Möglichkeit der Übertragung von Aufgaben auf Arbeitsgruppen nach Maßgabe von § 28a BetrVG verwiesen.[367] Mit dieser im Zuge der Betriebsverfassungsgesetzreform von 2001 eingeführten Vorschrift wollte der Gesetzgeber dem schon seinerzeit zu konstatierenden Trend bei der Organisation der Arbeitsvorgänge hin zu einer größeren Autonomie der Beschäftigten Rechnung tragen und diese Entwicklung durch eine stärkere Partizipation der Arbeitnehmer bei der betrieblichen Mitbestimmung flankieren,[368] wovon er sich nicht zuletzt einen Zuwachs an Sach- und Praxisnähe versprochen hat.[369] Diese Bestimmung, deren bisherige praktische Bedeutung sich nicht leicht einschätzen lässt,[370] sollte nach Ansicht mancher nunmehr im Kontext agiler Arbeit dem Dornröschenschlaf entrissen werden[371] und wird als Chance für mehr Selbstorganisation und Emanzipation der Arbeitnehmer begriffen.[372]

Die Vorschrift erlaubt in Betrieben mit mehr als 100 Arbeitnehmern eine Delegation von Beteiligungsrechten auf Arbeitsgruppen. Zu diesen in § 28a BetrVG nicht näher definierten Arbeitsgruppen zählen auf jeden Fall die teilautonomen Arbeitsgruppen im Sinne des § 87 Abs. 1 Nr. 13 BetrVG.[373] Entsprechend den obigen Ausführungen[374] gehören agile Teams daher ohne weiteres zu den Arbeitsgruppen des § 28a BetrVG. Selbst wenn bestimmte Formen agiler

---

[367] *Bachner*, FS 100 Jahre Betriebsverfassungsrecht, 2020, S. 17 (35); *Hexel*, AuR 2019, 255ff.; *Weigel/Vogel*, AuR 2018, 280ff.; aus der übergreifenden Perspektive von Industrie und Arbeit 4.0 ebenso *Engels/Trebinger*, FS Klebe, 2018, S. 118ff.
[368] BT-Drs. 14/5741, S. 40.
[369] BT-Drs. 14/5741, S. 29.
[370] Dazu *Becker/Brinkmann/Engel*, WSI Mitteilungen 2008, 305 (307 ff.); *Weigel/Vogel*, AuR 2018, 280 (282f.).
[371] So *Weigel/Vogel*, AuR 2018, 280ff.
[372] So *Hexel*, AuR 2019, 255ff.
[373] BT-Drs. 14/5741, S. 40; *Fitting*, BetrVG, § 28a Rn. 10; GK-BetrVG/*Raab*, § 28a Rn. 12; HWK/*Reichold*, § 28a BetrVG Rn. 3; Richardi/*Thüsing*, BetrVG, § 28a Rn. 8; DKW/*Wedde*, BetrVG, § 28a Rn. 16.
[374] Siehe dazu oben sub E IV 1.

Arbeitsstrukturen nicht unter § 87 Abs. 1 Nr. 13 BetrVG fallen sollten, genügt es für § 28a BetrVG aber bereits, wenn einer Zusammenfassung von Arbeitnehmern eine Arbeitsaufgabe zur gemeinsamen Erledigung übertragen worden ist,[375] worunter der Gesetzgeber insbesondere auch jede Form von Team- und Projektarbeit versteht[376]. Hierbei wird man noch nicht einmal eine Selbstorganisation der Gruppe zu fordern haben,[377] was für den Bereich agiler Arbeit indes letztlich keine Rolle spielt, weil sich diese Arbeitsform ohnehin durch ein hohes Maß an Autonomie auszeichnet. Im Interesse einer möglichst weitgehenden Flexibilisierung sollten neben virtuellen Arbeitsgruppen[378] auch betriebsübergreifende sowie unternehmensübergreifende Arbeitsgruppen als taugliche Adressaten einer Übertragung von Beteiligungsrechten angesehen werden, wobei es freilich einer konzertierten Mitwirkung aller beteiligten Betriebsräte bzw. eines gemeinsamen Betriebs mehrerer Unternehmen oder auch einer nach Maßgabe von § 3 BetrVG gebildeten Organisationseinheit bedarf.[379] Die Arbeitsgruppe selbst wird vom Arbeitgeber aufgrund seiner betrieblichen Organisationsmacht zusammengestellt. Entsprechendes gilt für die Übertragung der – von den Aufgaben im Sinne des § 28a BetrVG zu unterscheidenden – jeweiligen Arbeitsaufgabe. Um etwaige Streitigkeiten über die Frage, welche Beschäftigten zur Arbeitsgruppe gehören, von vornherein zu vermeiden, empfiehlt es sich aber, diesen Aspekt in der nach § 28a BetrVG abzuschließenden Rahmenvereinbarung zu klären, wobei insoweit eine gewisse Konkretisierungskompetenz der Betriebsparteien anzuerkennen ist.[380] Externe Kräfte, die in ein agiles Team entsandt werden, können allerdings nur dann zu den Mitgliedern der Arbeitsgruppe im Sinne von § 28a BetrVG gerechnet werden, wenn sie vom Betriebsrat vertreten werden, was neben den Stammbeschäftigten bei Leiharbeitnehmern nach Maßgabe von § 7 S. 2 BetrVG der Fall ist, nicht aber im Hinblick auf die Mitarbeiter von Kunden, wenn und soweit diese nicht in die Arbeitsprozesse des Teams eingegliedert sind.

---

[375] Vgl. *Fitting*, BetrVG, § 28a Rn. 11a; *Nill*, Selbstbestimmung, S. 67; GK-BetrVG/*Raab*, § 28a Rn. 13.
[376] BT-Drs. 14/5741, S. 40.
[377] Ebenso *Engels*, FS Wißmann, 2005, S. 302 (304); *Fitting*, BetrVG, § 28a Rn. 11a; *Nill*, Selbstbestimmung, S. 68; GK-BetrVG/*Raab*, § 28a Rn. 14; a.A. ErfK/*Koch*, § 28a BetrVG Rn. 2; DKW/*Wedde*, § 28a BetrVG Rn. 14ff.
[378] *Fitting*, BetrVG, § 28a Rn. 11a; *Tüttenberg*, Arbeitsgruppe, S. 33f.; *Wedde*, AuR 2002, 122, 123; DKW/*Wedde*, BetrVG, § 28a Rn. 17.
[379] *Fitting*, BetrVG, § 28a Rn. 12bf.; *Thüsing*, ZTR 2002, 3 (4); Richardi/*Thüsing*, BetrVG, § 28a Rn. 9; *Tüttenberg*, Arbeitsgruppe, S. 50f.; DKW/*Wedde*; BetrVG, § 28a Rn. 18f.; a.A. *Nill*, Selbstbestimmung, S. 69; GK-BetrVG/*Raab*, § 28a Rn. 16; eingehend *Pfister*, Übertragung, S. 30ff.
[380] *Raab*, NZA 2002, 474 (476).

## II. Verfahrensweise

Die Delegation von Beteiligungsrechten erfolgt im Wege eines zweistufigen Verfahrens: In einem ersten Schritt bedarf es gemäß § 28a Abs. 1 S. 1 Halbs. 2 BetrVG einer Rahmenvereinbarung zwischen dem Arbeitgeber und dem Betriebsrat, in der sich die Betriebsparteien in der Form einer Betriebsvereinbarung[381] über diejenigen Fragen einigen müssen, die für ein ordnungsgemäßes Funktionieren der Übertragung zu klären sind. Hierzu zählen mindestens die hinreichende Identifizierung und Abgrenzung der Arbeitsgruppe und eine allgemeine Umschreibung der übertragenen Aufgaben. Empfehlenswert sind insbesondere auch Regelungen über die gruppeninterne Willensbildung.[382] Diese Rahmenvereinbarung ist unstreitig nicht erzwingbar, so dass weder der Betriebsrat noch der Arbeitgeber gegen den Willen der jeweils anderen Betriebspartei die Voraussetzungen für eine Delegation von Beteiligungsrechten auf die Arbeitsgruppe schaffen können.[383] Insbesondere lässt sich auch aus § 87 Abs. 1 Nr. 13 BetrVG kein dahingehendes Mitbestimmungsrecht herleiten.[384]

In einem zweiten Schritt kann der Betriebsrat sodann mit der Mehrheit seiner Stimmen beschließen, der Arbeitsgruppe bestimmte Aufgaben (des Betriebsrats) und damit bestimmte Beteiligungsrechte nach § 28a Abs. 1 S. 1 Halbs. 1 BetrVG zu übertragen.[385] In dieser Entscheidung ist der Betriebsrat ungeachtet der Rahmenvereinbarung grundsätzlich frei, auch wenn er hierbei prinzipiell das Gebot des § 75 Abs. 2 S. 2 BetrVG zur Förderung der Selbstständigkeit und Eigeninitiative der Arbeitsgruppen zu beachten hat. Entsprechendes gilt für den Widerruf der Übertragung gemäß § 28a Abs. 1 S. 4 BetrVG.

## III. Übertragbare Aufgaben

In materieller Hinsicht müssen die übertragenen Aufgaben nach § 28a Abs. 1 S. 2 BetrVG in einem Zusammenhang mit den von der Arbeitsgruppe zu

---

[381] *Engels*, FS Wißmann, 2005, S. 302 (307); *Fitting*, BetrVG, § 28a Rn. 18; ErfK/*Koch*, § 28a BetrVG Rn. 2; *Thüsing*, ZTR 2002, 3 (5); DKW/*Wedde*, § 28a BetrVG Rn. 24ff.; nunmehr auch GK-BetrVG/*Raab*, § 28a Rn. 26 (anders noch *Raab*, NZA 2002, 474 (477)); a.A. *Natzel*, DB 2001, 1362 (1362); *Tüttenberg*, Arbeitsgruppe, S. 71f.
[382] Dazu *Engels*, FS Wißmann, 2005, S. 302 (306). Muster einer Rahmenvereinbarung bei *Wedde*, AiB 2001, 630ff.
[383] *Fitting*, BetrVG, § 28a Rn. 19; HWK/*Reichold*, § 28a BetrVG Rn. 9; DKW/*Wedde*, § 28a BetrVG Rn. 24.
[384] *Blanke*, RdA 2003, 140 (151); Richardi/*Thüsing*, BetrVG, § 28a Rn. 18.
[385] Zum Sinn der Unterscheidung zwischen Rahmenvereinbarung und Übertragungsbeschluss siehe *Engels*, FS Wißmann, 2005, S. 302 (307).

erledigenden Tätigkeiten stehen, wobei den Betriebsparteien eine gewisse Einschätzungsprärogative einzuräumen ist.[386] Die genaue Reichweite der übertragungsfähigen Aufgaben ist im Schrifttum umstritten, wobei klärende Rechtsprechung soweit ersichtlich nicht vorhanden ist. Zudem kommt es aufgrund des vom Gesetz aufgestellten Junktims ohnehin darauf an, welche Tätigkeiten von der jeweiligen Arbeitsgruppe zu erledigen sind, wobei allerdings nicht auf den konkreten Arbeitsinhalt, sondern auf die Organisation der Arbeitstätigkeit abzustellen ist.[387] Zu den zentralen Themenfeldern dürften regelmäßig Fragen der Arbeitszeitgestaltung (§ 87 Abs. 1 Nr. 2 und 3 BetrVG) sowie der Urlaubsgewährung (§ 87 Abs. 1 Nr. 5 BetrVG) zählen. Hinzu können im Einzelfall Fragen des Ordnungsverhaltens (§ 87 Abs. 1 Nr. 1 BetrVG), der technischen Überwachung (§ 87 Abs. 1 Nr. 6 BetrVG), des betrieblichen Gesundheitsschutzes (§ 87 Abs. 1 Nr. 7 BetrVG) und der betrieblichen Lohngestaltung (§ 87 Abs. 1 Nr. 10 und 11 BetrVG) treten. Darüber hinaus ist zutreffend überwiegend anerkannt, dass auch das Mitbestimmungsrecht im Hinblick auf Grundsätze über die Durchführung von Gruppenarbeit (§ 87 Abs. 1 Nr. 13 BetrVG) delegiert werden kann, um es der Arbeitsgruppe auf diesem Wege insbesondere zu ermöglichen, sich mit dem Arbeitgeber autonom über die gruppeninterne Willensbildung zu einigen.[388] Allerdings ist der Betriebsrat nicht gezwungen, den Katalog der übertragungsfähigen Sachbereiche vollständig auszuschöpfen. Eine Übertragung von Beteiligungsrechten im Bereich der personellen Einzelmaßnahmen ist allenfalls insoweit denkbar, als Interessen außerhalb des agilen Arbeitsteams nicht berührt werden, was indes kaum jemals zutreffen dürfte.[389] Dies gilt erst recht für die Beteiligungsrechte im Bereich der wirtschaftlichen Angelegenheiten.[390]

## IV. Rechtsfolgen

Kommt es zu einer wirksamen Übertragung von Beteiligungsrechten, tritt das agile Arbeitsteam innerhalb dieses Rahmens an die Stelle des Betriebsrats, erwirbt als Gruppe also insoweit sämtliche Beteiligungsrechte. Hierzu zählen auch

---

[386] *Engels*, FS Wißmann, 2005, S. 302 (309); *Fitting*, BetrVG, § 28a Rn. 23; *Thüsing*, ZTR 2002, 3 (6); *Tüttenberg*, Arbeitsgruppe, S. 92; a.A. *Linde*, Übertragung, S. 217; *Müller*, Übertragung, S. 178.
[387] GK-BetrVG/*Raab*, § 28a Rn. 32; näher *Linde*, Übertragung, S. 216; *Müller*, Übertragung, S. 176f.; partiell abweichend *Fitting*, BetrVG, § 28a Rn. 23: Arbeitstätigkeit der Arbeitsgruppe einschließlich der Arbeitsleistung.
[388] *Blanke*, RdA 2003, 140 (151f.); *Fitting*, BetrVG, § 28a Rn. 23a; GK-BetrVG/*Raab*, § 28a Rn. 34.
[389] Zurückhaltend auch *Fitting*, BetrVG, § 28a Rn. 24; GK-BetrVG/*Raab*, § 28a Rn. 35.
[390] Vgl. BT-Drs. 14/5741, S. 40, unter ausdrücklicher Nennung der §§ 111ff. BetrVG.

Informationsrechte nach § 80 Abs. S. 1 BetrVG, während ein Recht auf Heranziehung eines Sachverständigen gemäß § 80 Abs. S. 3 BetrVG so lange nicht überzeugen kann, wie der erforderliche Sachverstand beim Betriebsrat vorhanden ist und dort abgerufen werden kann.[391] Weiter steht der Arbeitsgruppe die Befugnis zu, im Rahmen der übertragenen Aufgaben auf der Grundlage eines Mehrheitsbeschlusses der Gruppenmitglieder Vereinbarungen abzuschließen. Ob solche Vereinbarungen den rechtlichen Charakter einer regelrechten Betriebsvereinbarung haben, ist bislang nicht abschließend geklärt, dürfte aber zu bejahen sein,[392] wodurch dann freilich das Spezialitätsprinzip anwendbar ist, wenn es für derselbe Angelegenheit eine inhaltlich abweichende Betriebsvereinbarung geben sollte.[393] Hierdurch entstehende Unzuträglichkeiten sind bislang nicht bekannt geworden, zumal der Betriebsrat dann immer noch die Möglichkeit hätte, die Übertragung der Aufgaben zu widerrufen und hierdurch die fortbestehende Betriebsvereinbarung zur Anwendung zu bringen.

Alles in allem eröffnet § 28a BetrVG damit die Option, die Agilität bei der Organisation des Arbeitsprozesses in eine Agilität bei der Ausübung der betrieblichen Mitbestimmung zu verlängern.

---

[391] Vgl. *Fitting*, BetrVG, § 28a Rn. 30.
[392] *Fitting*, BetrVG, § 28a Rn. 32ff.; GK-BetrVG/*Raab*, § 28a Rn. 44; HWK/*Reichold*, § 28a BetrVG Rn. 16.
[393] *Fitting*, BetrVG, § 28a Rn. 34; ErfK/*Koch*, BetrVG, § 28a Rn. 3; a.A. *Blanke*, RdA 2003, 140 (152f.); Richardi/*Thüsing*, BetrVG, § 28a Rn. 29.

# G. Sonstige Angelegenheiten

Die geplante Umstellung auf agile Arbeits- und Organisationsstrukturen kann schließlich noch weitere Beteiligungsrechte auslösen, denen im Folgenden nachzugehen ist. Hierbei geht es neben den allgemeinen personellen Angelegenheiten, die freilich eher eine randständige Bedeutung haben, vor allem um den zunehmend wichtiger werdenden Bereich von Qualifizierung und Weiterbildung.

## I. Personalplanung und Beschäftigungssicherung

Soweit es um den Bereich der Personalplanung geht, verleiht § 92 Abs. 1 und 2 BetrVG dem Betriebsrat ein Unterrichtungs-, Beratungs- und Vorschlagsrecht. Hierdurch soll der Betriebsrat bereits auf die den personellen Einzelmaßnahmen vorgelagerte Ebene der personalwirtschaftlichen Grundsatzentscheidungen Einfluss nehmen können, um auf diese Weise zu einer stärkeren Objektivierung und Transparenz des Personalwesens wie auch der auf konkrete Arbeitnehmer bezogenen Maßnahmen beizutragen.[394] Der im Gesetz nicht definierte Begriff der Personalplanung wird vom BAG weit verstanden und umfasst jede Planung, die sich auf den gegenwärtigen und künftigen Personalbedarf in quantitativer und qualitativer Hinsicht sowie dessen Deckung in zeitlicher und örtlicher Hinsicht bezieht. Gegenständlich werden hierunter im Allgemeinen die Personalbedarfsplanung, die Personaldeckungsplanung, die Personalentwicklungsplanung und die Personaleinsatzplanung gefasst.[395] Soweit sich die Überlegungen des Arbeitgebers dagegen noch nicht zu einer Personalplanung verdichtet haben, sondern es zunächst nur darum geht, einen insoweit bestehenden Handlungsbedarf zu ermitteln bzw. etwaige Handlungsspielräume auszuloten, ist der Anwendungsbereich von § 92 Abs. 1 BetrVG noch nicht erreicht.[396]

Im Hinblick auf agile Arbeit kommt es deshalb grundsätzlich darauf an, ob der Arbeitgeber bereits in Planungen darüber eingetreten ist, ob und wie viele Teams

---

[394] BT-Drs. VI/1786, S. 50.
[395] BAG v. 6.11.1990 – 1 ABR 60/89, AP BetrVG 1972 § 92 Rn. 3 = NZA 1991, 358 unter II 2 a; BAG v. 8.11.2016 – 1 ABR 64/14, AP BetrVG 1972 § 92 Rn. 4 = NZA 2017, 942 Rn. 13; BAG v. 12.3.2019 – 1 ABR 43/17, AP BetrVG 1972 § 92 Rn. 5 = NZA 2019, 1153 Rn. 21f.; ebenso *Fitting*, BetrVG, § 92 Rn. 9 ff.; GK-BetrVG/*Raab*, § 92 Rn. 7ff.
[396] BAG v. 12.3.2019 – 1 ABR 43/17, AP BetrVG 1972 § 92 Rn. 5 = NZA 2019, 1153 Rn. 25.

künftig agil arbeiten sollen, ob die entsprechenden Arbeitsgruppen mit bereits vorhandenen Mitarbeitern besetzt werden sollen (Bedarfsdeckung auf dem internen Arbeitsmarkt) oder ob das erforderliche Personal neu rekrutiert werden soll (Bedarfsdeckung auf dem externen Arbeitsmarkt). Auch gehört die Frage hierher, ob die bereits vorhandenen Beschäftigten gegebenenfalls durch Bildungsmaßnahmen diejenige Qualifikation erwerben sollen, die sie zu einer Tätigkeit in einer agilen Arbeitsumwelt befähigt. Beginnt der Arbeitgeber dahingehende Planungen, ist der Betriebsrat hierüber nach § 92 Abs. 1 S. 1 BetrVG anhand von Unterlagen rechtzeitig und umfassend zu unterrichten. Dabei hat die Information so frühzeitig einzusetzen, dass der Betriebsrat noch effektiv auf den Planungsprozess selbst Einfluss nehmen kann und nicht erst mit dem Ergebnis des Planungsvorgangs, nämlich dem Plan selbst, konfrontiert wird.[397]

Das sich anschließende Beratungsrecht des Betriebsrats gemäß § 92 Abs. 1 S. 2 BetrVG wird vom BAG[398] sowie Teilen des Schrifttums[399] allerdings enger verstanden als das Unterrichtungsrecht, indem es erst dann einsetzen soll, wenn sich der Arbeitgeber gedanklich mit der Art und dem Umfang der zur Umsetzung der Personalplanung erforderlichen Maßnahmen näher befasst.[400] Eine darüber hinausgehende Interpretation von § 92 Abs. 1 S. 2 BetrVG unter Berufung auf Art. 4 Abs. 2 lit. b RL 2002/14/EG lässt sich schwerlich begründen. Den europarechtlichen Anforderungen wird schon dadurch Rechnung getragen, dass der Arbeitgeber und der Betriebsrat über die von § 92 Abs. 1 S. 2 BetrVG nicht umfassten Bereiche der Personalplanung nach §§ 2 Abs. 1, 74 Abs. 1 S. 2 BetrVG zu verhandeln haben.[401]

Die thematisch einschlägigen Fragen kann der Betriebsrat kraft seines Vorschlagsrechts gemäß § 92 Abs. 2 BetrVG aufwerfen. Mithilfe dieses Rechts kann er nicht nur eine im Betrieb bislang nicht vorhandene systematische Personalplanung anregen, sondern dem Arbeitgeber insbesondere auch Vorschläge zur Änderung einer bestehenden bzw. praktizierten Personalplanung unterbreiten, während der Sinn und Zweck des Beteiligungsrechts nicht dahin geht, dass der Betriebsrat eine vom Arbeitgeber unabhängige („originäre") Personalplanung

---

[397] *Fitting*, BetrVG, § 92 Rn. 28; GK-BetrVG/*Raab*, § 92 Rn. 24.
[398] BT-Drs. VI/1786, S. 50.
[398] BAG v. 6.11.1990 – 1 ABR 60/89, AP BetrVG 1972 § 92 Rn. 3 = NZA 1991, 358 unter II 3.
[399] ErfK/*Kania*, § 92 BetrVG Rn. 9; MHdB ArbR/*Oberthür*, § 333 Rn. 15; GK-BetrVG/*Raab*, § 92 Rn. 33; Richardi/*Thüsing*, BetrVG, § 92 Rn. 36.
[400] A.A. *Fitting*, BetrVG, § 92 Rn. 35; DKW/*Homburg*, BetrVG, § 92 Rn. 46.
[401] GK-BetrVG/*Raab*, § 92 Rn. 33; dazu bereits BAG v. 6.11.1990 – 1 ABR 60/89, AP BetrVG 1972 § 92 Rn. 3 = NZA 1991, 358 unter II 3 b bb.

durchführt,[402] zumal er einen daraus erwachsenden Plan ohnehin nicht umsetzen könnte. Inhaltlich ist vom Vorschlagsrecht etwa unter dem Blickwinkel der Personaldeckungsplanung die Frage umfasst, agile Arbeitsmethoden unter eine Art „Freiwilligkeitsvorbehalt" zu stellen, also auf eine Regelung hinzuwirken, nach der nur solche Beschäftigten in agil arbeitende Teams entsandt werden, die sich zu dieser durchaus anspruchsvollen Form der Organisation von Arbeitsprozessen freiwillig bereit erklären, was vor allem für an herkömmliche Organisationsstrukturen gewöhnte Arbeitnehmer von Bedeutung sein kann. Eine entsprechende Regelung kann der Betriebsrat mangels eines dahingehenden echten Mitbestimmungsrechts aber nicht erzwingen.

Sofern agile Arbeits- und Organisationsformen aus der Sicht des Betriebsrats zumindest langfristig zu einer Gefahr für die Beschäftigung führen, kommt weiter das Beteiligungsrecht nach § 92a BetrVG in Betracht. Diese Regelung verschafft dem Betriebsrat ein Vorschlags- und Beratungsrecht, wobei das Beratungsrecht dadurch etwas verschärft ist, dass der Arbeitgeber gemäß § 92a Abs. 2 S. 2 BetrVG seine Ablehnung begründen muss und diese Begründung in Betrieben mit mehr als 100 Arbeitnehmern zudem schriftlich zu erfolgen hat. Auf diesem Wege lässt sich etwa auf Vereinbarungen mit dem Arbeitgeber hinwirken, die auf einen (vorsorglichen) Ausschluss des Abbaus von Beschäftigung als Folge der Einführung agiler Strukturen im Betrieb abzielen. Ein echtes Mitbestimmungsrecht besteht in dieser Frage aber nicht, so dass der Betriebsrat auf ein Entgegenkommen des Arbeitgebers angewiesen ist bzw. insoweit nur informelle Machtressourcen mobilisieren kann.

## II. Qualifizierung und Weiterbildung

Das im Zuge der digitalen Transformation der Arbeitswelt insgesamt wichtiger werdende Feld von Qualifizierung und Weiterbildung ist auch im Zusammenhang mit agilen Arbeits- und Organisationsformen bedeutsam. Dies gilt zum einen im Hinblick auf die spezifischen Rollen, die Mitarbeitern übertragen werden, wenn die Methode Scrum auf der betrieblichen Ebene praktiziert werden soll (Scrum Master, Product Owner), betrifft zum anderen aber auch das Entwicklungsteam, indem agiles Arbeiten allen Beschäftigten besondere Fähigkeiten im Hinblick auf die Selbstorganisation der Arbeitsvorgänge, aber auch im Hinblick auf das Kommunikationsverhalten und gegebenenfalls das

---

[402] BAG v. 8.11.2016 – 1 ABR 64/14, AP BetrVG 1972 § 92 Rn. 4 = NZA 2017, 942 Rn. 21; BAG v. 12.3.2019 – 1 ABR 43/17, AP BetrVG 1972 § 92 Rn. 5 = NZA 2019, 1153 Rn. 30; *Fitting*, BetrVG, § 92 Rn. 36.

Konfliktbewältigungsverhalten abverlangt, die über die herkömmliche reine Fachkompetenz hinausgehen. Insoweit steht außer Zweifel, dass es nicht damit getan ist, den Arbeitnehmern zugespitzt formuliert am Freitagnachmittag gegen Dienstschluss schlicht den Scrum-Guide[403] in die Hand zu drücken und ihn über das Wochenende lesen zu lassen, um dann ab Montagmorgen die Arbeitsprozesse auf agiles Arbeiten umzustellen. Nicht umsonst werden auf dem allgemeinen Weiterbildungsmarkt zahlreiche Schulungen angeboten, die sich insbesondere auf die Anforderungen an die mit Scrum verbundenen Rollen beziehen und zu entsprechenden Zertifizierungen führen.

## 1. Betriebsverfassungsrechtliche Individualrechte

Das Betriebsverfassungsgesetz gibt dem einzelnen Arbeitnehmer in diesem Zusammenhang nur schwache Rechte. Von vornherein wenig weiterführend ist die Pflicht des Arbeitgebers, den Arbeitnehmer gemäß § 81 Abs. 1 und Abs. 2 BetrVG über seine Arbeitsaufgabe und Verantwortung sowie über die Art seiner Tätigkeit und die Einordnung in den Arbeitsablauf des Betriebs zu unterrichten und dies im Falle einer Veränderung des Arbeitsbereichs des Beschäftigten rechtzeitig zu wiederholen. Diese Regelung baut auf den bereits vorhandenen Kenntnissen und Fähigkeiten des Arbeitnehmers auf, enthält aber keine Pflicht des Arbeitgebers, für eine Anpassungsqualifikation zu sorgen. Das Problem einer möglichen Diskrepanz zwischen den künftigen Arbeitsanforderungen als Folge einer Veränderung von Arbeitsabläufen, ihre Auswirkungen auf den Arbeitsplatz und die Art der Tätigkeit einerseits sowie den beruflichen Kenntnissen und Fähigkeiten des Beschäftigten andererseits wird erst in § 81 Abs. 4 BetrVG thematisiert. Abgesehen von einer neuerlichen Unterrichtungspflicht nach § 81 Abs. 4 S. 1 BetrVG sieht die Vorschrift in § 81 Abs. 4 S. 2 BetrVG allerdings nur eine Pflicht des Arbeitgebers vor, mit dem Arbeitnehmer gemeinsam zu erörtern, wie eine Anpassung an die künftigen Anforderungen bewerkstelligt werden kann. Nun mag eine solche Erörterung vielfach dazu führen, dass sich die Arbeitsvertragsparteien auf Qualifizierungsmaßnahmen einigen, die den Beschäftigten in Stand setzen, den Anforderungen einer agilen Arbeitsweise und Arbeitsumgebung gerecht zu werden, zumal ein effizienter Arbeitskräfteeinsatz letztlich auch im betrieblichen Interesse liegt. Ein regelrechter Anspruch auf die Gewährung einer entsprechenden Weiterbildung lässt sich aus dieser Regelung allerdings nicht herleiten. Darüber hinaus gelingen Qualifizierung und Weiterbildung am ehesten, wenn sie in ein diesem Thema förderliches Umfeld eingebettet sind, so dass

---

[403] https://www.scrumguides.org/docs/scrumguide/v2017/2017-Scrum-Guide-German.pdf.

es maßgeblich auf die betriebliche Ebene ankommt, die wiederum wesentlich durch die Rechte des Betriebsrats geprägt wird, auf ein solches Umfeld hinzuarbeiten.

## 2. Kollektive Beteiligungsrechte des Betriebsrats

Für den Bereich von Qualifizierung und Weiterbildung stellen die §§ 96ff. BetrVG einen rechtlichen Rahmen bereit, der es dem Betriebsrat ermöglicht, mit einem größeren Gewicht als es dem einzelnen Arbeitnehmer zur Verfügung steht, auf berufliche Bildungsmaßnahmen zugunsten der Beschäftigten hinzuwirken und auf ihre Gestaltung Einfluss zu nehmen, auch wenn die Beteiligungsrechte nur partiell zu umfassenden Mitbestimmungsrechten ausgebaut sind.

### a) Betriebliche Berufsbildung

Grundvoraussetzung aller Rechte des Betriebsrats nach den §§ 96ff. BetrVG ist, dass es um Berufsbildung im betriebsverfassungsrechtlichen Sinne geht. Dieser im Gesetz nicht näher definierte Begriff ist aufgrund der Bedeutung der betrieblichen Berufsbildung für das soziale Schicksal des Arbeitnehmers und für seinen beruflichen Werdegang[404] anerkanntermaßen weit auszulegen[405] und geht insbesondere über den ohnehin schon breit aufgefächerten Begriff der Berufsbildung im Sinne des BBiG hinaus.[406] Letztlich umfasst er alle Maßnahmen, die in systematischer, lehrplanartiger Weise Kenntnisse und Fähigkeiten vermitteln und die Arbeitnehmer hierdurch zu ihrer beruflichen Tätigkeit befähigen sollen.[407] Wie sich aus § 96 Abs. 2 BetrVG ergibt, aber auch aus den §§ 97 und 98 BetrVG herleiten lässt, kommt es dabei im Ausgangspunkt nicht darauf an, ob es sich um betriebliche oder um außerbetriebliche Maßnahmen der Berufsbildung handelt,

---

[404] So bereits BAG v. 31.1.1969 – 1 ABR 18/68, AP BetrVG § 56 Berufsbildung Nr. 1 unter II 2 c; ebenso BAG v. 5.11.1985 – 1 ABR 49/83, AP BetrVG 1972 § 98 Nr. 2 = NZA 1986, 535 unter B I 1.

[405] Vgl. BAG v. 23.4.1991 – 1 ABR 49/90, AP BetrVG 1972 § 98 Nr. 7 = NZA 1991, 817 unter B II 2 a; BAG v. 5.3.2013 – 1 ABR 11/12, AP BetrVG 1972 § 98 Nr. 15 Rn. 12; BAG v. 26.4.2016 – 1 ABR 21/14, AP BetrVG 1972 § 98 Nr. 16 = NZA 2016, 1036 Rn. 21.

[406] DKW/*Buschmann*, BetrVG, § 96 Rn. 5 ff.; *Fitting*, BetrVG, § 96 Rn. 9; MHdB ArbR/*Oberthür*, § 339 Rn. 3; Richardi/*Thüsing*, BetrVG, § 92 Rn. 8; *Zwanziger*, AuR 2010, 459 (459).

[407] BAG v. 24.8.2004 – 1 ABR 28/03, AP BetrVG 1972 § 98 Nr. 12 = NZA 2005, 371 unter B II 2 a; ähnlich BAG v. 18.4.2000 – 1 ABR 28/99, AP BetrVG 1972 § 98 Nr. 9 = NZA 2001, 167 unter B I 2 a aa; eingehende Begriffsbestimmung bei *Gilberg*, Mitwirkung, S. 160ff.

auch wenn die Beteiligungsrechte des Betriebsrats je nach dem Charakter der Maßnahmen unterschiedlich weit reichen.

Vor diesem Hintergrund sind Seminare, in denen die Beschäftigten mit den Anforderungen agiler Arbeit und insbesondere mit der Methode Scrum vertraut gemacht werden, dem Bereich der Berufsbildung im betriebsverfassungsrechtlichen Sinne zuzuordnen. Insoweit gilt nichts anderes als bei Seminaren, in denen die Arbeitnehmer mit Personalcomputern bzw. mit einzelnen Computerprogrammen vertraut gemacht werden,[408] weil es um nichts weniger als um den Erwerb derjenigen Fähigkeiten geht, die den Beschäftigten für eine ordnungsgemäße Aufgabenerfüllung künftig abverlangt werden. Insbesondere handelt es sich bei solchen Schulungen nicht etwa nur um eine schlichte Unterrichtung der Arbeitnehmer über Aufgaben, Tätigkeitsbereich und Verantwortung im Sinne des § 81 BetrVG, die als solche nicht zur betrieblichen Berufsbildung zählt,[409] obwohl die Einführung von Lean Management für sich genommen durchaus unter § 81 BetrVG zu fassen ist.[410] Die Einführung in Scrum stellt auch keinen bloßen Erfahrungsaustausch unter den Arbeitnehmern dar, so dass offenbleiben kann, wie weit der Kreis der Berufsbildungsmaßnahmen in dieser Hinsicht zu ziehen ist.[411] Aufgrund der Ausrichtung auf die künftige berufliche Tätigkeit der Beschäftigten lässt sich eine Schulung in agilen Arbeitsmethoden ferner nicht auf eine Stufe mit sonstigen Bildungsmaßnahmen im Sinne von § 98 Abs. 6 BetrVG stellen, zu denen der Gesetzgeber etwa Erste-Hilfe-Kurse rechnet.[412]

### b) Grundsätzliche Pflichten des Arbeitgebers

Nach § 96 Abs. 1 S. 1 BetrVG besteht zunächst eine allgemeine Förderpflicht der Betriebsparteien im Hinblick auf die Berufsbildung der Arbeitnehmer. Aus dieser

---

[408] Dazu BAG v. 23.4.1991 – 1 ABR 49/90, AP BetrVG 1972 § 98 Nr. 7 = NZA 1991, 817 unter B II 2 b aa.
[409] Vgl. BAG v. 5.11.1985 – 1 ABR 49/83, AP BetrVG 1972 § 98 Nr. 2 = NZA 1986, 535 unter B I 1; BAG v. 10.2.1988 – 1 ABR 39/86, AP BetrVG 1972 § 98 Nr. 5 = NZA 1988, 549 unter B II 1 a; BAG v. 23.4.1991 – 1 ABR 49/90, AP BetrVG 1972 § 98 Nr. 7 = NZA 1991, 817 unter B II 2 a; BAG v. 5.3.2013 – 1 ABR 11/12, AP BetrVG 1972 § 98 Nr. 15 Rn. 12; BAG v. 26.4.2016 – 1 ABR 21/14, AP BetrVG 1972 § 98 Nr. 16 = NZA 2016, 1036 Rn. 21; krit. gegenüber einem zu engen Verständnis der Einweisung *Zwanziger*, AuR 2010, 459 (459).
[410] *Fitting*, BetrVG, § 81 Rn. 5.
[411] Tendenziell großzügiger (Einbeziehung auch von sog. Qualitätszirkeln) DKW/*Buschmann*, BetrVG, § 96 Rn. 9; *Fitting*, BetrVG, § 96 Rn. 23; tendenziell restriktiver *Kraft*, NZA 1990, 457 (460); MHdB ArbR/*Oberthür*, § 339 Rn. 3; GK-BetrVG/*Raab*, § 96 Rn. 29; HWK/*Ricken*, § 96 BetrVG Rn. 8; differenzierend Erfk/*Kania*, § 96 BetrVG Rn. 6.
[412] BT-Drs. VI/1786, S. 51.

Förderpflicht ergibt sich allerdings kein individueller Anspruch der Beschäftigten auf Qualifizierung und Weiterbildung und dabei insbesondere kein Recht auf bezahlte oder unbezahlte Freistellung von der Arbeit zur Teilnahme an Bildungsmaßnahmen sowie zur Übernahme der Kosten seitens des Arbeitgebers.[413] Wenn und soweit der Arbeitgeber eine strukturierte Personalplanung betreibt, stellt sich die Förderpflicht der Sache nach als eine Konkretisierung der Personalentwicklungsplanung dar, ohne dass aus der etwaigen Doppelung der Regelungen Friktionen erwachsen würden. Vielmehr setzt sich – wie auch sonst – im Ergebnis das stärkere Beteiligungsrecht durch.

Zunächst hat der Arbeitgeber nach der im Zuge der Betriebsverfassungsgesetzreform von 2001 eingeführten Vorschrift des § 96 Abs. 1 S. 2 BetrVG auf Verlangen des Betriebsrats den Berufsbildungsbedarf zu ermitteln, wobei die Bedarfsermittlung über den in § 97 Abs. 2 BetrVG geregelten Fall der Anpassungsqualifizierung hinausgeht,[414] mag das auch die wichtigste Fallgruppe sein. Dem Betriebsrat steht insoweit also ein Initiativrecht darauf zu, dass der Arbeitgeber bestimmte Informationen gegebenenfalls überhaupt erst zusammenträgt,[415] was dann relevant ist, wenn der Arbeitgeber nicht schon aus eigenem Antrieb eine Ermittlung des Berufsbildungsbedarfs vornimmt. Diese Regelung verschafft dem Betriebsrat somit eine stärkere Rechtsstellung als bei der sonstigen Personalplanung, bei der er für den Fall des Fehlens einer entsprechenden Planung seitens des Arbeitgebers darauf beschränkt ist, über sein Vorschlagsrecht nach § 92 Abs. 2 BetrVG eine solche Planung anzuregen, ohne sie indes erzwingen zu können.

Im Einzelnen bedarf es zumindest regelmäßig einer Soll-Analyse, einer Ist-Analyse sowie eines Soll-Ist-Vergleichs, aus dem sich Art und Umfang des betrieblichen Bildungsbedarfs ergeben.[416] Soweit es im Rahmen der Soll-Analyse um die Feststellung der künftigen Anforderungen geht, steht dem Betriebsrat aus § 96 Abs. 1 S. 2 BetrVG allerdings kein Mitbestimmungsrecht bei der Festlegung des Anforderungsprofils zu. Der Betriebsrat kann über das Instrument der Bedarfsermittlung also nicht etwa erreichen, dass die Fähigkeit der Beschäftigten zum Umgang mit agilen Arbeitsformen erst gar nicht in das Soll-Konzept aufgenommen wird. Hiervon zu unterscheiden ist die Frage, ob Anforderungsprofile als Auswahlrichtlinien im Sinne von § 95 Abs. 1 und 2 BetrVG zu qualifizieren sind

---

[413] *Fitting*, BetrVG, § 96 Rn. 24, 26; Richardi/*Thüsing*, BetrVG, § 92 Rn. 18.
[414] DKW/*Buschmann*, BetrVG, § 96 Rn. 23; *Fitting*, BetrVG, § 96 Rn. 35; Richardi/*Thüsing*, BetrVG, § 96 Rn. 23.
[415] GK-BetrVG/*Raab*, § 96 Rn. 29.
[416] Vgl. BT-Drs. 14/5741, S. 49. Zur praktischen Vorgehensweise *Malottke/Mencke*, AiB 2003, 669ff.

und somit den dort geregelten Beteiligungsrechten unterliegen.[417] Im Hinblick auf die Ist-Analyse geht es um die Ermittlung des gegenwärtigen Qualifikationsniveaus des aktuellen Personalbestands (einschließlich der voraussehbaren Personalfluktuation) sowie des Bildungsinteresses der Arbeitnehmer. Hierbei muss der Arbeitgeber die erforderlichen Informationen, sofern sie nicht ohnehin schon vorhanden sind, gegebenenfalls erst beschaffen.[418] Über das Ergebnis der Ermittlung des Berufsbildungsbedarfs ist der Betriebsrat auf Verlangen zu informieren.[419] Datenschutzrechtlich ist dies nach § 26 Abs. 1 S. 1 a.E. BDSG zulässig.[420] Teile des Schrifttums wollen dem vom Arbeitgeber ermittelten Berufsbildungsbedarf eine Bindungswirkung im Hinblick auf das nachfolgende Mitbestimmungsrecht gemäß § 98 BetrVG beimessen.[421] Allerdings kann die Einführung von Maßnahmen der betrieblichen Berufsbildung im Anwendungsbereich des § 98 BetrVG im Gegensatz zu § 97 Abs. 2 BetrVG gerade nicht verlangt werden, so dass es nicht überzeugen kann, über den Umweg des Berufsbildungsbedarfs, dessen Ermittlung vom Betriebsrat verlangt werden kann, letztlich doch ein Recht auf die Einführung solcher Maßnahmen zu konstruieren.

Weiter kann der Betriebsrat gemäß § 96 Abs. 1 S. 2 BetrVG fordern, dass der Arbeitgeber mit ihm über sämtliche die Berufsbildung der Arbeitnehmer des Betriebs betreffenden Fragen berät. Außerdem steht dem Betriebsrat nach § 96 Abs. 1 S. 3 BetrVG ein auf diese Angelegenheiten bezogenes Vorschlagsrecht zu, das den Arbeitgeber zu einer ernsthaften Erörterung der unterbreiteten Vorschläge, freilich nicht dazu verpflichtet, den Anregungen des Betriebsrats zu folgen. Das nach § 96 Abs. 1 S. 2 BetrVG ohnehin schon bestehende Beratungsrecht wird durch § 97 Abs. 1 BetrVG ergänzt, soweit es u.a. um die Einführung betrieblicher Berufsbildungsmaßnahmen und die Teilnahme an außerbetrieblichen Berufsbildungsmaßnahmen geht.

Mit der grundsätzlichen Beschränkung auf ein bloßes Beratungsrecht sowie dem Umkehrschluss aus § 97 Abs. 2 BetrVG bringt das Gesetz zum Ausdruck, dass es kein allgemeines Mitbestimmungsrecht im Hinblick auf die Einführung von Berufsbildungsmaßnahmen gibt. Der Betriebsrat kann also nicht gleichsam prophylaktisch erwirken, dass die Beschäftigten in agilen Arbeitsmethoden geschult

---

417 Abl. BAG v. 31.5.1983 – 1 ABR 6/80, AP BetrVG 1972 § 95 Nr. 2 = NZA 1984, 49 unter B II; BAG v. 31.1.1984 – 1 ABR 63/81, AP BetrVG 1972 § 95 Nr. 3 = NZA 1984, 51 unter B II 2; a.A. DKW/*Klebe/Wankel*, BetrVG, § 95 Rn. 6.
418 LAG Hamburg v. 18.1.2012 – 5 TaBV 10/11, Juris Rn. 41; LAG Hamburg v. 31.10.2012 – 5 TaBV 6/12, Juris Rn. 32; Richardi/*Thüsing*, BetrVG, § 96 Rn. 23.
419 GK-BetrVG/*Raab*, § 96 Rn. 31.
420 Vgl. DKW/*Buschmann*, BetrVG, § 96 Rn. 24; GK-BetrVG/*Raab*, § 96 Rn. 31.
421 DKW/*Buschmann*, BetrVG, § 96 Rn. 23; *Fitting*, BetrVG, § 96 Rn. 37.

werden, um sie für mögliche innerbetriebliche Veränderungen besser zu wappnen und ihnen bessere Aufstiegsmöglichkeiten zu verschaffen. Der Koalitionsvertrag der gegenwärtigen Großen Koalition von CDU, CSU und SPD von 2018 sieht in diesem Zusammenhang zwar eine gewisse Verstärkung des Beteiligungsrechts vor. Hierbei zielen die Überlegungen allerdings ersichtlich nicht auf die Einführung eines echten Mitbestimmungsrechts ab, sondern nur auf die Etablierung einer diffusen Zwischenlösung, indem jeder Seite das Recht zuerkannt werden soll, einen sog. „Moderator" anzurufen, der auf eine Einigung zwischen den Betriebsparteien hinarbeiten soll, ohne indes selbst die Befugnis zu einer bindenden Entscheidung zu haben oder die Einigungsstelle einschalten zu können.[422]

### c) Mitbestimmung bei der Durchführung betrieblicher Bildungsmaßnahmen

Die Schwelle zu einem echten Mitbestimmungsrecht wird im Rahmen von § 98 BetrVG überschritten. Dabei kommt es für die Intensität der Mitbestimmung maßgeblich darauf an, ob es sich um eine betriebliche oder um eine außerbetriebliche Bildungsmaßnahme handelt. Diese Abgrenzung ist nicht räumlich, sondern funktional zu verstehen. Entscheidend ist also nicht, ob die Maßnahme örtlich in der Betriebsstätte durchgeführt wird, sondern ob der Arbeitgeber als Veranstalter bzw. Träger der Bildungsmaßnahme auftritt und die Maßnahme für die eigenen Beschäftigten durchgeführt wird. Eine Trägerschaft des Arbeitgebers liegt wiederum dann vor, wenn er die Bildungsmaßnahme selbst und in eigener Verantwortung durchführt oder er hierfür zwar einen Dritten einschaltet, dabei aber auf den Inhalt und die Durchführung rechtlich oder tatsächlich einen beherrschenden Einfluss ausübt.[423] Somit können auch solche Berufsbildungsmaßnahmen, die etwa in einem Tagungshotel stattfinden, als „betrieblich" zu charakterisieren sein, während umgekehrt die Durchführung einer Schulung in den Räumlichkeiten des Arbeitgebers speziell für dessen Beschäftigte (Inhouse-Seminar) noch nicht automatisch zu einer Qualifikation als „betrieblich" führt.[424] Hintergrund

---

[422] Vgl. Koalitionsvertrag zwischen CDU, CSU und SPD für die 19. Legislaturperiode v.12.3.2018, Zeilen 2289 ff., wonach ein Einigungszwang ausdrücklich ausgeschlossen wird; undeutlich dagegen die Formulierungen in den Zeilen 376 u. 1811f., wo jeweils nur pauschal von einem „Initiativrecht für Betriebsräte für Weiterbildung" die Rede ist.

[423] BAG v. 4.12.1990 – 1 ABR 10/90, AP BetrVG 1972 § 97 Nr. 1 = NZA 1991, 388 unter B II 2 c u. 3 a; BAG v. 18.4.2000 – 1 ABR 28/99, AP BetrVG 1972 § 98 Nr. 9 = NZA 2001, 167 unter B I 2 a bb; BAG v. 18.4.2004 – 1 ABR 28/03, AP BetrVG 1972 § 98 Nr. 12 = NZA 2005, 371 unter B II 2 a.

[424] BAG v. 4.12.1990 – 1 ABR 10/90, AP BetrVG 1972 § 97 Nr. 1 = NZA 1991, 388 unter B II 2 c; *Raab*, NZA 2008, 270 (275).

dieser Differenzierung ist der Sinn und Zweck der Mitbestimmung. So setzt die durch § 98 Abs. 1 BetrVG angeordnete gleichberechtigte Mitwirkung des Betriebsrats an der Ausgestaltung der Bildungsmaßnahme voraus, dass der Arbeitgeber überhaupt einen eigenen Gestaltungsspielraum hat[425] und nicht lediglich eine vorgefertigte Schulungsmaßnahme am allgemeinen Weiterbildungsmarkt „einkauft". Beschränkt sich der Arbeitgeber dagegen darauf, den Arbeitnehmern durch Freistellung und/oder Kostentragung die Teilnahme an einer außerbetrieblichen Maßnahme der Berufsbildung zu ermöglichen bzw. zu erleichtern, geht es nur um eine gerechte und diskriminierungsfreie Verteilung der mit einer solchen Maßnahme verbundenen Vorteile.[426] Dementsprechend bezieht sich das Mitbestimmungsrecht bei einer außerbetrieblichen Bildungsmaßnahme gemäß § 98 Abs. 3 BetrVG lediglich auf die Auswahl der Beschäftigten, denen diese Möglichkeit eröffnet werden soll.

Da Seminare zur Einführung in die mit agiler Arbeit verbundenen Anforderungen sowie insbesondere zur Vermittlung der rollenspezifischen Kenntnisse und Fähigkeiten bei Scrum verbreitet auf dem allgemeinen Weiterbildungsmarkt angeboten werden, wird es vielfach um außerbetriebliche Maßnahmen der Berufsbildung gehen. Der Anwendungsbereich von § 98 Abs. 3 BetrVG und damit die Befugnis des Betriebsrats zur Mitwirkung (nur) an der Auswahl der Teilnehmer ist in diesen Fällen dann eröffnet, wenn der Arbeitgeber durch die Freistellung von Arbeitnehmern mit oder auch ohne Entgeltfortzahlung[427] oder durch die vollständige oder teilweise Übernahme von Teilnahmekosten (Teilnahmegebühren, Reisekosten, Aufenthaltskosten) Bildungschancen gewährt. Ob der Arbeitgeber den Beschäftigten solche Bildungschancen zuwendet, unterliegen selbst aber nicht der Mitbestimmung. Dasselbe gilt für die Auswahl der außerbetrieblichen Bildungsmaßnahme als solcher nach Ziel und Anbieter sowie für die Anzahl der „eingekauften" Teilnehmerplätze.[428] Zudem kann die begünstigte Arbeitnehmergruppe nach abstrakten Merkmalen abgegrenzt bzw. können sachlich gebotene Zulassungsvoraussetzungen mitbestimmungsfrei festgelegt werden.[429] Innerhalb des so gezogenen Kreises besteht trotz des missverständlichen Wortlauts in § 98 Abs. 3 BetrVG, der nur von einem Vorschlagsrecht des Betriebsrats spricht, hinsichtlich der Auswahl der konkreten Arbeitnehmer aber ein echtes Mitbestimmungsrecht. Genau genommen muss der Betriebsrat konkrete

---

[425] Vgl. BAG v. 12.11.1991 – 1 ABR 21/91, AP BetrVG 1972 § 98 Nr. 8 = NZA 1992, 657 unter B II 2.
[426] *Raab*, NZA 2008, 270 (271).
[427] DKW/*Buschmann*, BetrVG, § 98 Rn. 27; *Fitting*, BetrVG, § 98 Rn. 30; GK-BetrVG/*Raab*, § 98 Rn. 25; Richardi/*Thüsing*, BetrVG, § 98 Rn. 58.
[428] Vgl. GK-BetrVG/*Raab*, § 98 Rn. 28.
[429] *Fitting*, BetrVG, § 98 Rn. 31.

Arbeitnehmer benennen, die seiner Ansicht nach an der außerbetrieblichen Bildungsmaßnahme teilnehmen sollten, während es nicht genügt, lediglich diejenigen Arbeitnehmer abzulehnen, die vom Arbeitgeber benannt worden sind.[430] Freie Plätze, für die der Betriebsrat keine Beschäftigten konkret benennt, kann der Arbeitgeber sogar einseitig besetzen, weil die Einigungsstelle nach § 98 Abs. 4 BetrVG lediglich im Hinblick auf diejenigen Arbeitnehmer zum Zuge kommt, die vom Betriebsrat benannt worden sind und hinsichtlich derer die Betriebsparteien keine Einigung erzielt haben.

Sofern der Arbeitgeber Schulungen zu agiler Arbeit sowie insbesondere zu Scrum als betriebliche Bildungsmaßnahme durchführt, was aber wohl seltener vorkommen dürfte, besteht zum einen das soeben beschriebene Mitwirkungsrecht des Betriebsrats nach § 98 Abs. 3 BetrVG bei der Auswahl der Teilnehmer, weil sich das Verteilungsproblem unabhängig davon stellt, wer die jeweilige Maßnahme durchführt, zum anderen aber gemäß § 98 Abs. 1 BetrVG auch ein Mitbestimmungsrecht bei der Durchführung der Maßnahme selbst. Da die Modalitäten der betrieblichen Bildungsmaßnahme einen wesentlichen Einfluss auf den Ausbildungserfolg haben und die Art und Weise der Durchführung zudem mit Belastungen für die Arbeitnehmer verbunden sein kann, soll der Betriebsrat gleichberechtigt hierüber mitentscheiden können. Allerdings beschränkt sich die Mitbestimmung nach ganz herrschender Meinung entsprechend dem Gesetzeswortlaut auf die Durchführung der entsprechenden Maßnahme, die somit von ihrer Einführung abzugrenzen ist.[431] Für diese Gesetzesinterpretation spricht zudem der Umkehrschluss aus § 97 Abs. 2 BetrVG, weil die zusätzlichen Voraussetzungen, die jene Vorschrift für die Mitbestimmung bei der Einführung von Maßnahmen der betrieblichen Berufsbildung aufstellt, systematisch keinen Sinn ergeben würden, wenn der Betriebsrat auch ohne das Vorliegen dieser Voraussetzungen die Einführung derartiger Maßnahmen erzwingen könnte. Kurz gesagt betrifft § 98 Abs. 1 BetrVG das „Wie" der betrieblichen Berufsbildungsmaßnahmen, während das „Ob" der besonderen Regelung des § 97 Abs. 2 BetrVG vorbehalten ist.

Die Abgrenzung zwischen mitbestimmungsfreiem „Ob" und mitbestimmungspflichtigen „Wie" ist im Einzelnen allerdings durchaus umstritten und auch

---

[430] BAG v. 8.12.1987 – 1 ABR 32/86, AP BetrVG § 98 Nr. 4 = NZA 1988, 401 unter B II 2; BAG v. 30.4.2010 – 1 ABR 78/08, AP GG Art. 5 Abs. 1 Pressefreiheit Nr. 9 = NZA 2010, 902 Rn. 16.
[431] BAG v. 24.8.2004 – 1 ABR 28/03, AP BetrVG § 98 Nr. 12 = NZA 2005, 371 unter II 2 c; BAG v. 17.3.2015 – 1 ABR 48/13, AP BetrVG § 94 Nr. 11 = NZA 2015, 885 Rn. 20; *Fitting*, BetrVG, § 98 Rn. 1; GK-BetrVG/*Raab*, § 98 Rn. 10; Richardi/*Thüsing*, BetrVG, § 98 Rn. 9.

durch die Rechtsprechung bislang nicht abschließend geklärt. Neben der Grundentscheidung, ob überhaupt (irgendeine) betriebliche Berufsbildungsmaßnahme durchgeführt werden soll, scheint das BAG die prinzipielle Zwecksetzung der Maßnahme, die absolute Höhe der bereitgestellten finanziellen Mittel sowie die abstrakte Festsetzung des Adressatenkreises der Bildungsmaßnahme für mitbestimmungsfrei zu halten.[432] Innerhalb dieses Rahmens greift dann das Mitbestimmungsrecht und bezieht sich etwa auf die Zeit und den Ort der Veranstaltung sowie die Ausbildungsmethoden (etwa Präsenzunterricht oder Onlineunterricht). Darüber hinaus hat das BAG auch die Anzahl der Teilnehmer sowie die Dauer der Maßnahme zur mitbestimmten Zone gerechnet, sofern der vom Arbeitgeber vorgegebene Kostenrahmen eingehalten wird.[433] Dies wird man dahingehend zu präzisieren haben, dass der Zweck der jeweiligen Bildungsmaßnahme nicht unterlaufen werden darf, also etwa die Schulungen in agiler Arbeit auf die Belegschaft breit gestreut werden, hierdurch aber so kurz geraten, dass kein hinreichender Lernerfolg eintritt, oder umgekehrt die Schulungen auf wenige Arbeitnehmer konzentriert und in die Länge gedehnt werden, so dass anschließend jeweils kaum agil arbeitende Teams gebildet werden können.

### d) Mitbestimmung bei der Einführung betrieblicher Bildungsmaßnahmen

Wie bereits angedeutet, steht dem Betriebsrat nach § 97 Abs. 2 BetrVG ein weitergehendes Mitbestimmungsrecht zu, dass sich auf die der Durchführung vorgelagerte Entscheidung über die Einführung betrieblicher Berufsbildungsmaßnahmen bezieht. Voraussetzung hierfür ist, dass der Arbeitgeber auf der betrieblichen Ebene Maßnahmen plant oder durchführt, die dazu führen, dass sich die Tätigkeit der betroffenen Arbeitnehmer ändert und ihre beruflichen Kenntnisse und Fähigkeiten zur Erfüllung ihrer Aufgaben nicht mehr ausreichen. Entscheidend ist, ob es infolge einer aus der Arbeitgebersphäre herrührenden Veränderung voraussichtlich zu einem Qualifikationsdefizit kommen wird oder zu einem solchen Defizit bereits gekommen ist. Hierfür genügt eine Änderung des Anforderungsprofils, das an die Art und Weise der Ausführung der Arbeitsleistung gestellt wird. Eine solche Sachlage lässt sich gerade bei der Implementierung agiler Arbeitsmethoden und Organisationsstrukturen zwanglos dann bejahen, wenn die betroffenen Arbeitnehmer bislang nicht agil gearbeitet und keine

---

[432] BAG v. 24.8.2004 – 1 ABR 28/03, AP BetrVG § 98 Nr. 12 = NZA 2005, 371 unter II 2 c u. 3 b.
[433] BAG v. 24.8.2004 – 1 ABR 28/03, AP BetrVG § 98 Nr. 12 = NZA 2005, 371 unter II 2 c u. 3 b.

entsprechenden Schulungen erhalten haben.[434] Bei alledem ist es nicht erforderlich, dass die vom Qualifikationsdefizit betroffenen Beschäftigten ohne eine Weiterbildung von einer Kündigung bedroht sind.[435] Vielmehr ist die Eingriffsschwelle für § 97 Abs. 2 BetrVG niedriger und setzt nur eine nicht unerhebliche Diskrepanz zwischen erforderlicher und vorhandener Qualifikation voraus. Ob sich das Mitbestimmungsrecht nur auf kollektive Tatbestände bezieht[436] oder – wohl überzeugender – auch dann zum Tragen kommt, wenn nur einzelne Arbeitnehmer betroffen sind,[437] kann letztlich dahinstehen, weil agile Arbeit per se das Zusammenwirken der Mitglieder von Arbeitsgruppen betrifft und der Fall, dass ausschließlich der für die Rolle des Product Owner oder des Scrum Master vorgesehene Arbeitnehmer den damit verbundenen Anforderungen voraussichtlich nicht genügen wird, nur theoretischer Natur sein dürfte.

In gegenständlicher Hinsicht bezieht sich das Mitbestimmungsrecht nur auf solche Berufsbildungsmaßnahmen, die den betroffenen Beschäftigten diejenigen Kenntnisse und Fähigkeiten vermitteln sollen, die sie zur Erfüllung ihrer künftigen Aufgaben konkret benötigen. Insoweit besteht also eine Kongruenz zwischen dem Auslöser und dem Inhalt des Beteiligungsrechts. Weiter geht es nur um Maßnahmen der betrieblichen Berufsbildung, nicht aber um außerbetriebliche Berufsbildungsmaßnahmen,[438] wobei die Abgrenzung nach den oben skizzierten Grundsätzen vorzunehmen ist, es also nicht auf den Ort der Durchführung ankommt, sondern darauf, ob der Arbeitgeber sie selbst organisiert oder zumindest einen beherrschenden Einfluss auf ihre Durchführung ausübt. Im Einzelnen umfasst das Mitbestimmungsrecht die Festlegung der Qualifizierungsziele, etwa die Zertifizierung als Scrum Master, und den Qualifizierungsweg, etwa ein Lehrgang, der aber entsprechend den zu § 98 BetrVG geltenden Grundsätzen[439] nur dann unter § 97 Abs. 2 BetrVG fällt, wenn ihn der Arbeitgeber selbst durchführt oder er zwar einen Dritten einschaltet, dabei aber einen beherrschenden Einfluss auf Inhalt und Durchführung der Veranstaltung behält. Das Mitbestimmungsrecht enthält zugleich ein Initiativrecht, so dass der Betriebsrat nicht abwarten muss, bis der Arbeitgeber eine Maßnahme der betrieblichen Berufsbildung

---

[434] Ebenso *Fitting*, BetrVG, § 97 Rn. 13; zurückhaltender *Günther/Böglmüller*, NZA 2019, 417 (422 f.).

[435] DKW/*Buschmann*, BetrVG, § 97 Rn. 20; GK-BetrVG/*Raab*, § 97 Rn. 21; *Rasche*, Arbeitnehmerweiterbildung, S. 48f.; a.A. Richardi/*Thüsing*, BetrVG, § 97 Rn. 11; nicht eindeutig LAG Hamm v. 8.11.2002 – 10 (13) TaBV 59/02, NZA-RR 2003, 543 (544).

[436] So *Fracke*, Weiterbildung, S. 104; Franzen, NZA 2001, 865 (867f.).

[437] DKW/*Buschmann*, BetrVG, § 97 Rn. 11; *Fitting*, BetrVG, § 97 Rn. 16; GK-BetrVG/*Raab*, § 97 Rn. 20; *Rasche*, Arbeitnehmerweiterbildung, S. 57ff.

[438] *Fitting*, BetrVG, § 97 Rn. 21; GK-BetrVG/*Raab*, § 97 Rn. 22; Richardi/*Thüsing*, BetrVG, § 97 Rn. 14.

[439] Siehe dazu oben G II 2 c.

ergreift. Vielmehr kann der Betriebsrat von sich aus aktiv werden und gegebenenfalls über die Einigungsstelle die Einführung einer betrieblichen Berufsbildungsmaßnahme durchsetzen.[440]

Die Frage der Kostentragung wird vom Mitbestimmungsrecht nicht umfasst, sondern muss nach allgemeinen Grundsätzen entschieden werden. Soweit es um die betriebliche Bildungsmaßnahme selbst geht, fallen darauf bezogene Kosten gleichsam automatisch beim Arbeitgeber als Veranstalter oder zumindest Träger der betreffenden Maßnahme an.[441] Darüber hinaus wird man die Zeit für die Teilnahme an einer beruflichen Bildungsveranstaltung zwar nicht unmittelbar als Arbeitszeit zu werten haben. Eine Pflicht des Arbeitgebers zur Entgeltfortzahlung lässt sich aber aus dem Rechtsgedanken des § 615 S. 3 BGB herleiten, weil das Risiko, dass der Arbeitgeber Veränderungen der Arbeitsaufgabe bzw. der Art und Weise ihrer Erfüllung vornimmt, die das Bedürfnis einer Anpassungsqualifizierung hervorrufen, dem Arbeitgeber und nicht den Arbeitnehmern zuzuweisen ist.[442]

Aus den §§ 96ff. BetrVG selbst ergibt sich allerdings keine Pflicht des Arbeitnehmers, an einer betrieblichen oder außerbetrieblichen Maßnahme der Berufsbildung teilzunehmen.[443] Entsprechende Pflichten bedürfen vielmehr grundsätzlich einer eigenständigen einzel- oder kollektivvertraglichen Rechtsgrundlage, was hier aber nicht weiter vertieft werden soll.

---

[440] *Fitting*, BetrVG, § 97 Rn. 20; *Franzen*, NZA 2001, 865 (866); MHdB ArbR/*Oberthür*, § 339 Rn. 10; GK-BetrVG/*Raab*, § 97 Rn. 11; hierzu näher *Göpfert/Seier*, NZA 2019, 588 (590ff.).

[441] *Fitting*, BetrVG, § 97 Rn. 31; *Franzen*, NZA 2001, 865, 869; GK-BetrVG/*Raab*, § 97 Rn. 24.

[442] GK-BetrVG/*Raab*, § 97 Rn. 14 i.V.m. § 98 Rn. 15; im Erg. ebenso DKW/*Buschmann*, BetrVG, § 97 Rn. 24; *Fitting*, BetrVG, § 97 Rn. 31; a.A. *Franzen*, NZA 2001, 865 (869); Richardi/*Thüsing*, BetrVG, § 97 Rn. 17.

[443] Vgl. GK-BetrVG/*Raab*, § 98 Rn. 15.

# H. Schulung der Betriebsratsmitglieder im Hinblick auf agile Arbeits- und Organisationsformen

Die vorstehenden Ausführungen haben ergeben, dass die erstmalige bzw. fortschreitende Implementierung agiler Arbeitsmethoden und Organisationsformen eine Fülle von Fragen aufwirft, die teilweise betriebsverfassungsrechtlicher Natur sind, teilweise aber auch ganz allgemein die Wirkungsweise dieser neuartigen Arbeitsstrukturen sowie die mit ihr verbundenen Herausforderungen und Gefährdungen für die Beschäftigten betreffen. Insoweit sei nur an die an verschiedenen Stellen skizzierten besonderen psychischen Belastungen, aber auch an die möglichen Interessenkonflikte innerhalb der Belegschaft im Zusammenhang mit agiler Arbeit erinnert. Vor diesem Hintergrund kann im Ausgangspunkt kein Zweifel daran bestehen, dass die Betriebsratsmitglieder mit den tatsächlichen Eigenheiten agiler Arbeitsstrukturen, aber auch mit den verschiedenen betriebsverfassungsrechtlichen Anknüpfungspunkten beim Umgang mit solchen Arbeitsmethoden und Organisationsformen und dabei insbesondere mit Scrum vertraut sein müssen, um die Betriebsratsarbeit ordnungsgemäß wahrnehmen zu können. Insoweit gilt nichts anderes als im Hinblick auf Gruppenarbeit, die für den Fall ihrer geplanten Einführung[444] anerkanntermaßen ein statthaftes Schulungsthema ist.[445] Dabei geht es im Einzelnen um die Vermittlung von Sachinformation über diese neuartigen Phänomene und ihre betriebsverfassungsrechtlichen Rahmenbedingungen, aber auch um die Frage, mit welchen Strategien und gegebenenfalls Best Practice-Modellen Arbeitnehmerinteressen effektiv wahrgenommen werden können. Sofern die einschlägigen Kenntnisse zum Umgang mit agiler Arbeit nicht bereits aus früheren Schulungen vorhanden sind, besteht daher gemäß und nach Maßgabe von § 37 Abs. 6 BetrVG ein Recht der Betriebsratsmitglieder auf Teilnahme an solchen Schulungs- und Bildungsmaßnahmen, in denen die entsprechenden Kenntnisse vermittelt werden. Ob alle oder nur einzelne Betriebsratsmitglieder einer Schulung in agilen Arbeitsstrukturen bedürfen, hängt

---

[444] Anders bei weder vorhandener noch geplanter Gruppenarbeit; vgl. BAG v. 10.11.1993 – 7 AZR 682/92, AP BetrVG § 78 Nr. 4 = NZA 1994, 500 unter 3 c.
[445] Vgl. *Fitting*, BetrVG, § 37 Rn. 149, Stichwort: Gruppenarbeit; GK-BetrVG/*Weber*, § 37 Rn. 197, Stichwort: Gruppenarbeit. Siehe auch LAG Hamm v. 31.5.2006 – 10 TaBV 202/05, AuR 2007, 105 (Schulung über Logistik und Wertschöpfungskette).

in erster Linie davon ab, in welchem Umfang agile Grundsätze im Betrieb ausgerollt werden sollen. Sofern künftig nicht lediglich wenige ausgewählte Teams agil arbeiten sollen, sondern die betriebliche Organisation – zumindest bei einem Erfolg der Pilotprojekte – insgesamt stärker auf agile Prinzipien umgestellt werden soll, müssen letztlich sämtliche Betriebsratsmitglieder zumindest mit den Grundzügen und Grundproblemen agiler Arbeits- und Organisationsformen vertraut gemacht werden, weil in einem solchen Fall praktisch alle Teilbereiche der Betriebsratsarbeit berührt werden.

# I. Gestaltungsbeispiele und Gestaltungsbedarfe

In der betrieblichen Praxis ist es bereits zu Pilot-Betriebsvereinbarungen bzw. Pilot-Gesamtbetriebsvereinbarungen gekommen. An der Spitze der Entwicklung stehen wie so häufig die Automobilhersteller bzw. große Zuliefererunternehmen. Diese Regelungen werden zwar einerseits immer auch durch betriebliche Besonderheiten geprägt, in denen sich technische, ökonomische, soziale und nicht zuletzt auch betriebskulturelle Eigenheiten niederschlagen, die nicht ohne weiteres auf andere Betriebe übertragen werden können. Andererseits lassen sich aus den bereits vorhandenen Vereinbarungen doch bestimmte Grundmuster herausfiltern, an denen sich übergreifende Problemlagen und Lösungsansätze verdeutlichen lassen.[446]

## I. Allgemeines

Bei alledem lassen sich generell vorab zwei Aspekte festhalten: Zum einen spricht aus den vorliegenden Vereinbarungen der prinzipielle Wunsch beider Betriebsparteien, agile Arbeits- und Organisationsformen konsensual einzuführen, weil arbeitgeberseitig offenbar die Einsicht vorhanden ist, dass die mit den Veränderungsprozessen erhofften Effizienzgewinne sowie insbesondere die Hebung von Innovationspotenzialen nur mit der und nicht gegen die Belegschaft gelingen kann. Damit korrespondierend lassen sich die jeweils getroffenen Vereinbarungen auch schwer in mitbestimmte und freiwillige Regelungen unterteilen, womit selbstverständlich nicht gesagt werden soll, dass die vorstehend dargelegte Reichweite der Mitbestimmungs- und Mitwirkungsrechte bei der Einführung agiler Arbeitsstrukturen in konkreten betrieblichen Kontexten letztlich nur von untergeordneter Bedeutung sind. Denn erst der entsprechende institutionelle Hintergrund versetzt den Betriebsrat real in die Lage, die Veränderungen in Richtung agiler Arbeits- und Organisationsformen in einer Weise zu beeinflussen, die

---

[446] Detaillierte Untersuchung mit Gestaltungsbeispielen nunmehr bei *Baukrowitz/Hageni*, Agiles Arbeiten mitgestalten, 2020, S. 54ff.; zu Eckpunkten einer „Rahmenvereinbarung agiles Arbeiten im Betrieb" siehe auch *Spengler/Ettlinger*, AiB 4/2019, 10 (13).

nicht nur gleichsam millimetergenau die jeweils einschlägigen Beteiligungsrechte abarbeitet und alle nicht ausdrücklich mitbestimmten Fragen in diesem Zusammenhang ausklammert. Zum anderen fällt auf, dass die vorliegenden Vereinbarungen nicht vorrangig auf die Schaffung von einzelnen Normen mit einem eindeutigen Tatbestand und einer eindeutigen Rechtsfolge abzielen, sondern eher insgesamt die Art und Weise festlegen, wie der betriebliche Veränderungsprozess abzulaufen hat.

## II. Einführung agiler Arbeit und tätigkeitsbezogene Fragen

In den untersuchten Vereinbarungen finden sich teilweise Regelungen über die grundsätzliche Zusammensetzung sowie die Stabilität (Dauer) von agilen Teams („Kurzzeit-Schwarm", „Langzeit-Schwarm"), zuweilen auch Aussagen über deren Standort. Weiter wird teilweise das Verfahren bei der personellen Zusammensetzung der Teams geregelt (Verzicht auf unternehmensinterne Ausschreibung und statt dessen Zusammenstellung etwa durch den Product Owner im Zusammenwirken auch mit dem Linienvorgesetzten). Ein zentraler Aspekt ist regelmäßig die Sicherstellung der Freiwilligkeit der Teilnahme von Beschäftigten an agilen Arbeitsformen, wobei sich aber auch Einschränkungen finden, die dann wiederum mit Eskalationsrechten (Recht des betroffenen Beschäftigten auf Hinzuziehung des örtlichen Betriebsrats) versehen sind. Weiter wird zum Teil die Arbeitsweise der agilen Teams (Rollendefinitionen und interne Entscheidungsprozesse) näher beschrieben bzw. klargestellt, dass der Product Owner nicht zum jeweiligen Schwarm gehört. Eine weitere bemerkenswerte Regelung betrifft die Anordnung einer „Kennenlernphase" bei der erstmaligen Zusammenarbeit im Rahmen eines agilen Teams einschließlich der Regelung, dass der „Pace Maker", der Sache nach also der Scrum Master, vom Team selbst bestimmt, also nicht von außen oktroyiert wird. Sodann finden sich Regelungen zur Sicherung der Unabhängigkeit des Teams, d.h. der Absicherung gegenüber Störungen von außen.

Von erheblicher Bedeutung ist der Schutz der Beschäftigten vor Leistungsverdichtung und Selbstausbeutung, wobei dies keineswegs nur die Mitglieder agiler Teams, sondern auch die in der Linienorganisation verbleibenden Mitarbeiter betrifft, um diese davor zu bewahren, trotz einer verringerten Personaldecke aufgrund der Abgabe von Beschäftigten an agil arbeitende Teams weiterhin dieselben Aufgaben im bisherigen Umfang wahrnehmen zu müssen. Denkbar sind zudem Regelungen über die etwaige Zuordnung von Arbeitnehmern zu mehreren Teams.

Ein vergleichsweiser wichtiger Punkt ist ferner der Schutz vor individuellen Leistungs- und Verhaltenskontrollen insbesondere in der Anfangsphase der Einführung agiler Arbeits- und Organisationsformen. Dies gilt umso mehr, als agile Arbeit in einem sehr viel stärkeren Maße als traditionelle Arbeit zu einer umfassenden Transparenz und Sichtbarkeit der einzelnen Wertschöpfungsbeiträge der betroffenen Arbeitnehmer führt. Insoweit ist an Anonymisierungen erhobener personenbezogener Daten, klare Zweckbindungen der generierten Daten, etwa eine ausdrückliche Auswertung nur zur Optimierung von Arbeitsprozessen, sowie an eingeschränkte Zugriffsrechte zu denken.

Zur Verbesserung der Fähigkeit der Beschäftigten zur Arbeit in agilen Strukturen werden zuweilen auch Qualifizierungen bzw. zumindest (einfachere) Schulungen sowie die vorübergehende Bereitstellung von Unterstützern thematisiert. Außerdem wird die Bedeutung des betrieblichen Gesundheitsschutzes hervorgehoben, was zuweilen mit der Verpflichtung für den Arbeitgeber einhergeht, die Umstellung auf agile Prozesse zu evaluieren und hierbei das Augenmerk auf die damit verbundenen Arbeitsbelastungen zu lenken. Gerade bei Rahmenvereinbarungen tritt zudem der Aspekt der umfassenden Einbindung des örtlichen Betriebsrats von der Pflicht zu erstmaligen Information und Anhörung bis hin zu Vorgaben im Hinblick auf nachgelagerte Gesprächen über Erfahrungen und einen etwaigen Anpassungsbedarf hinzu.

## III. Statusaspekte, Besitzstandsfragen und Entgeltprobleme

Eine zentrale und teilweise auch explizit geregelte Frage betrifft das Verhältnis von Mitarbeit in einem agilen Team auf der einen Seite und der (ursprünglichen) Zugehörigkeit zur Linienorganisation auf der anderen Seite. Um bei der Aufgabenerfüllung nicht „Diener zweier Herren" sein zu müssen und in der Gefahr zu stehen, zwischen den verschiedenen Anforderungen zerrieben zu werden, empfiehlt sich eine klare Herausnahme der betroffenen Arbeitnehmer aus der Linienstruktur, wobei die Wahrung der Grenzen nicht nur dem einzelnen Beschäftigten obliegt, sondern definitionsgemäß auch Aufgabe des Scrum Master bzw. Pace Maker ist. Es zeigen sich aber auch nur partielle Auskoppelungen aus der Linienorganisation, die in der praktischen Handhabung die Beteiligten vor besondere Herausforderung stellen dürfte.

Ein weiteres, noch dazu rechtlich komplexes Problemfeld betrifft die betriebsverfassungsrechtliche Zuordnung der Teammitglieder. Insoweit finden sich Regelungen über die Kontinuität der bisherigen Zuordnung ungeachtet der Mitarbeit in einem agilen Team einschließlich einer möglichen Ortsveränderung. Sofern solche betrieblichen Vereinbarungen die ohnehin kraft Gesetzes bestehende Rechtslage lediglich noch einmal klarstellen, sind sie selbstverständlich unproblematisch. Dies gilt nach dem oben Ausgeführten[447] im Hinblick auf agile Teams, die von vornherein lediglich innerhalb desselben Betriebs, wenn auch separiert von der Linienorganisation, tätig werden. Dies gilt danach aber auch im Hinblick auf vorübergehende „Entsendungen" von Arbeitnehmern in agile Teams, die in einem anderen Betrieb gebildet werden. Hierbei ist den Betriebsparteien wie dargelegt eine gewisse Konkretisierungskompetenz hinsichtlich der Zeitdimension, also der Qualifikation eine Abordnung als „vorübergehend", zuzubilligen. Eine grenzenlose Autonomie, einzelne Beschäftigte, die dauerhaft in agile Arbeits- und Organisationsstrukturen überwechseln, losgelöst von den gesetzlichen Maßstäben bei der Bestimmung des Betriebsbegriffs sowie der Betriebszugehörigkeit, bestimmten betriebsverfassungsrechtlichen Einheiten zuzuordnen, steht den Betriebsparteien dagegen nicht zu. Dieselben Grundsätze gelten letztlich auch für die „Mitnahme" betrieblicher Regelungen durch Arbeitnehmer, die im Zuge der Mitarbeit in einem agilen Team aus einem örtlichen Betrieb in einen anderen örtlichen Betrieb überwechseln. Die zuweilen anzutreffende Regelung über einen Fortbestand kollektivvertraglicher Vorgaben (etwa über die Arbeitszeit) ist in den Fällen der vorübergehenden Entsendung statthaft, nicht aber bei einem kraft objektiven Betriebsverfassungsrechts anzunehmenden dauerhaften Wechsel der Betriebszugehörigkeit, weil es weder die örtlichen Betriebsräte noch der Gesamtbetriebsrat in der Hand haben, die Normwirkung von Betriebsvereinbarungen über die durch das Gesetz gezogenen Grenzen auszudehnen. Dagegen ist es zulässig, wenn der Arbeitgeber einzelnen Arbeitnehmern günstigere Regelungen in örtlichen Betriebsvereinbarungen als eine Art Besitzstandswahrung auch beim dauerhaften Wechsel einzelvertraglich zusagt, wobei in diesem Fall dann gegebenenfalls Mitbestimmungsrechte des neuen örtlichen Betriebsrats zu beachten sind.

Im Hinblick auf die Entgeltdimension finden sich zum Teil Regelungen über eine Absicherung für den Fall eines Wechsels in agile Arbeitsformen. Soweit es dabei um einen Schutz vor einer Herabgruppierung geht, dürfte eine solche Festlegung eher deklaratorischen Charakter haben, weil die Tätigkeitsanforderungen bei agiler Arbeit eher höher sein werden, mindestens aber nicht absinken, die Eingruppierungsmerkmale also auch weiterhin problemlos erfüllt sind. Dagegen kann eine tarifrechtlich erforderlich werdende Höhergruppierung nicht durch Betriebsvereinbarung ausgeschlossen werden. Geht es um (örtliche) betriebliche Zusatzleistungen, können diese einem dauerhaft wechselnden Arbeitnehmer wiederum als individuelle Zusatzleistung weitergewährt werden. Übernimmt

---

[447] Siehe dazu oben sub C II 2.

ein Mitarbeiter im Zuge der Einführung von agilen Arbeitsstrukturen Zusatzaufgaben (als Scrum Master/Pace Maker oder als Product Owner), steht es den Betriebsparteien im Grundsatz selbstverständlich frei, hierfür finanzielle Zusatzleistungen festzusetzen. Zu einem Konflikt mit dem Tarifvorbehalt des § 77 Abs. 3 BetrVG bzw. dem Tarifvorrang des § 87 Abs. 1 Eingangssatz BetrVG wird es im Allgemeinen nicht kommen, weil in tarifvertraglichen Entgeltgruppen diese besonderen Aufgaben selten ausdrücklich benannt sein werden. Wenn und soweit ein anwendbarer Tarifvertrag dieses Thema abschließend ordnet, ist eine Regelung derselben Frage durch Betriebsvereinbarung dagegen gesperrt.[448] Sofern ein Teil des Entgelts von Mitgliedern agiler Teams auf Zielvereinbarungen beruht, kann durch Betriebsvereinbarung geregelt werden, dass sich die Mitarbeit in einem solchen Team nicht nachteilig auf die individuelle Zielerfüllung auswirken darf. Eine solche Regelung erscheint insbesondere dann angezeigt, wenn die individuelle Zielvereinbarung auf Parametern aufbaut, die aus der Einbindung des Arbeitnehmers in die Linienorganisation stammen, so dass der Beschäftigte fürchten muss, seine individuellen Ziele nicht mehr erreichen zu können, wenn er in ein agil arbeitendes Team wechselt. Eine diesen möglichen Effekt neutralisierende kollektive Regelung beseitigt somit einen möglichen negativen Anreiz, sich für eine Mitarbeit in einem agilen Team zur Verfügung zu stellen. Als eine die individuelle Zielvereinbarung nicht schmälernde, sondern im Gegenteil verbessernde Regelung ist sie unproblematisch statthaft.

## IV. Betriebsratsbeteiligung und Beschäftigungssicherung

Anzutreffen sind schließlich auch Regelungen über die Betriebsratsbeteiligung bei der Bildung agiler Teams in Gestalt des Mitbestimmungsrechts gemäß § 99 BetrVG, wobei solche Vereinbarungen angesichts der geschilderten gesetzlichen Vorgaben[449] regelmäßig nur deklaratorischen Charakter haben. Immerhin lassen sich die vor allem an § 90 BetrVG ansetzenden Informations- und Beratungsrechte bei der Einführung neuer Arbeitsverfahren und Arbeitsabläufe dahingehend konkretisieren, dass eine gemeinsame Evaluation der bei der Einführung agiler Arbeits- und Organisationsstrukturen gewonnenen Erfahrungen durch Arbeitgeber und Betriebsrat stattzufinden bzw. eine regelmäßige Abstimmung der

---

[448] Die komplexe, durch die Eckpunkte des § 77 Abs. 3 BetrVG sowie des § 87 Abs. 1 BetrVG abgesteckte Rechtslage im Spannungsfeld von Tarifautonomie einerseits und Betriebsautonomie andererseits soll hier nicht näher ausgebreitet werden; vgl. dazu statt aller *Fitting*, BetrVG, § 77 Rn. 109ff.; *Gamillscheg*, Kollektives Arbeitsrecht, Bd. II, 2008, § 47, 4 c u. d, S. 783ff.; GK-BetrVG/*Kreutz*, § 77 Rn. 156ff.

[449] Siehe dazu oben sub D IV 1.

Betriebsparteien mit dem Ziel einer Verbesserung der Arbeitszufriedenheit der agil arbeiten Beschäftigten zu erfolgen hat.

Denkbar sind schließlich (freiwillige) Beschäftigungssicherungsvereinbarungen, die vornehmlich darauf abzielen, dass die Einführung agiler Arbeitsstrukturen für sich genommen keinen Grund dafür bilden sollen, als Folge möglicher Effizienzgewinne Beschäftigung abzubauen.

## J. Zusammenfassung der wesentlichen Ergebnisse

Agile Arbeitsteams stellen weder eigene Betriebe noch auch nur Betriebsteile dar. Dies gilt grundsätzlich auch im Hinblick auf agile Teams, deren Mitglieder sich aus Beschäftigten unterschiedlicher Betriebe oder sogar unterschiedlicher Unternehmen zusammensetzen.[450] Für die Betriebszugehörigkeit einzelner Mitglieder agiler Teams im betriebsverfassungsrechtlichen Sinne gelten folgende Grundsätze: Bei einer auf Dauer angelegten Versetzung in einen anderen bereits agil arbeitenden Betrieb kommt es bereits mit dem Vollzug des tatsächlichen Wechsels zu einem Wechsel auch der Betriebszugehörigkeit. Bei einer nur vorübergehenden Abordnung in einen agil arbeitenden Betrieb bleibt die bisherige Betriebszugehörigkeit aufrechterhalten, wenn ein Zeitraum von 18 Monaten nicht überschritten wird oder der Arbeitnehmer weiterhin Aufgaben im Rahmen der bisherigen betrieblichen Linienorganisation ausführt. Eine umfassende Betriebszugehörigkeit zum aufnehmenden Betrieb entsteht bei kurzfristigen unternehmensinternen Entsendungen grundsätzlich erst nach Ablauf einer Bagatellgrenze von mehr als einem Monat.[451]

Die erstmalige Einführung agiler Arbeits- und Organisationsformen stellt eine Neugestaltung von Arbeitsplatz, Arbeitsablauf und Arbeitsumgebung dar und führt gemäß § 90 Abs. 1 Nr. 3 und Nr. 4 BetrVG zu darauf bezogenen Unterrichtungs- und Beratungsrechten des Betriebsrats. Dies gilt insbesondere auch für Pilotprojekte, weil es auf quantitative Aspekte im Sinne einer breitflächigen Einführung agiler Strukturen im Betrieb nicht ankommt. Das korrigierende Mitbestimmungsrecht des § 91 BetrVG wird aufgrund seiner hohen Anforderungen dagegen im Allgemeinen nicht eingreifen.[452]

Die erstmalige Implementierung agiler Arbeits- und Organisationsformen gehört weiter zu den Gegenständen, hinsichtlich derer den Arbeitgeber nach § 106 Abs. 3 Nr. 5 und Nr. 9 BetrVG eine Unterrichtungs- und Beratungspflicht

---

[450] Siehe dazu oben sub C I 2.
[451] Siehe dazu oben sub C II 2.
[452] Siehe dazu oben sub D I.

gegenüber dem Wirtschaftsausschuss trifft, wobei dies wiederum auch bereits für die Pilotierungsphase gilt.[453]

Schließlich kann in der Einführung agiler Arbeits- und Organisationsformen eine Betriebsänderung im Sinne von § 111 S. 3 Nr. 4 und Nr. 5 BetrVG liegen, sofern die damit einhergehende Veränderung der betrieblichen Organisation sowie der Arbeitsmethoden grundlegenden Charakter haben, was dann zu bejahen ist, wenn größere Gruppen von Beschäftigten (nach Maßgabe der von der Rechtsprechung entwickelten Schwellenwerte) in den Veränderungsprozess einbezogen werden sollen. Dabei kommen als Gegenstand eines Interessenausgleichs insbesondere die Gestaltung des Umsetzungsverfahrens, als Gegenstand eines zwingenden Sozialplans vornehmlich die Abfederung etwaiger Nachteile für diejenigen Arbeitnehmer in Betracht, die mit den neuen Arbeitsformen nicht zurechtkommen, während Qualifizierungsmaßnahmen nur freiwillig vereinbart werden können.[454]

Soweit es um personelle Einzelmaßnahmen im Zusammenhang mit der Einführung agiler Arbeit geht, liegt in der erstmaligen Zuordnung eines Arbeitnehmers zu einem agil arbeitenden Team eine Versetzung gemäß § 99 Abs. 1 S. 1 BetrVG. Hierfür spielt es keine Rolle, ob der Arbeitgeber eine solche Maßnahme einseitig anordnet oder nur diejenigen Beschäftigten einem agilen Team zuordnet, die sich dazu freiwillig bereit erklären. Spätere Zuordnungen zu anderen agil arbeitenden Teams wie auch Rollenveränderungen sind zumindest regelmäßig ebenfalls als Versetzungen zu qualifizieren.[455] Eine Einstellung nach § 99 Abs. 1 S. 1 BetrVG liegt (zusätzlich) dann vor, wenn in ein agil arbeitendes Team ein Arbeitnehmer aus einem anderen Betrieb desselben Unternehmens oder desselben Konzerns oder ein externer Experte integriert wird.[456] Ob es einer Eingruppierung bzw. Umgruppierung gemäß § 99 Abs. 1 S. 1 BetrVG bedarf, hängt davon ab, ob das im Betrieb anwendbare Entgeltgruppenschema die mit agiler Arbeit bzw. mit einer bestimmten Rolle im Scrum-Prozess verbundenen veränderten Tätigkeitsmerkmale entsprechend berücksichtigt.[457]

Im Zusammenhang mit der Ausgestaltung agiler Arbeit kommen verschiedene Mitbestimmungsrechte in Betracht. § 87 Abs. 1 Nr. 1 BetrVG ist betroffen, wenn es um arbeitgeberseitige Verhaltensvorgaben geht, die sich nicht auf die agilen Arbeitsprozesse als solche, sondern auf die Rahmenbedingungen für diese

---

[453] Siehe dazu oben sub D II.
[454] Siehe dazu oben sub D III.
[455] Siehe dazu oben sub D IV 1.
[456] Siehe dazu oben sub D IV 2.
[457] Siehe dazu oben sub D IV 3.

Arbeitsform einschließlich etwaiger Konfliktlösungsmechanismen beziehen.[458] Im Hinblick auf Arbeitszeitregelungen greift § 87 Abs. 1 Nr. 2 und Nr. 3 BetrVG ein, wobei dieses Beteiligungsrecht (mit gewissen Modifikationen) auch dann anwendbar ist, wenn der Arbeitgeber dem agilen Team die Festlegung der konkreten Arbeitszeiten faktisch selbst überlässt.[459] Wird zwischen den Teammitgliedern einerseits und dem Arbeitgeber andererseits im Hinblick auf die Urlaubsplanung keine Einigung erzielt, kommt das Mitbestimmungsrecht des § 87 Abs. 1 Nr. 5 BetrVG zum Tragen.[460] Weiter besteht bei agiler Teamarbeit grundsätzlich ein Beteiligungsrecht nach § 87 Abs. 1 Nr. 13 BetrVG, soweit es um die Grundsätze über die Durchführung dieser Arbeitsform geht, wozu insbesondere Regelungen über die Willensbildung innerhalb von agil arbeitenden Gruppen gehören.[461] Auf dem Gebiet des Arbeits- und Gesundheitsschutzes kommt gemäß § 87 Abs. 1 Nr. 7 BetrVG eine Ermittlung besonderer psychischer Belastungen als Folge agiler Arbeit mittels einer Gefährdungsbeurteilung nach § 5 ArbSchG in Betracht, an die sich dann gegebenenfalls ein Vorgehen auf der Grundlage der arbeitsschutzrechtlichen Rahmenvorschrift des § 3 Abs. 1 Nr. 1 ArbSchG anschließen kann.[462] Im Hinblick auf eine Überwachung von Leistung oder Verhalten agil arbeitender Beschäftigter mittels technischer Einrichtungen greift § 87 Abs. 1 Nr. 6 BetrVG vor allem unter dem Blickwinkel der Erhebung und Auswertung personenbezogener Daten ein.[463] Im Bereich der Entgeltmitbestimmung ist § 87 Abs. 1 Nr. 10 BetrVG im vorliegenden Zusammenhang dann anwendbar, wenn im Betrieb mit den Mitgliedern agiler Teams individuelle oder gruppenbezogene qualifizierte Zielvereinbarungen praktiziert werden, wobei sich das Beteiligungsrecht auf die Struktur des jeweiligen Vergütungssystems bezieht. Darüber hinaus wird häufig auch das weitergehende Mitbestimmungsrecht des § 87 Abs. 1 Nr. 11 BetrVG betroffen sein, wenn die Vergütungsform so ausgestaltet ist, dass der Arbeitnehmer durch eine Steigerung seiner Leistung gezielt auf die Erfüllung der für die Bewertung seiner Leistung maßgeblichen Kriterien Einfluss nehmen kann.[464]

In Betrieben mit mehr als 100 Arbeitnehmern kann der Betriebsrat nach Maßgabe von § 28a BetrVG auf der Grundlage einer mit dem Arbeitgeber freiwillig abgeschlossenen Rahmenvereinbarung beschließen, agilen Teams solche Beteiligungsrechte zu übertragen, die mit den zu erledigenden Tätigkeiten im

---

[458] Siehe dazu oben sub E I.
[459] Siehe dazu oben sub E II.
[460] Siehe dazu oben sub E III.
[461] Siehe dazu oben sub E IV.
[462] Siehe dazu oben sub E V.
[463] Siehe dazu oben sub E VI.
[464] Siehe dazu oben sub E VII.

Zusammenhang stehen, wozu insbesondere Arbeitszeitfragen sowie die Urlaubsplanung zählen dürften.[465]

Auf dem Gebiet der allgemeinen personellen Angelegenheiten kommen im Kontext von agilen Arbeitsstrukturen das Unterrichtungs-, Beratungs- und Vorschlagsrecht bei der Personalplanung nach § 92 BetrVG sowie im Einzelfall auch das auf eine Sicherung der Beschäftigung abzielende Beteiligungsrecht gemäß § 92a BetrVG in Betracht.[466]

Soweit es um das Thema Qualifizierung und Weiterbildung geht, kann der Betriebsrat über § 96 Abs. 1 S. 2 BetrVG verlangen, dass der Arbeitgeber vor dem Hintergrund der mit der Einführung agiler Arbeitsmethoden an die Beschäftigten herangetragenen Erwartungen den betrieblichen Bedarf an beruflicher Bildung ermittelt und darauf bezogene Fragen mit ihm erörtert. Sollen betriebliche Bildungsmaßnahmen im Hinblick auf agile Arbeitsformen durchgeführt werden, hat der Betriebsrat nach § 98 Abs. 1 BetrVG über deren Art und Weise mitzubestimmen. Darüber hinaus besteht gemäß § 97 Abs. 2 BetrVG ein auf die Einführung solcher Maßnahmen bezogenes Mitbestimmungsrecht, sofern sich durch die Implementierung agiler Arbeitsmethoden und Organisationsstrukturen die Tätigkeit der betroffenen Arbeitnehmer ändert und ihre beruflichen Kenntnisse und Fähigkeiten zur Aufgabenerfüllung nicht mehr ausreichen, was vielfach der Fall sein wird.[467]

Zur Vermittlung der erforderlichen Kenntnisse über agile Arbeits- und Organisationsformen steht den Betriebsratsmitgliedern ein Recht auf Teilnahme an hierfür geeigneten Schulungs- und Bildungsveranstaltungen nach Maßgabe von § 37 Abs. 6 BetrVG zu.[468]

---

[465] Siehe dazu oben sub F.
[466] Siehe dazu oben sub G I.
[467] Siehe dazu oben sub G II.
[468] Siehe dazu oben sub H.

# Literaturverzeichnis

*Aich, Eva:* Arbeitsintensität in der Gefährdungsbeurteilung, WSI Mitteilungen 2020, 71–75.

*Angerer, Peter/Siegrist, Karin/Gündel, Harald:* Psychosoziale Belastungen und Erkrankungsrisiken, in: Landesinstitut für Arbeitsgestaltung des Landes Nordrhein-Westfalen (LIA.nrw) (Hrsg.), Erkrankungsrisiken durch arbeitsbedingte psychische Belastung, Düsseldorf, 2014, S. 30–169.

*Annuß, Georg:* Arbeitsrechtliche Aspekte von Zielvereinbarungen in der Praxis, NZA 2007, 290–296.

*Auktor, Christian:* Betriebliche Mitbestimmung bei Gruppenarbeit nach § 87 Abs. 1 Nr. 13 BetrVG, BuW 2002, 959–962.

*Bachner, Michael:* Mitbestimmung des Betriebsrats bei der Bestimmung einkommensrelevanter Unternehmensziele im Rahmen von Zielvereinbarungssystemen, in: Deinert, Olaf/Heuschmid, Johannes/Kittner, Michael/Schmidt, Marlene (Hrsg.), Demokratisierung der Wirtschaft durch Arbeitsrecht, Festschrift für Thomas Klebe zum 70. Geburtstag, Frankfurt am Main, 2018, S. 30–33.

*Bachner, Michael:* Die Matrixorganisation in der Betriebsverfassung, NZA 2019, 134–141.

*Bachner, Michael:* Betriebsverfassungsrechtliche Fragestellungen bei der Einführung agiler Arbeitsmethoden am Beispiel von Scrum, in: Gräfl, Edith/Lunk, Stefan/Oetker, Hartmut/Trebinger, Yvonne (Hrsg.), 100 Jahre Betriebsverfassungsrecht, München, 2020, S. 17–39.

*Backhaus, Nils/Brauner, Corinna/Tisch, Anita:* Auswirkungen verkürzter Ruhezeiten auf Gesundheit und Work-Life-Balance bei Vollzeitbeschäftigten: Ergebnisse der BAuA-Arbeitszeitbefragung 2017, Zeitschrift für Arbeitswissenschaft (ZArbWiss) 73 (2019), 394–417.

*Baukrowitz, Andrea/Hageni, Karl-Heinz:* Agiles Arbeiten mitgestalten. Strategie und Handlungsfelder der Mitbestimmung, Institut für Mitbestimmung und Unternehmensführung (I.M.U.) der Hans Böckler Stiftung (Hrsg.), Düsseldorf, 2020.

*Becker, Karina/Brinkmann, Ulrich/Engel, Thomas:* „Hybride Beteiligung" im Betrieb? Sachkundige Beschäftigte und Arbeitsgruppen, WSI Mitteilungen 2008, 305–311.

*Bennett, Nathan/Lemoine, G. James:* What a difference a word makes: Understanding threats to performance in a VUCA world, Business Horizons 57 (2014), 311–317.

*Blanke, Thomas:* Arbeitsgruppen und Gruppenarbeit in der Betriebsverfassung, RdA 2003, 140–155.

*Boes, Andreas/Kämpf, Tobias/Langes, Barbara/Lühr, Thomas:* „Lean" und „agil" im Büro. Neue Organisationskonzepte in der digitalen Transformation und ihre Folgen für die Angestellten, Forschung aus der Hans Böckler Stiftung, Bd. 193, Düsseldorf, 2018.

*Boes, Andreas/Kämpf, Tobias/Lühr, Thomas/Ziegler, Alexander:* Agilität als Chance für einen neuen Anlauf zum demokratischen Unternehmen?, Berliner Journal für Soziologie (Berliner J Soziol) 28 (2018), 181–208.

*Braun, Axel/Wisskirchen, Gerlind* (Hrsg.): Konzernarbeitsrecht, München, 2015.

Bundesanstalt für Arbeitsschutz und Arbeitsmedizin (BAuA) (Hrsg.): Gefährdungsbeurteilung psychischer Belastung, Berlin, 2014.

Bundesanstalt für Arbeitsschutz und Arbeitsmedizin (BAuA) (Hrsg.): Gefährdungsbeurteilung psychischer Belastung in der betrieblichen Praxis. Erkenntnisse und Schlussfolgerungen aus einem Feldforschungsprojekt, baua: Bericht kompakt, 2020.

*Busch, Martin:* Arbeitsgruppen und Gruppenarbeit im Betriebsverfassungsgesetz, Berlin, 2003 (zugl. Diss., Univ. Mannheim, 2002).

*Byers, Philipp:* Initiativrecht des Betriebsrats bei technischer Überwachung am Arbeitsplatz, RdA 2014, 37–42.

*Clemenz, Susanne:* „Wo verlaufen die Grenzen der betrieblichen Mitbestimmung im digitalen Zeitalter" – die (Ver)Wandlung des § 87 Abs. 1 Nr. 6 BetrVG vom Schutz vor technischer Überwachung zum paritätischen Mitbestimmungsrecht der digitalen Unternehmensentwicklung, in: Gräfl, Edith/Lunk, Stefan/Oetker, Hartmut/Trebinger, Yvonne (Hrsg.), 100 Jahre Betriebsverfassungsrecht, München, 2020, S. 101–113.

*Compensis, Ulrike:* Vertrauensarbeitszeit – arbeitnehmerbestimmte Arbeitszeit (auch) im Arbeitgeberinteresse, NJW 2007, 3089–3093.

*Cox, Peter-Martin/Peter, Gabriele:* Rechtliche Rahmenbedingungen der Gruppenarbeit, AiB 1997, 371–391.

*Christiansen, Dörte:* Betriebszugehörigkeit. Die Zuordnung von Arbeitnehmern aus betriebsverfassungsrechtlicher Sicht, Frankfurt am Main, 1998.

*Däubler, Wolfgang:* Zielvereinbarungen als Mitbestimmungsproblem, NZA 2005, 793–797.

*Däubler, Wolfgang/Klebe, Thomas/Wedde, Peter* (Hrsg.): Betriebsverfassungsgesetz, 17. Aufl., Frankfurt am Main, 2020.

*Elert, Nicole:* Gruppenarbeit. Individual- und kollektiv arbeitsrechtliche Fragen moderner Arbeitsformen, Köln, 2001 (zugl. Diss., FernUniv. Hagen, 2000).

*Engels, Gerd:* Der neue § 28a BetrVG – Betriebsverfassungsrechtlicher Sündenfall oder Chance?, in: Kohte, Wolfhard/Dörner, Hans-Jürgen/Anzinger, Rudolf (Hrsg.), Arbeitsrecht im sozialen Dialog, Festschrift für Helmut Wißmann zum 65. Geburtstag, München, 2005, S. 302–313.

*Engels, Gerd/Trebinger, Yvonne:* Industrie und Arbeit 4.0 als zweite Chance für § 28a BetrVG, in: Deinert, Olaf/Heuschmid, Johannes/Kittner, Michael/Schmidt, Marlene (Hrsg.), Demokratisierung der Wirtschaft durch Arbeitsrecht, Festschrift für Thomas Klebe zum 70. Geburtstag, Frankfurt am Main, 2018, S. 118–122.

*Erfurter Kommentar zum Arbeitsrecht* (hrsg. von Müller-Glöge, Rudi/Preis, Ulrich/Schmidt, Ingrid), 20. Aufl., München, 2020.

*Eufinger, Alexander/Burbach, Nils:* New Work – eine arbeitsrechtliche Standortbestimmung, DB 2019, 1147–1153.

*Federlin, Gerd:* Arbeitsgruppen im Betrieb, in: Düwell, Franz Josef/Stückemann, Wolfgang/Wagner, Volker (Hrsg.), Bewegtes Arbeitsrecht, Festschrift für Wolfgang Leinemann zum 70. Geburtstag, Neuwied, 2006, S. 505–513.

*Fitting,* Betriebsverfassungsgesetz, 30. Aufl., München, 2020.

*Förster, Kerstin/Wendler, Roy:* Theorien und Konzepte zu Agilität in Organisationen, Dresdner Beiträge zur Wirtschaftsinformatik Nr. 63/12 (2012).

*Fracke, Susanne:* Die betriebliche Weiterbildung. Verantwortung des Arbeitgebers im intakten und bestandsgefährdeten Arbeitsverhältnis, Berlin, 2003 (zugl. Diss., Univ. Göttingen, 2002).

*Frank, Christian:* Bewegliche Vertragsgestaltung für agiles Programmieren, CR 2011, 138–144.

*Franzen, Martin:* Das Mitbestimmungsrecht des Betriebsrats bei der Einführung von Maßnahmen der betrieblichen Berufsbildung nach § 97 II BetrVG, NZA 2001, 865-871.

*Franzen, Martin:* Die Freiheit der Arbeitnehmer zur Selbstbestimmung nach dem neuen BetrVG, ZfA 2001, 423–450.

*Fuchs, Anke/Meierhöfer, Christine/Morsbach, Jochen/Pahlow, Louis:* Agile Programmierung – Neue Herausforderung für das Softwarevertragsrecht, MMR 2012, 427–433.

*Gamillscheg, Franz:* Kollektives Arbeitsrecht, Band II, Betriebsverfassung, München, 2008.

*Gemeinschaftskommentar* zum Betriebsverfassungsgesetz, Bände I und II, 11. Aufl., Köln, 2018.

*Geramanis, Olaf:* Vertrauensarbeitszeit – die verpasste Chance?, WSI Mitteilungen 2002, 347–352.

*Gilberg, Dirk:* Die Mitwirkung des Betriebsrats bei der Berufsbildung, Heidelberg, 1999 (zugl. Diss., Univ. Köln, 1998).

*Gilbert, Kristin/Kirmse, Karolina A./Pietryzk, Ulrike/Steputat-Rätze, Anne:* Gestaltungshinweise für die praktische Umsetzung der Gefährdungsbeurteilung psychischer Belastung, Zeitschrift für Arbeitswissenschaft (ZArbWiss) 74 (2020), 89–99.

*Gloger, Boris:* Scrum. Der Paradigmenwechsel im Projekt- und Produktmanagement – Eine Einführung, Informatik Spektrum 33 (2010), 195–200.

*Göpfert, Burkhard/Seier, Jochen:* Die „Transformation-Einigungsstelle": Inhalt und Grenzen eines „Qualifizierungs-Sozialplans", NZA 2019, 588-594.

*Göpfert, Burkard/Wenzler, Franziska:* Erzwingbarer „Qualifizierungs-Sozialplan"? NZA 2020, 15–19.

*Grimm, Detlef/Singraven, Jonas:* Desk-Sharing und Co-Working als neue Arbeitsplatz-Modelle. Individual- und kollektivrechtliche Aspekte, ArbRB 2019, 175–179.

*Günther, Jens/Böglmüller, Matthias:* Digital Leadership – Mitarbeiterführung in der Arbeitswelt 4.0, NZA 2017, 546–552.

*Günther, Jens/Böglmüller, Matthias:* Einführung agiler Arbeitsmethoden – was ist arbeitsrechtlich zu beachten? (Teil 1), NZA 2019, 273–278.

*Günther, Jens/Böglmüller, Matthias:* Einführung agiler Arbeitsmethoden – Risiken des Einsatzes von Fremdpersonal sowie betriebliche Mitbestimmung (Teil 2), NZA 2019, 417–424.

*Günther, Jens/Böglmüller, Matthias:* Digitale Betriebsratsarbeit – Gesetzlicher Rahmen und Reformbedarf, NZA 2020, 77–81.

*Häusling, André:* Agile Organisationen, Freiburg, 2018.

*Halgmann, Marcel:* Betriebsvereinbarungen zur Arbeitszeit – Die Rolle von Macht in Verhandlungsprozessen, AuR 2017, 106–109.

*Hamm, Ingo:* Arbeiten im Zeitgeist: Die Vertrauensarbeitszeit hält Einzug in den Unternehmen, AiB 2000, 152–161.

*Hanau, Peter:* Analogie und Restriktion im Betriebsverfassungsrecht, in: Mayer-Maly, Theo/Richardi, Reinhard/Schambeck, Herbert/Zöllner, Wolfgang (Hrsg.), Arbeitsleben und Rechtspflege, Festschrift für Gerhard Müller, Berlin, 1981, S. 169–190.

*Haufe/Promerit* (Hrsg.), Agilitätsbarometer 2017, Freiburg, 2017.

*Heise, Dietmar:* Agile Arbeit, Scrum und Crowdworking – New Work außerhalb des Arbeitsrechts?, NZA Beilage 2/2019, S. 100–106.

*Heise, Dietmar/Friedl, André:* Flexible („agile") Zusammenarbeit zwischen Unternehmen versus illegale Arbeitnehmerüberlassung – das Ende von Scrum?, NZA 2015, 129–137.

*Henssler, Martin/Willemsen, Heinz Josef/Kalb, Heinz-Jürgen* (Hrsg.): Arbeitsrecht Kommentar, 9. Aufl., Köln, 2020.

*Hexel, Dietmar:* „Agile Mitbestimmung" – § 28a BetrVG als Chance für mehr Selbstorganisation und Emanzipation der Arbeitnehmer, AuR 2019, 255–263.

*Höland, Armin:* „Der arbeitsgerichtliche Rechtsschutz während des Arbeitsverhältnisses – einige Schwächen, ihre Gründe und ihre Folgen, AuR 2010, 452–458.

*Hoffmann-Remy, Till:* Arbeitsrechtliche Herausforderungen bei der Agilen Transformation von Unternehmen, DB 2018, 2757–2761.

*Hornung, Gerrit/Knieper, Thomas:* Überwachung im Betrieb aus Sicht der Beschäftigten. Ergebnisse einer Online-Befragung zur Schutzbedürftigkeit personenbezogener Daten am Arbeitsplatz, ZD 2014, 383–394.

*Hunold, Wolf:* Die wichtigsten arbeitsrechtlichen Rahmenbedingungen bei Einführung von Lean Production, NZA 1993, 723–728.

*Jacobs, Matthias/Frieling, Timo:* Anmerkung zu BAG v. 13.12.2016 – 1 ABR 7/15, JZ 2017, 961–964.

*Jarsch, Martin:* Kein Mitbestimmungsrecht des Betriebsrates beim Verbot der Nutzung von Smartphones/Mobiltelefonen während der Arbeitszeit zu privaten Zwecken, BB 2020, 692–695.

*Kamp, Lothar:* Gruppenarbeit. Analyse und Handlungsempfehlungen, HBS edition 5, Düsseldorf, 1998.

*Klebe, Thomas:* BAG 4.0: Kann das Gericht Digitalisierung?, NZA 2017, 226–227.

*Klein, Dietmar:* Gruppenarbeit – Praxis, Interessenlagen und Mitbestimmung. NZA 2001, Sonderbeilage zu Heft 24, S. 15–21.

*Klocke, Daniel:* Der Unterlassungsanspruch in der deutschen und europäischen Betriebs- und Personalverfassung, Berlin, 2013 (zugl. Diss., Univ. Halle-Wittenberg, 2012).

*Koch, Benjamin:* Passt der IP-Oldtimer noch in die „Garagen" von heute? – zu den IP-rechtlichen Herausforderung bei agilen Arbeitsmodellen, BB 2017, 387–390.

*Koch, Ulrich:* Die Mitbestimmung des Betriebsrats nach § 87 Abs. 1 Nr. 10 BetrVG im Bereich der betrieblichen Lohngestaltung – Teil 1, SR 2016, 131–142.

*Kocher, Eva:* Betriebsänderung – Zum Inhalt von Interessenausgleich und Sozialplan, AuR 1992, 198–204.

*Kohte, Wolfhard:* Anmerkung zu LAG Düsseldorf v. 9.1.2018 – 3 TaBVGA 6/17, NZA-RR 2018, 368, 374–375.

*Komus, Ayelt/Kuberg, Moritz:* Status Quo Agile. Studie zu Verbreitung und Nutzen agiler Methoden. Eine empirische Untersuchung, Koblenz, 2017.

*Kort, Michael:* Informationsrechte des Betriebsrats nach § 80 II BetrVG bei Mitarbeitergesprächen, Zielvereinbarungen und Talent Management, NZA 2015, 520–524.

*Kort, Michael:* Arbeits- und Gesundheitsschutz – Technische Überwachung – Persönlichkeitsrecht, Anmerkung zu BAG v. 25.4.2017 – 1 ABR 46/15, RdA 2018, 242–247.

*Kraft, Alfons:* Mitbestimmungsrechte des Betriebsrates bei betrieblichen Berufsbildung- und sonstigen Bildungsmaßnahmen nach § 98 BetrVG, NZA 1990, 457–461.

*Kratzer, Nick/Lütke Lanfer, Sarah S.:* Open-Space-Büros und psychische Gesundheit – Eine Trendanalyse, Zeitschrift für Arbeitswissenschaft (ZArbWiss) 71 (2017), 279–288.

*Krause, Rüdiger:* Sozialverträgliche Arbeitnehmerüberwachung – Technikbasierte Beschäftigtenkontrolle als Gegenstand betrieblicher Mitbestimmung im digitalen Zeitalter, in: Gräfl, Edith/Lunk, Stefan/Oetker, Hartmut/Trebinger, Yvonne (Hrsg.), 100 Jahre Betriebsverfassungsrecht, München, 2020, S. 353–368.

*Kreft, Burghard:* Auslegung und Analogie in der Betriebsverfassung, in: Gräfl, Edith/Lunk, Stefan/Oetker, Hartmut/Trebinger, Yvonne (Hrsg.), 100 Jahre Betriebsverfassungsrecht, München, 2020, S. 369–382.

*Krug, Gerda:* Agiler Betriebsrat, AiB 4/2019, S. 17–19.

*Kühl, Stefan:* Über das erfolgreiche Scheitern von Gruppenarbeitsprojekten. Rezentralisierung und Rehierarchisierung in Vorreiterunternehmen der Dezentralisierung, Zeitschrift für Soziologie (ZfSoz) 2001, 199–202.

*Kühn, Philipp M./Ehlenz, Nikolaus:* Agile Werkverträge mit Scrum, CR 2018, 139–150.

*Kuhn, Karl:* Neue Produktionskonzepte, Gruppenarbeit und Arbeitsschutz, WSI Mitteilungen 1996, 105–110.

*Lambrich, Thomas/Schwab, Stefan*: Betriebsverfassungsrechtliche Fragen beim konzernweiten Personaleinsatz, NZA-RR 2013, 169–174.

*Linck, Rüdiger/Koch Ulrich*: Die Mitbestimmung des Betriebsrats bei Zielvereinbarungen, in: Creutzfeld, Malte/Hanau, Peter/Thüsing, Gregor/Wißmann, Hellmut (Hrsg.), Arbeitsgerichtsbarkeit und Wissenschaft, Festschrift für Klaus Bepler zum 65. Geburtstag, München, 2012, S. 357–372.

*Linde, Klaus*: Übertragung von Aufgaben des Betriebsrats auf Arbeitsgruppen gemäß § 28a BetrVG, Frankfurt am Main, 2006 (zugl. Diss., Univ. Köln, 2005).

*Linsenmaier, Wolfgang/Kiel, Heinrich*: Der Leiharbeitnehmer der Betriebsverfassung – „Zwei-Komponenten-Lehre" und normzweckorientierte Gesetzesauslegung, RdA 2014, 135–157.

*Litschen, Kai/Yacoubi, Illies*: Arbeitnehmerüberlassung und agile Prozess- und Organisationsmethoden, NZA 2017, 484–489.

*Löwisch, Manfred*: Auswirkungen des Betriebsverfassungsrechts-Reformgesetzes auf Mitwirkung und Mitbestimmung des Betriebsrats, NZA 2001, Sonderbeilage zu Heft 24, S. 40–48.

*Lütke Lanfer, Sarah S./Becker, Cathrin*: Offene Büroumgebungen und psychische Gesundheit: Theoretische Überlegungen zu psychologischen Einflussfaktoren, Zeitschrift für Arbeitswissenschaft (ZArbWiss) 74 (2020), 206–215.

*Malottke, Annette/Mencke, Marco*: Chancen durch Weiterbildung – die Berufsbildungsbedarfsanalyse nach § 96 BetrVG, AiB 2003, 669–675.

*Marrs, Kira*: Herrschaft und Kontrolle in der Arbeit, in: Böhle, Fritz/Voß, G. Günter/Wachtler, Günther (Hrsg.), Handbuch Arbeitssoziologie, Band 1, 2. Aufl., Wiesbaden, 2018, S. 473–502.

*Matthes, Hans-Christoph*: Die Mitbestimmung des Betriebsrats bei freiwilligen Leistungen, in: Martinek, Michael/Rawert, Peter/Weitemeyer, Birgit (Hrsg.), Festschrift für Dieter Reuter zum 70. Geburtstag am 16. Oktober 2010, Berlin, New York, 2010, S. 707–722.

*Maximini, Dominik*: Scrum – Einführung in die Unternehmenspraxis, Berlin, 2. Aufl., 2018.

*Minssen, Heiner*: Zumutung und Leitlinie. Der Fall Gruppenarbeit, Zeitschrift für Soziologie (ZfSoz) 2001, 185–198.

*Montano, Diego/Reeske-Behrens, Anna/Franke, Franziska*: Psychische Gesundheit in der Arbeitswelt. Führung, Dortmund, Berlin, Dresden, 2016.

*Müller, Stefan*: Die Übertragung von Betriebsratsaufgaben auf Arbeitsgruppen (§ 28a BetrVG), Frankfurt am Main, 2004 (zugl. Diss., Univ. Jena, 2003).

Münchener Handbuch zum Arbeitsrecht (hrsg. von Kiel, Heinrich/Lunk, Stefan/Oetker, Hartmut), Bände 3 und 4, Kollektives Arbeitsrecht I und II, Arbeitsgerichtsgerichtsverfahren, 4. Aufl., München, 2019.

*Nagel, Roger/Dove, Nick*: 21st Century Manufacturing Enterprise Strategy. An Industry-Led View, Vol. 1 und 2, Arlington, 1991.

*Natzel, Ivo*: Die Delegation von Aufgaben an Arbeitsgruppen nach dem neuen § 28a BetrVG, DB 2001, 1362–1364.

*Natzel, Ivo*: Subsidiarität im kollektiven Arbeitsrecht, ZfA 2003, 103–142.

*Nicklich, Manuel/Sauer, Stefan:* Agilität als (trans-) lokales Prinzip projektbasierter Arbeit? – Bedingungen und Prozesse prekärer Selbstorganisation, Arbeits- und Industriesoziologische Studien (AIS) 1/2019, S. 73–85.

*Nill, Volker:* Selbstbestimmung in der Arbeitsgruppe? Die Regelungen zur Gruppenarbeit im Betriebsverfassungs-Reformgesetz, Baden-Baden, 2005 (zugl. Diss., Univ. Tübingen, 2004).

*Oltmanns, Sönke/Fuhlrott, Michael:* Desk-Sharing & Coworking Spaces: Arbeitsrechtliche Besonderheiten zweier „moderner Arbeitsformen", NZA 2018, 1225–1231.

*Otto, Hansjörg:* Die Änderung von Entlohnungssystemen – Kollektiv- und individualrechtliche Aspekte, in: Farthmann, Friedhelm/Hanau, Peter/Isenhardt, Udo/Preis, Ulrich (Hrsg.), Arbeitsgesetzgebung und Arbeitsrechtsprechung, Festschrift zum 70. Geburtstag von Eugen Stahlhacke, Neuwied, Kriftel, Berlin, 1995, S. 395–416.

*Otto, Hansjörg/Schwarze, Roland/Krause, Rüdiger:* Die Haftung des Arbeitnehmers, Berlin, 4. Aufl., 2014.

*Pfister, Anne:* Die Übertragung von Aufgaben auf Arbeitsgruppen gemäß § 28a BetrVG unter besonderer Berücksichtigung der Förderungspflicht aus § 75 Abs. 2 Satz 2 BetrVG, Frankfurt am Main, 2007 (zugl. Diss., Univ. Kiel, 2006).

*Porschen-Hueck, Stephanie/Jungtäubl, Marc/Weihrich, Margit* (Hrsg.): Agilität? Herausforderungen neuer Konzepte der Selbstorganisation, Augsburg, München, 2020.

*Preis, Ulrich/Elert, Nicole:* Erweiterung der Mitbestimmung bei Gruppenarbeit, NZA 2001, 371–375.

*Preis, Ulrich/Povedano Peramato, Alberto:* 100 Jahre betriebsverfassungsrechtlicher Betriebsbegriff, in: Gräfl, Edith/Lunk, Stefan/Oetker, Hartmut/Trebinger, Yvonne (Hrsg.), 100 Jahre Betriebsverfassungsrecht, München, 2020, S. 571–584.

*Raab, Thomas:* Die Arbeitsgruppe als neue betriebsverfassungsrechtliche Beteiligungsebene – Der neue § 28 a BetrVG, NZA 2002, 474–482.

*Raab, Thomas:* Betriebliche und außerbetriebliche Bildungsmaßnahmen, NZA 2008, 270–275.

*Rasche, Jennifer:* Arbeitnehmer Weiterbildung. Gesetzlicher Rahmen und kollektive Gestaltungsmöglichkeiten, Frankfurt am Main, 2014 (zugl. Diss., Univ. Hannover, 2013).

*Redmann, Britta:* Agiles Arbeiten im Unternehmen, Freiburg, 2017.

*Reichold, Hermann:* Entgeltmitbestimmung als Gleichbehandlungsproblem, RdA 1995, 147–158.

*Reichold, Hermann:* Zeitsouveränität im Arbeitsverhältnis: Strukturen und Konsequenzen, NZA 1998, 393–400.

*Reinhard, Barbara:* Mitbestimmung 4.0 selbst gestalten. Wie die Praxis auch im Rahmen der betrieblichen Mitbestimmung auf die neuen Arbeitsformen reagiert, ArbRB 2019, 154–157.

*Rentsch, Robert:* Die rechtzeitige Unterrichtung betrieblicher Arbeitnehmervertretungen, Berlin, 2015.

*Richardi, Reinhard:* Wahlberechtigung und Wählbarkeit zum Betriebsrat im Konzern, NZA 1987, 145–147.
*Richardi, Reinhard* (Hrsg.): Betriebsverfassungsgesetz, 16. Aufl., München, 2018.
*Ridder, Hans-Gerd:* Zur Empirie und Theorie der gesicherten arbeitswissenschaftlichen Erkenntnisse, AuR 1984, 353–364.
*Rieble, Volker/Gistel, Cornelia:* Betriebsratszugriff auf Zielvereinbarungsinhalte?, BB 2004, 2462–2467.
*Röder, Gerhard/Gebert, Christian:* Technologischer Wandel und Betriebsänderung – Bringen Industrie 4.0 und E-Mobilität den „Qualifizierungssozialplan"?, NZA 2017, 1289–1296.
*Rose, Edgar:* Reform des Betriebsverfassungsgesetzes. Bürokratie oder Dialog?, KJ 2001, 157–174.
*Säcker, Franz Jürgen:* Die Mitbestimmung des Betriebsrates bei variablen Vergütungselementen und Zielvereinbarungen gemäß § 87 Abs. 1 Nr. 10 BetrVG und die Kompetenz der Einigungsstelle, in: Hönn, Günther/Oetker Hartmut/Raab, Thomas (Hrsg.), Festschrift für Peter Kreutz zum 70. Geburtstag, Köln, 2010, S. 399–417.
*Schaub, Günter:* Lean production und arbeitsrechtliche Grundlagen, BB 1993, Beilage 15, S. 1–7.
*Schroeder, Wolfgang:* Gewerkschaften im Transformationsprozess: Herausforderungen, Strategien und Machtressourcen, in: Schroeder, Wolfgang (Hrsg.), Handbuch der Gewerkschaften in Deutschland, Wiesbaden, 2. Aufl., 2014, S. 13–45.
*Schubert, Claudia:* Betriebliche Mitbestimmung in Unternehmen und Konzernen mit Matrixorganisation, Frankfurt am Main, 2017.
*Schüren, Peter/Hamann, Wolfgang:* Arbeitnehmerüberlassungsgesetz, 5. Aufl., München, 2018.
*Schuh, Günther/Riesener, Michael/Prote, Jan-Philipp/Dölle, Christian/Molitor, Marco/Schloesser, Sebastian/Liu, Yuan/Tittel, Jonas:* Industrie 4.0: Agile Entwicklung und Produktion im Internet of Production, in: Frenz, Walter (Hrsg.), Handbuch Industrie 4.0: Recht, Technik, Gesellschaft, Berlin, 2020, S. 467–480.
*Schulze. Marc-Oliver/Volk, Tatjana:* Agile Arbeitsmethoden und Mitbestimmung – Teil 1 und Teil 2, ArbR 2019, 404–407 und 553–556.
*Schwarzbach, Marcus:* Alles agil!?, CuA 5/2019, 8–12.
*Serrador, Pedro/Pinto, Jeffrey K.:* Does Agile work? A quantitative analysis of agile project success, International Journal of Project Management 33 (2015), 1040–1051.
*Sittard, Ulrich/Müller, Alexander:* Einführung agiler Arbeitsmethoden und betriebliche Mitbestimmung. Mitbestimmungsrechte in der neuen Arbeitswelt, ArbRB 2018, 381–384.
*Simon, Armin:* Der kontinuierliche Verbesserungsprozeß, Angewandte Arbeitswissenschaft: Zeitschrift für die Unternehmenspraxis 142 (1994), 54–75.
*Spengler, Bernd/Ettlinger, Markus:* Neues gestalten, AiB 4/2019, 10–14.
*Steffan, Ralf:* Transformation agile Arbeitsformen. Was ist dabei in der Personalpraxis und arbeitsrechtlich zu beachten?, ArbRB 2020, 79–82.

*Takeuchi, Hirotaka/Nonaka, Ikujiro:* The new new product development game, 64 (1) Harvard Business Review 1986, 137–146.
*Thüsing, Gregor:* Arbeitsgruppen nach § 28 a BetrVG, ZTR 2002, 3–8.
*Tüttenberg, Juliane:* Die Arbeitsgruppe nach § 28 a BetrVG. Neue Mitbestimmungsebene neben dem Betriebsrat, Baden-Baden, 2006 (zugl. Diss., Univ. Mainz, 2005).
*Ulber, Daniel:* Vorgaben des EuGH zur Arbeitszeiterfassung, HSI-Schriftenreihe, Band 32, Frankfurt am Main 2020.
*Ulber, Jürgen* (Hrsg.): Arbeitnehmerüberlassungsgesetz, Frankfurt am Main, 5. Aufl., 2017.
*Waas, Bernd:* Mitbestimmung des Betriebsrats in Fragen der Ordnung des Betriebs und des Verhaltens der Arbeitnehmer im Betrieb, HSI-Schriftenreihe, Band 33, Frankfurt am Main, 2020.
*Weckmüller, Heiko:* Agilität kommt langsam voran, Personalmagazin 9/2017, 10–15.
*Wedde, Peter:* Rahmenvereinbarung gemäß § 28a BetrVG – Zum richtigen Umgang mit einer neuen Regelungsmaterie –, AiB 2001, 630–636.
*Wedde, Peter:* Übertragung von Betriebsratsaufgaben gemäß § 28a BetrVG auf Arbeitsgruppen, AuR 2002, 122–126.
*Wedde, Peter:* Neu, aber doch so vertraut, CuA 5/2019, 18–20.
*Weigel, Sascha/Vogel, Nikolas:* Aus dem Dornröschenschlaf in den Betrieb – Zeit für eine Belebung des § 28a BetrVG, AuR 2018, 280–283.
*Wiese, Günther:* Zum Zweck des Betriebsverfassungsrechts im Rahmen der Entwicklung des Arbeitsrechts, in: Heinze, Meinhard/Söllner, Alfred (Hrsg.), Arbeitsrecht in der Bewährung. Festschrift für Otto Rudolf Kissel zum 65. Geburtstag, München, 1994, S. 1269–1285.
*Wiese, Günther:* Die Mitbestimmung des Betriebsrats über Grundsätze zur Durchführung von Gruppenarbeit nach § 87 Abs. 1 Nr. 13 BetrVG, BB 2002, 198–203.
*Windbichler, Christine:* Arbeitsrecht im Konzern, München, 1989.
*Wirtz, A./Nachreiner, F./Beermann, B./Brenscheidt, F./Siefer, A.:* Lange Arbeitszeiten und Gesundheit, Dortmund 2009.
*Wisskirchen, Gerlind/Bissels, Alexander/Domke, Carsten:* Japanische Produktionsmethoden: Kaizen, Kanban & Co. im Lichte der betrieblichen Mitbestimmung, BB 2008, 890–896.
*Wolf, Henning/Roock, Stefan:* Agile Softwareentwicklung. Ein Überblick, 4. Aufl., Heidelberg, 2015.
*Wulff, Ines Catharina/Süß, Stefan/Diebig, Mathias:* Akteure der Gefährdungsbeurteilung psychischer Belastung – Perspektiven und Konflikte im betrieblichen Arbeits- und Gesundheitsschutz, Zeitschrift für Arbeitswissenschaft (ZArbWiss) 71 (2017), 296–304.
*Zwanziger, Bertram:* Die Mitbestimmung des Betriebsrats bei Berufsbildungs- und Qualifizierungsmaßnahmen im Lichte der Rechtsprechung, AuR 2010, 459–463.

# In der Schriftenreihe des Hugo Sinzheimer Instituts für Arbeitsrecht sind zuletzt erschienen:

**Band 36** Daniel Ulber/Kyra Klocke
**Diskriminierung Minderjähriger bei der Wahl zum Betriebsrat**
ISBN 978-3-7663-7115-7

**Band 35** Thorsten Kingreen
**Exklusive Tariföffnungsklauseln**
ISBN 978-3-7663-7059-4

**Band 34** Ninon Colneric/Simon Gerdemann
**Die Umsetzung der Whistleblower-Richtlinie in deutsches Recht**
ISBN 978-3-7663-7058-7

**Band 33** Bernd Waas
**Mitbestimmung des Betriebsrats in Fragen der Ordnung des Betriebs und des Verhaltens der Arbeitnehmer im Betrieb**
ISBN 978-3-7663-7044-0

**Band 32** Daniel Ulber
**Vorgaben des EuGH zur Arbeitszeiterfassung**
ISBN 978-3-7663-7041-9

**Band 31** Ulrich Preis/Katharina Schwarz
**Dienstreisen als Rechtsproblem**
ISBN 978-3-7663-7031-0

**Band 30** Olaf Deinert/Elena Maksimek/Amélie Sutterer-Kipping
**Die Rechtspolitik des Arbeits- und Sozialrechts**
ISBN 978-3-7663-6932-1

**Band 29** Daniel Klocke
**Das BetrVG und der Arbeitskampf im Betrieb**
ISBN 978-3-7663-6935-2

**Band 28** Marita Körner
**Die Auswirkungen der Datenschutz-Grundverordnung (DSGVO) in der betrieblichen Praxis**
ISBN 978-3-7663-6928-4

**Band 27** Martin Franzen
**Stärkung der Tarifautonomie durch Anreize zum Verbandsbeitritt**
ISBN 978-3-7663-6855-3

Weitere Informationen zur Schriftenreihe: www.hugo-sinzheimer-institut.de